8 Z 11797

Paris
1890

Heine, H.

De tout un peu

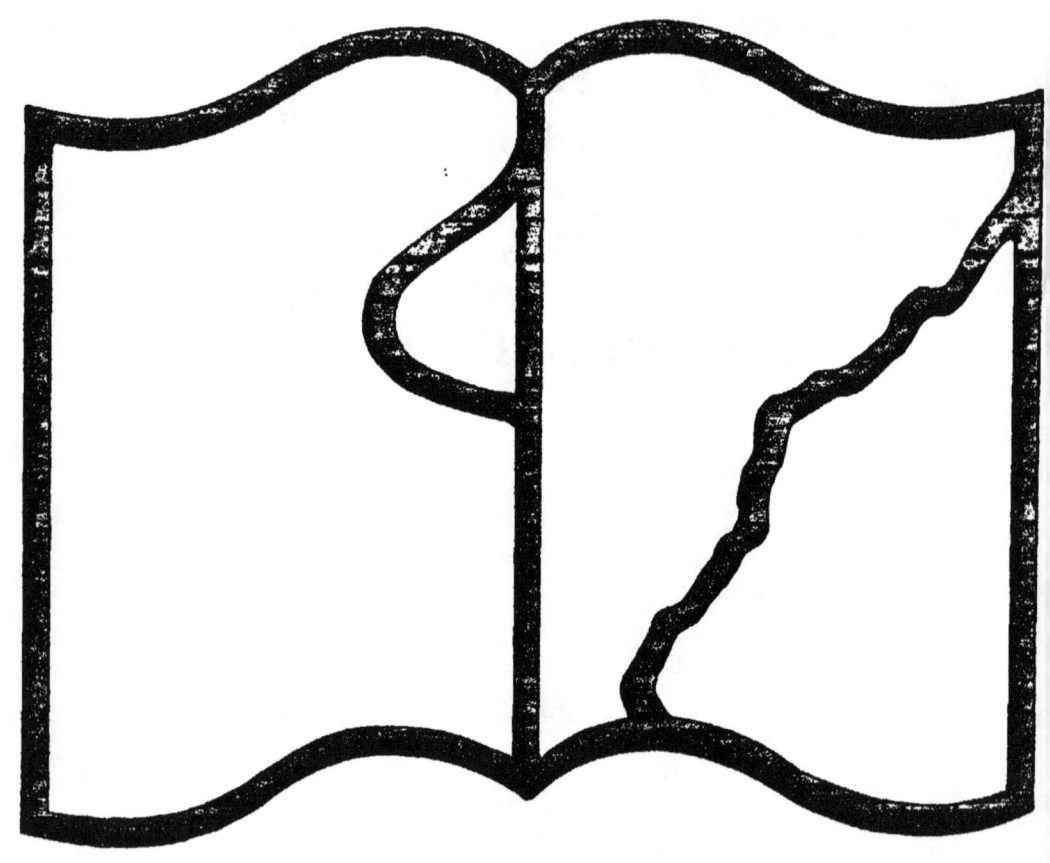

**Symbole applicable
pour tout, ou partie
des documents microfilmés**

Texte détérioré — reliure défectueuse

NF Z 43-120-11

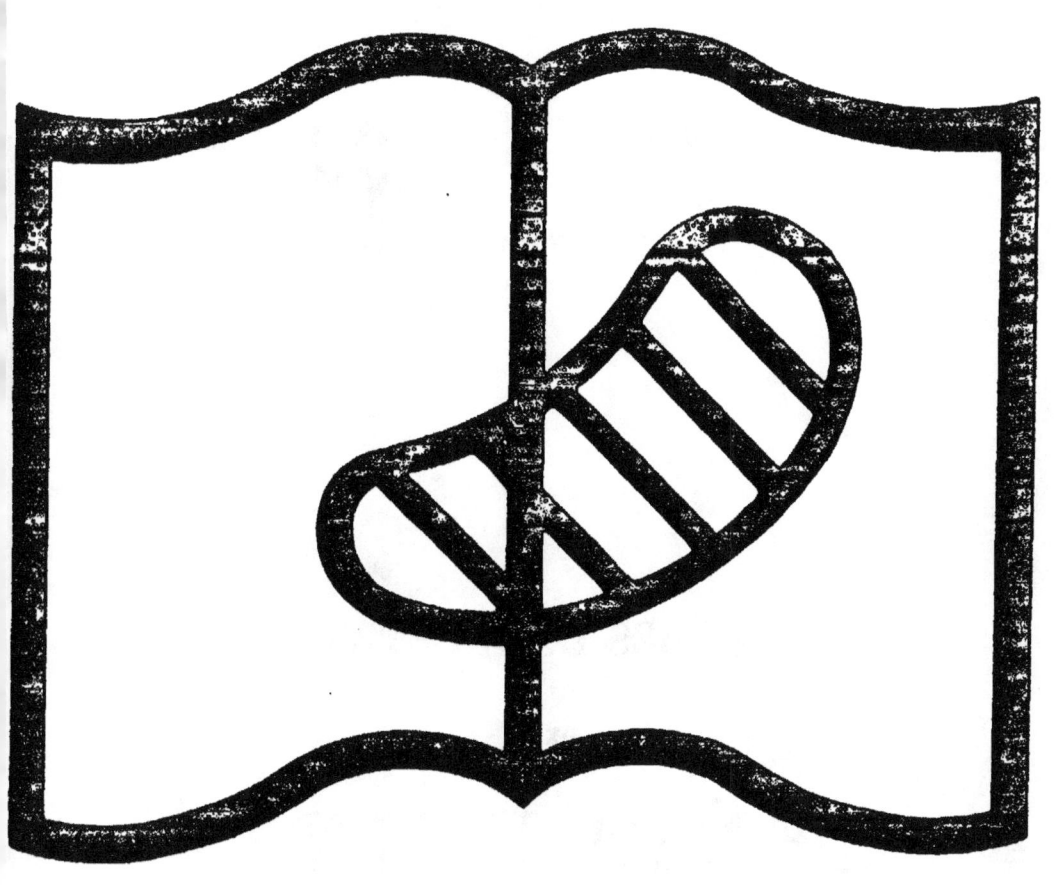

Symbole applicable
pour tout, ou partie
des documents microfilmés

Original illisible

NF Z 43-120-10

OEUVRES COMPLÈTES

DE

HENRI HEINE

CALMANN LÉVY, ÉDITEUR

ŒUVRES COMPLÈTES

DE

HENRI HEINE

Nouvelle édition, ornée d'un portrait gravé sur acier.

Format grand in-18

ALLEMANDS ET FRANÇAIS	1 vol.
CORRESPONDANCE INÉDITE, avec une introduction et des notes.	1 —
DE L'ALLEMAGNE..	2 —
DE L'ANGLETERRE...	1 —
DE LA FRANCE..	1 —
DE TOUT UN PEU..	1 —
DRAMES ET FANTAISIES..	1 —
LUTÈCE..	1 —
POÈMES ET LÉGENDES..	1 —
POÉSIES INÉDITES..	1 —
REISEBILDER, tableaux de voyage, précédés d'une étude sur Henri Heine, par *Théophile Gautier*................	2 —
SATIRES ET PORTRAITS..	1 —

DE

TOUT UN PEU

PAR

HENRI HEINE

PARIS
CALMANN LÉVY, ÉDITEUR
ANCIENNE MAISON MICHEL LÉVY FRÈRES
3, RUE AUBER, 3
—
1890
Droits de traduction et de reproduction réservés

AVERTISSEMENT

Les morceaux très divers qui composent ce volume ont été écrits par Henri Heine, à des périodes fort différentes de sa vie, et offrent, aussi bien au point de vue des sujets mêmes que du ton et de l'étendue, une image multiple, mais tout ensemble piquante et vraie, de sa personnalité littéraire.

Les *Lettres de Berlin*, qui ouvrent le présent volume, furent écrites en 1821 et 1822, et adressées au docteur Schulz, rédacteur de l'*Indicateur rhénan-westphalien*, qui les fit paraître dans la partie littéraire de ce journal. C'est le premier ouvrage en prose qu'ait publié Henri Heine, et le jeune prosateur, âgé de vingt-deux ans à peine, y apparaît déjà presque tout entier, de même que le poète s'était donné presque tout entier à connaître dans les *Lieder* et les tragédies qu'il écrivit vers le même temps. Nous retrouvons dans ces pages un tableau, sinon complet, du moins singulièrement animé et spirituel, de l'un des moments les plus brillants de la vie berlinoise, — le plus brillant peut-être de cette période qui s'étend de 1814 à 1848.

Cette esquisse du Berlin de 1821 donne lieu à de curieux rapprochements avec celles qui nous arrivent du Berlin actuel, lequel n'est plus précisément « une ville de Prusse », comme Heine désignait, entre autres appellations malignes, le Berlin de son temps.

Après ces lettres, nous avons groupé un certain nombre de morceaux critiques, écrits par Heine à différents moments de sa vie, les uns dans sa première jeunesse, les autres dans sa maturité. Parmi ces derniers, le lecteur remarquera les études sur le *Struensée* de Michel Beer, et sur l'*Histoire de la littérature allemande* de Wolfgang Menzel. — Heine s'est montré sévère, dans sa correspondance, pour l'*Introduction au Don Quichotte*, qui fut publiée en 1837, et que nous avons placée parmi ses fragments de critique littéraire. Le lecteur, assurément, ne partagera qu'à demi ce jugement du poète sur l'un de ses propres écrits, jugement qui eût été moins vif, sans doute, s'il ne se fût pas agi pour lui de consoler son éditeur ordinaire de

Hambourg de l'avoir vu accepter, pour ce travail, les offres d'un éditeur de l'Allemagne méridionale.

La dernière partie du volume se compose de *Mélanges* recueillis çà et là et qui, presque tous, furent composés par Heine de 1836 à la fin de sa vie. Les trois charmantes lettres, écrites des Pyrénées, où le poète, déjà gravement malade, était allé, en 1846, chercher la guérison à Baréges, font songer, avec une involontaire tristesse, aux trois lettres écrites de Berlin, vingt-cinq ans auparavant. Entre ces deux dates, se place toute la carrière militante de Henri Heine. Mais, si la maladie cruelle qui ne le quitta plus depuis 1846, clôt cette portion militante de sa vie, chacun sait combien d'activité et de verve étincelante garda l'esprit du poète pendant ses longues années de souffrances, — et l'on ne s'étonnera pas de trouver, parmi les derniers morceaux de ce volume, un fragment assez étendu, et qui fut écrit en 1853, c'est-à-dire trois ans avant sa mort. Nous étions donc en droit de dire que *De tout un peu*, formé de fragments écrits par Heine à toutes les périodes de sa vie, nous donnait en raccourci son fidèle portrait.

Pour achever ce portrait, nous avons placé, à la fin du volume, une esquisse autobiographique, où Heine lui-même s'explique, à sa façon originale, sur sa jeunesse et les principales circonstances de sa vie jusqu'en 1835, dans une lettre écrite à M. Philarète Chasles, le 15 janvier de cette année-là. Cette esquisse avait sa place naturelle dans le volume que nous publions aujourd'hui.

Les Éditeurs.

DE
TOUT UN PEU

LETTRES DE BERLIN
1822

> Étrange! étrange! Si j'étais le Bey de Tunis, je sonnerais l'alarme à un événement aussi louche.
> (KLEIST. — *Le prince de Hombourg*.)

LETTRE PREMIÈRE

Berlin, 26 janvier 1822.

Votre très chère lettre du cinq courant m'a rempli de la plus grande joie, tant votre bienveillance à mon égard s'y est manifestement exprimée. Je sens mon cœur rafraichi, quand j'apprends que tant de braves gens se souviennent de moi avec sympathie et amour. Ne croyez pas que j'ai oublié de sitôt notre Westphalie! Septembre

1821 est encore trop frais dans ma mémoire. Les belles vallées autour de Hagen, l'aimable Overveg à Unna, les fêtes agréables passées à Hamm, l'excellent Fritz de B., vous, mon cher W..., les antiquités de Soest, même la bruyère de Padverborn, tout se présente encore tout vivant devant mes yeux. J'entends toujours les vieilles forêts de chênes frémir autour de moi, j'entends chaque feuille me chuchoter : Là habitaient les vieux Saxons, qui ont les derniers perdu leur croyance antique et leur qualité de Germains. J'entends toujours une vieille pierre me crier : Voyageur, arrête, c'est ici qu'Armin a battu les légions de Varus ! Pour apprendre à connaitre le caractère sérieux et positif des habitants de la Westphalie, leur honnête probité et leur solidité sans prétention, il faut traverser ce pays à pied, et faisant, comme moi, de petites journées, telles que celles des soldats de la landwehr autrichienne. — Je serai enchanté vraiment si je puis, ainsi que vous me l'écrivez, par quelques communications datées de la capitale, obliger tant de personnes qui me sont chères. Aussitôt votre lettre reçue, j'ai préparé papier et plumes, et déjà me voici à l'œuvre.

De notes, je n'en manque point ; la seule question

pour moi est celle-ci : quelles sont les choses que je ne dois pas *écrire*? c'est-à-dire quelles sont celles que le public connaît depuis long-temps? celles qui lui sont indifférentes? celles qu'il doit toujours ignorer? Autre embarras : il s'agit d'écrire sur beaucoup de matières, mais le moins possible sur le théâtre et autres sujets de ce genre, qui, étant le thème habituel des correspondances dans le *Journal du soir*, dans *la Feuille du matin*, dans *la Feuille de conversation de Vienne*, etc., y sont exposés en détail et systématiquement. L'un trouvera intéressant de savoir par mes récits que Jagor vient d'enrichir la liste de ses ingénieuses inventions en imaginant une certaine glace à la truffe; un autre sera charmé d'apprendre que Spontini, dans la dernière fête de l'Ordre, portait culotte et habit en satin vert, avec de petites étoiles dorées. Seulement ne me demandez pas de système : **car** c'est là l'ange exterminateur de toute correspondance. Je parle aujourd'hui des bals publics et des églises; demain de Savigny et des jongleurs, qui traversent la ville dans des accoutrements étranges; après-demain, de la galerie Gustiniani, et de là je reviendrai à Savigny et aux jongleurs. L'association des idées prédominera toujours. Vous recevrez une lettre toutes les quatre ou six semaines. Les deux premières seront d'une longueur disproportionnée, parce que je dois commencer par une esquisse de la vie extérieure et intérieure de Berlin; une esquisse, dis-je, et non un tableau. Mais par quoi commencerai-je dans cette masse de matériaux? La règle française me vient ici en aide : *Commencez par le commencement !*

Je commence donc par la ville, et en me reportant un peu en arrière, je me figure que je viens de descendre à la poste, rue Royale, et que je fais porter mon coffre léger à l'*Aigle-Noire*, rue de la Poste. Déjà je vous vois me demander : Pourquoi la poste n'est-elle pas rue de la Poste, ni l'*Aigle-Noire* dans la rue Royale? Une autre fois, je répondrai à cette question. Pour le moment, je vais courir dans la ville, et je vous prie de me tenir compagnie. Suivez-moi seulement quelques pas; nous voici déjà sur une place très-intéressante : c'est le Pont-Long. Je vous vois tout étonné : « Pas si long ! » dites-vous. Pure ironie, mon cher correspondant. Arrêtons-nous ici un instant, pour contempler la statue du Grand-Électeur. Il se tient fièrement à cheval, pendant que des esclaves enchaînés entourent le piédestal. C'est un bronze magnifique, et incontestablement le plus grand chef-d'œuvre de l'art à Berlin, et on le voit entièrement gratis, parce qu'il est sur le milieu du pont. Il a la plus grande ressemblance avec la statue de l'électeur Jean-Guillaume, sur la place du Marché, à Dusseldorf; à cela près que, dans la statue de Berlin, la queue du cheval est moins épaisse. Mais je vois que vous êtes poussé de tous les côtés !

Sur ce pont, il y a toujours foule, c'est une presse continuelle. Regardez un peu autour de vous. Quelle grande et magnifique rue! C'est la rue Royale, où se pressent les magasins, et où les objets de toute nature, en leur étincelante variété, causent aux yeux une sorte d'éblouissement. Avançons encore; nous voici sur la place du Château. A droite, le Château, édifice élevé et grandiose. Le temps lui a donné une couleur grise, ce qui lui communique un air plus sombre, mais d'autant plus majestueux. A gauche, encore deux belles rues, la rue Large et la rue des Frères; mais tout droit devant vous est la Carrière des Fontes, espèce de boulevard. C'est là que demeure Josty ! O vous, dieux de l'Olympe, comme je vous dégoûterais de votre ambroisie, si je décrivais les douceurs accumulées chez Josty! Oh! si vous connaissiez le contenu de ces *Baisers!* Aphrodite, si tu avais émergé d'une semblable *écume,* tu serais beaucoup plus douce encore! Le local est étroit, il est vrai, avec un air lourd, et décoré comme une taverne; mais le bon remportera toujours la victoire sur le beau. Encaqués comme des harengs, les petits-fils des Brennes sont assis là-dedans, et sirotent de la crême, et font claquer leur langue de plaisir et se lèchent les doigts.

> Fuyons! fuyons! la porte s'entrebâille;
> Mon œil y plonge et mon cœur en tressaille.
> A cet aspect mon faible cœur tenté
> Déjà se noie en pleine volupté.

Nous pouvons traverser le château, et aussitôt nous serons dans le parc. « Mais où est donc le parc? » me demandez-vous. Eh! mon Dieu, n'y faites pas attention; encore une ironie. C'est une place carrée, entourée d'une double rangée de peupliers. Nous y rencontrons une statue en marbre, gardée par une sentinelle; c'est le vieux Dessauer (1). Il porte exactement le vieil uniforme

---

(1) Littéralement : le vieux de Dessau, — le vieux prince de Dessau, un des plus célèbres généraux de la Prusse au xviii° siècle.

prussien, sans rien d'idéalisé, absolument comme les héros sur la place Guillaume. Je vous les montrerai à la prochaine occasion : ce sont Keith, Ziethen, Seidlitz, Schwerin et Winterfeld, ces deux derniers portant le costume romain avec une longue perruque.

Nous voici juste devant l'église du Dôme, dont l'extérieur a été tout récemment décoré de neuf, avec adjonction de deux nouvelles tourelles, des deux côtés de la grande tour. Celle-ci, qui est arrondie en haut, n'est pas mal; mais les deux jeunes tourelles font une figure très-ridicule; on dirait des cages d'oiseaux. Aussi, l'été dernier, le philologue D... se promenant avec l'orientaliste H..., qui se trouvait de passage à Berlin, celui-ci lui montra le Dôme et dit : « Que signifient là-haut ces deux cages? » A quoi le savant et facétieux philologue répondit : « On y élève des bouvreuils (1). » Dans deux niches du Dôme on doit placer les statues de Luther et de Mélanchton. Voulons-nous entrer dans le Dôme, pour y admirer l'incomparable image de

(1) Il y a ici un calembour impossible à traduire. Le mot *Dompfaffe*, qui signifie *bouvreuil*, signifie aussi *curé de cathédrale*.

Regasse? Vous pouvez vous y édifier aussi aux sermons du pasteur Thevenin. Non, restons plutôt dehors, car il fait des allusions aux sectateurs de la doctrine de M. Paulus. Cela ne m'amuse pas. Regardez tout de suite à la droite même du Dôme cette foule ondulante, qui s'agite dans une enceinte carrée et entourée de grilles de fer. C'est la Bourse. Là trafiquent les confesseurs de l'Ancien et du Nouveau-Testament. Ne les approchons pas trop. O Dieu! Quelles figures! l'avarice sous chaque muscle. S'ils ouvrent la bouche, je crois qu'ils me crient : « Donne-moi tout ton argent! » Ils doivent déjà avoir râflé beaucoup. Les plus riches sont certainement ceux sur les fauves mines desquels est gravée le plus profondément l'expression du chagrin et de la mauvaise humeur. Oh! combien plus heureux tel pauvre diable qui ne sait pas si un louis d'or est rond ou carré! C'est avec raison qu'on fait ici peu de cas des commerçants. Mais on en fait d'autant plus de ces beaux messieurs là-bas, avec leurs chapeaux à plumets et avec leurs tuniques brodées de rouge; car le parc est en même temps la place où l'on donne journellement le mot d'ordre et où l'on fait la revue des grand'gardes. Je ne suis pas un ami particulier des choses militaires; cependant, je dois l'avouer, c'est toujours pour moi un spectacle réjouissant de voir les officiers prussiens groupés en cercle dans le parc. De beaux hommes vigoureux, solides et pleins de vie. Çà et là, il est vrai, on aperçoit encore des figures d'aristocrates bouffis d'orgueil, qui, par leur regard sottement provocateur, se distinguent de la foule. On trouve pourtant ici, dans la majorité des officiers, surtout parmi les plus jeunes, une modestie, une simplicité de manières, d'autant plus estimables que l'état militaire, comme je l'ai dit, est l'état le plus respecté à Berlin. L'ancien esprit de caste, si tranché autrefois, s'est fort adouci, il est vrai, depuis que tout Prussien est obligé de servir comme soldat, au moins pendant un an, et que, du fils du roi au fils du savetier, personne ne peut se soustraire à cette obligation. C'est là certainement une contrainte très-gênante et onéreuse, quoique très-salutaire sous beaucoup de rapports. Notre jeunesse est par là garantie du danger de l'effémination. Dans maints États, on entend moins de plaintes sur le fardeau du service militaire, parce qu'on le rejette là tout entier sur le pauvre agriculteur, tandis que le noble, le savant, le riche, et même, comme en Holstein, par exemple, tout habitant d'une ville est exempté du service. Comme toutes les plaintes à cet égard expireraient chez nous, si l'on exemptait du service nos pékins blagueurs, nos commis de magasin politiqueurs, nos auditeurs, buralistes, poëtes et batteurs de pavé, pétris de tant de génie! Voyez-vous là-bas le paysan faire l'exercice? Il porte, il présente les armes, et — se tait.

Mais, en avant! il faut traverser le pont. Vous êtes surpris des immenses matériaux de construction répandus ici, et de ces nombreux ouvriers qui se démènent, causent, boivent de l'eau-de-vie, mais travaillent peu. A côté, il y avait autrefois le Pont-aux-Chiens; le roi, après l'avoir démoli, fait maintenant construire à sa place un magnifique pont en fer. Déjà, cet été, on a commencé le travail, il trainera encore longtemps, mais enfin il en sortira une œuvre splendide. Et, maintenant, regardez! là-bas, dans le fond, on aperçoit déjà les Tilleuls.

Vraiment, je ne connais pas d'aspect plus imposant que celui que présentent en amont les Tilleuls, vus du Pont-aux-Chiens. A droite, l'Arsenal, si élevé et si magnifique, la nouvelle Grand'Garde, l'Université et l'Académie; à gauche, le palais du roi, l'Opéra, la Bibliothèque, etc. édifices de luxe serrés contre édifices de luxe. Partout des statues pour ornements; cependant elles sont en mauvaise pierre et mal ciselées, excepté celles de l'Arsenal.. Nous sommes sur la place du Château, la plus large e la plus grande de Berlin. Le palais du roi est le plus simple et le plus insignifiant de tous ces édifices. Notre roi demeure là, simplement et bourgeoisement. Otez le chapeau ! le voici qui passe lui-même en voiture. Ce n'est pas le magnifique carrosse attelé de six chevaux, car celui-ci appartient à un ambassadeur. Non, le roi est assis dans une mauvaise calèche à deux chevaux communs, la tête couverte d'un bonnet ordinaire d'officier et le corps enveloppé dans une capote grise. Mais l'œil de l'adepte voit la pourpre sous cette capote et le diadème sous ce bonnet. « Voyez-vous comme le roi rend avec affabilité le salut à tout le monde ? » Écoutons ! « C'est un bel homme ! » dit en chuchotant cette petite blondine. « C'était le meilleur des époux, » répond en gémissant son amie plus âgée. « Ma foi ! dit l'officier de hussards, « c'est le meilleur cavalier de notre armée! »

Mais comment trouvez-vous l'Université? Ma foi! un édifice magnifique! C'est dommage seulement qu'il y ait un si petit nombre de salles ayant les proportions convenables, et que toutes les autres soient si sombres, si tristes; ce qu'il y a de pis, c'est que la plupart des fenêtres donnent sur la rue et que, de là, en obliquant un peu, on aperçoit l'Opéra! Ah! comme le pauvre étudiant doit être sur des charbons ardents, si les sèches plaisanteries, sorties d'un volume, non de maroquin, mais de cuir de cochon, et débitées par un fastidieux professeur, lui assourdissent l'oreille, tandis que ses yeux s'égarent dans la rue et se réjouisssent du spectacle pittoresque des brillants équipages, des soldats qui défilent, des nymphes qui passent en sautillant, et de la foule bigarrée, dont les flots roulent vers l'Opéra! Comme les seize *groschen* doivent lui brûler la poche, quand il se dit tout bas : Heureux hommes! ils vont voir madame Eunike dans le rôle de Séraphin, ou madame Milder dans le rôle d'Iphigénie. « *Apollini et Musis*, » telle est l'inscription tracée en grosses lettres sur la façade de l'Opéra, et le fils des Muses resterait dehors !

Mais, voyez, le cours vient de finir à l'instant, et

un groupe d'étudiants s'achemine d'un pas nonchalant vers les Tilleuls. « Quoi ! demandez-vous, tant de philistins qui suivent les cours ! » Chut ! chut ! ce ne sont pas des philistins. Le chapeau haut à la *Bolivar* et le surtout à *l'anglaise* ne font pas le philistin, pas plus que l'étudiant n'a pour signe exclusif le bonnet rouge et la castorine; car il y a ici maint garçon barbier sentimental, maint galopin ambitieux et maint tailleur aux grands airs, qui s'affublent précisément de ce costume. Il faut donc excuser le noble étudiant, s'il ne veut pas être confondu avec des messieurs de cette espèce.

Il y a ici peu de Courlandais, mais d'autant plus de Polonais, soixante-dix et davantage encore, portant presque tous le costume traditionnel des étudiants. Ceux-là n'ont pas à craindre la confusion dont je parlais tout à l'heure. On voit bien à ces figures qu'elles ne sont pas l'enveloppe d'une âme de tailleur. Beaucoup de ces Sarmates pourraient servir de modèles d'affabilité et de noble conduite aux fils d'Hermann et de Thusnelda. C'est une vérité. Quand on voit tant de charmantes qualités aux étrangers, il faut réellement une immense dose de patriotisme pour s'imaginer toujours que le plus précieux et le plus excellent produit de la terre est — un Allemand!

Il y a ici peu de rapports entre les étudiants. Les *nations* sont abolies. L'association, portant le nom d'*Arminia*, et composée d'anciens adhérents de la *Burschenschaff*, a été, dit-on, également supprimée. Les duels sont devenus rares. On en cite un qui a eu tout récemment une issue très-malheureuse. Deux étudiants en médecine, Liebschütz et Fébus, dans le cours de sémiotique, se prirent de querelle pour un sujet très-futile, parce que tous deux prétendaient également au siége n° 4. Ils ignoraient qu'il y avait deux siéges portant ce même numéro dans la salle; tous deux avaient reçu ce numéro du professeur. « Imbécile! » s'écria l'un d'eux, et ce mot termina pour le moment leur futile querelle. Ils se battirent en duel le lendemain, et Liebschütz s'enferra lui-même dans le fleuret de son adversaire. Il mourut un quart d'heure après. Comme il était juif, son corps fut porté au cimetière israélite par ses camarades de l'Université; Febus, également juif, a pris la fuite, et...

Mais, je le vois, vous n'écoutez plus ce que je vous raconte; vous êtes en extase devant les Tilleuls. Oui, ce sont les fameux Tilleuls, dont vous avez tant entendu parler. Je suis pris d'un frémissement à la pensée que Lessing s'est peut-être arrêté à cette place, que cette rangée d'arbres a été la promenade favorite de tant de grands hommes qui ont vécu à Berlin. Ici, a marché le grand Fritz; là, il s'est promené! Mais le présent n'a-t-il pas ses gloires aussi? Il est juste midi, et voici l'heure de la promenade du beau monde. La foule, en riche toilette, va et vient sous les Tilleuls. Voyez-vous là-bas cet élégant avec ses douze gilets bigarrés? Entendez-vous les profondes observations qu'il chuchote à sa donna? Sentez-vous les pommades et les essences précieuses avec lesquelles il est parfumé? Il vous dévisage avec sa lorgnette, en souriant et en se frisant les cheveux. Mais regardez donc les belles dames! Quelles formes! Je deviens poëte!

> Ici, sous les Tilleuls, dans la splendide allée,
> Tu peux, ami, tu peux édifier ton cœur;
> Ici tu trouveras, noblement, assemblée,
> L'élite féminine au sourire vainqueur.
>
> O fleurs! trésor des yeux et des âmes charmées!
> Dentelles et satin, quel éblouissement!
> Un poëte à leur vue (un poëte? un amant?)
> A dit : « Ce sont des fleurs, mais des fleurs animées! »

> Oh! que de frais chapeaux! quels châles d'Orient
> Semés de longs dessins et de fantasques lignes!
> Quels visages heureux! quel incarnat riant!
> Quels cols éblouissants, doux et blancs cols de cygnes!

Non, cette dame là-bas, c'est un paradis qui marche, un ciel qui marche, une béatitude qui marche. Et c'est à cet imbécile à moustaches qu'elle lance des regards si tendres! Ce gaillard-là n'est pas de ceux qui ont inventé la poudre, mais de ceux qui en font usage; c'est un militaire. Vous vous étonnez que tous les hommes s'arrêtent ici tout à coup pour mettre la main à leur gousset et pour regarder en haut! Mon cher, nous sommes précisément devant l'horloge de l'Académie, la meilleure de toutes les horloges de Berlin, de sorte qu'aucun passant ne manque de régler ici sa montre. C'est un spectacle amusant pour qui ne sait pas qu'il y a là une horloge. Dans cet édifice se trouve aussi l'Académie de chant. Je ne peux pas vous procurer de billet pour y aller; le président, M. le professeur Zelter, n'est pas, dit-on, très-prévenant pour ceux qui lui demandent cette faveur.

Mais regardez donc la petite brunette qui vous lance des regards pleins de promesse. Et c'est à une petite créature si gentille qu'on voudrait faire pendre au cou une espèce de plaque de chien! Comme elle secoue gracieusement sa petite tête frisée, en faisant de petits pas avec ses petits pieds; puis elle sourit de nouveau, pour montrer ses petites dents blanches! Elle doit, à votre extérieur, vous avoir reconnu pour un étranger. Quelle foule de messieurs couverts de crachats! Quelle masse de décorations! quand on se fait prendre mesure pour une redingote, le tailleur vous demande : « Avec ou sans taille (pour la décoration)? » Mais, halte-là! Voyez-vous cet édifice au coin de la rue Charlotte? C'est le *Café Royal*. Entrons-y, je vous prie; je ne peux passer sans y avoir jeté un coup d'œil. Vous ne voulez pas? soit; mais, en revenant, il faudra bien vous y résigner. Vis-à-vis, en direction oblique, vous voyez l'*Hôtel de Rouen*, et à gauche, l'*Hôtel de Pétersbourg;* ce sont les deux hôtels les plus renommés. Tout près de là est la confiserie de Teichmann; ses bonbons farcis sont les meilleurs de Berlin; mais il y a trop de beurre dans les gâteaux. Si, pour huit *groschen*, vous voulez mal dîner, allez dans le restaurant à côté de Teichmann, au premier étage. A présent, regardez à droite et à gauche. C'est la grande rue

Frédéric. En la contemplant, on peut se faire une idée de l'infini. Mais ne nous y arrêtons point; on s'enrhume ici. Il y a un courant d'air malsain entre la porte de Halle et celle d'Oranienbourg. Ici, à gauche, on voit de nouveau beaucoup de bonnes choses réunies dans un petit espace. D'un côté demeure Sala Tarone; de l'autre, est le *Café du Commerce*, et là, enfin, habite Jagor! Un soleil est l'écusson affiché au-dessus de la porte de ce paradis, symbole caractéristique! Quelles sensations ce symbole n'éveille-t-il pas dans l'estomac d'un gourmand! Ne va-t-il pas hennir à son aspect comme le coursier de Darius, fils d'Hystape? Agenouillez-vous, Péruviens modernes, ici habite — Jagor! Et cependant, ce soleil n'est pas sans taches; si nombreuses que soient les exquises délicatesses indiquées ici sur la carte, dont on imprime chaque jour le programme sans cesse renouvelé, le service, ma foi! est souvent très-lent; souvent aussi le rôti est vieux et coriace, tandis que la plupart des mets, à mon avis, sont mieux préparés et plus savoureux dans le *Café Royal*. Mais le vin! Oh! pourquoi n'ai-je pas la bourse de Fortunatus! Si vous voulez charmer vos yeux, je vous engage à regarder les images exposées ici dans les vitrines du rez-de-chaussée de Jagor. On y voit, à côté les uns des autres, l'actrice Stich, le théologien Neander, et le violoniste Boucher. Comme elle sourit, la gracieuse femme ! Oh ! si vous la voyiez, dans le rôle de Juliette, quand elle accorde le premier baiser à Roméo ! Ses paroles sont une vraie musique.

> Grace is in all her steps, heav' in her eye,
> In every gesture dignite and love.
>
> (MILTON.)

Mais, Neander, quel air distrait ! Certainement il pense aux gnostiques ; il pense à Basilidès, à Valentin, à Bardesanès, à Carpocratès et à Marcus ! Boucher a, vraiment, une ressemblance frappante avec l'empereur Napoléon. Il se dit l'artiste cosmopolite, le Socrate des violonistes, il ramasse un argent fou, et, dans sa reconnaissance, il appelle Berlin *la capitale de la musique*. — Mais, passons vite ; voici encore une confiserie, et c'est ici qu'habite Lebeuve, un nom magnétique. Regardez les beaux édifices, des deux côtés des Tilleuls. C'est le grand monde de Berlin qui habite ce quartier. Passons vite. La

grande maison à gauche est la confiserie de Fusch.
Tout y est décoré de la manière la plus brillante;
partout des glaces, des fleurs, des figures en masse-
pain, des sources, bref, l'élégance la plus exquise;
mais tout ce qu'on y consomme est plus cher, et en
même temps plus mauvais que dans aucun autre
établissement de la ville. Nul choix dans les sucre-
ries et presque toutes sont desséchées; sur la table,
deux ou trois vieux journaux moisis; et cette longue, longue demoiselle qui sert les chalands, n'est pas
même jolie! N'entrons pas chez Fusch. Je ne mange
pas de glaces ni de rideaux de soie, et si je veux
avoir quelque chose pour les yeux, je vais voir le
Cortez ou l'*Olympie* de Spontini. — A droite, vous
pouvez voir quelque chose de nouveau. On construit des boulevards, pour mettre la rue Guillame
en communication avec la rue Letzte. Arrêtons-
nous ici, pour contempler la porte de Brandebourg
et la Victoire qui la surmonte. La porte, élevée par
Langhaus sur le modèle des Propylées d'Athènes,
consiste en une colonnade de douze grandes colonnes doriques. Quant à la déesse là-haut, vous la
connaissez, je pense, suffisamment par l'histoire
moderne. La bonne dame a bien subi certaines

épreuves; mais il n'y paraît pas, à la voir diriger son char avec tant d'assurance.

Passons sous la porte. Ce que nous voyons maintenant devant nous, est le célèbre *Thiergarten*, traversé dans son milieu par la large chaussée qui conduit à Charlottenbourg. Des deux côtés sont deux statues colossales, dont l'une pourrait représenter Apollon; mais, au fond, ce sont d'ignobles blocs mutilés ! On devrait les jeter à bas; car certainement mainte Berlinoise enceinte a déjà, en les regardant, conçu de funestes envies. De là les nombreuses figures hideuses, que nous avons rencontrées sous les Tilleuls. La police devrait s'en mêler.

Revenons maintenant. Je sens que j'ai faim, et je veux entrer au *Café Royal.* Voulez-vous prendre une voiture? Ici, tout près de la porte, stationnent des *droschkis;* tel est le nom donné à nos fiacres de Berlin. On paye quatre gros pour une seule personne, six gros pour deux, et le cocher vous conduit où vous voulez. Les voitures sont toutes égales, et les cochers portent tous des capotes grises. Si l'on est pressé, et qu'il pleuve horriblement, impossible de trouver une seule de ces droschkis. En revanche, s'il fait beau temps comme aujourd'hui, ou si l'on n'en a pas grand besoin, on trouve les droschkis réunies en masse. Montons. Fouette, cocher ! Quels flots de monde se meuvent sous les Tilleuls ! Combien de gens qui vagabondent là, sans savoir où ils pourront diner aujourd'hui ! Comprenez-vous bien, cher ami, tout ce que renferme ce mot : diner ? Qui connaît la valeur de ce mot, connaît le secret de toutes les agitations de la vie humaine. Fouette, cocher ! — Que pensez-vous de l'immortalité de l'âme ? Vraiment, c'est une grande invention, beaucoup plus grande que celle de la poudre. Que pensez-vous de l'amour ? Fouette, cocher ! N'est-il pas vrai que c'est la loi de l'attraction et rien de plus ? Comment trouvez-vous Berlin ? N'êtes-vous pas d'avis que la ville, quoique neuve, belle et régulièrement bâtie, produit cependant une impression un peu froide ? Madame de Staël fait cette remarque très ingénieuse : « Berlin, cette ville toute moderne, quelque belle qu'elle soit, ne fait pas une impression assez sérieuse; on n'y aperçoit point l'empreinte de l'histoire, du pays, ni du caractère de ses habitants, et ces magnifiques demeures nouvellement construites ne semblent destinées qu'aux rassemblements commodes des plaisirs et de l'industrie. » M. de Pradt dit quelque chose de bien plus piquant encore. — Mais vous n'entendez rien à cause du roulement des voitures. Bon ! nous sommes au terme. Halte-là ! Nous sommes devant le *Café Royal*.

Cet homme à la mine affable, qui se tient sous la porte, est Beyermann. Voilà ce que j'appelle un maître-d'hôtel ! Il n'y a pas là de façons rampantes avec des courbettes, mais des attentions et des prévenances : de la politesse et de l'urbanité, à côté d'un zèle infatigable dans le service : bref, la crème d'un maître d'hôtel. Entrons. Quel beau local ! le devant est le plus splendide café de Berlin, tandis que le fond renferme le plus beau restaurant. C'est le rendez-vous du monde élégant et instruit. Vous rencontrez ici souvent les hommes les plus intéressants.

Apercevez-vous là-bas ce grand homme aux larges épaules, en surtout noir ? C'est le célèbre Cosméli, qui est aujourd'hui à Londres et demain à Ispahan. Je me représente ainsi le Pierre Schlemihl de Chamisso. Voyez, il s'apprête à lancer quelque paradoxe.

Remarquez-vous cet autre homme de grande

taille, à la mine hautaine et au front élevé ? C'est Wolf, qui a dépecé Homère et qui sait faire des hexamètres germaniques.

Et à la table là-bas, ce petit homme, toujours en mouvement, ce visage dont les muscles s'agitent sans cesse d'une façon convulsive, ces gestes comiques et sinistres tout ensemble ? C'est le conseiller du tribunal de la Chambre, Hoffmann, qui a écrit *le chat Murr;* et ce personnage de taille élevée et d'expression solennelle, assis en face de lui, est le baron de Luttwitz, qui a donné, dans la *Gazette de Vöss*, le compte rendu véritablement classique *du chat Murr*.

Voyez-vous aussi cet élégant à la tournure dégagée, qui prononce l'allemand du bout des lèvres, à la façon des Courlandais, et qui se tourne dans ce moment vers un homme sérieux, de haute taille, habillé d'un surtout vert ? C'est le baron de Schilling, qui, dans la *Feuille de dimanche* de Winden, a tant mis en émoi « les chers petits-fils de Teut. » L'autre, le personnage grave, est un poëte, M. le baron de Maltitz.

Mais devinez-vous qui est cet homme à la mine déterminée, debout près de la cheminée ? C'est votre antagoniste, Hartmann, du Rhin, bien digne de son nom en affet, un homme (Mann) mais un homme dur (Hart), un homme de bronze et fondu d'un seul jet.

Mais qu'ai-je à faire de tous ces messieurs? J'ai faim. *Garçon, la carte!* Voyez-moi cette liste de mets splendides! Comme leurs noms ont un accent mélodieux et caressant, *as music on the Waters!* Ce sont des formules magiques, mystérieuses, qui nous ouvrent l'accès du royaume des esprits. Et du Champagne avec cela! Permettez-moi de verser une larme d'émotion! Mais vous, homme sans cœur, vous n'avez aucun sens pour toutes ces splendeurs! vous ne demandez que des nouvelles, de misérables caquetages de citadins. Je vais vous satisfaire.

Mon cher monsieur Gans, qu'y a-t-il de nouveau? Il secoue sa vénérable tête grise et hausse les épaules. Adressons-nous plutôt à ce petit bonhomme joufflu; ce drôle a toujours ses poches pleines de nouveautés, et une fois qu'il se met en train de les raconter, il continue toujours comme la roue d'un moulin. Qu'y a-t-il de nouveau, mon cher musicien de la Chambre?

Rien du tout. Le nouvel opéra de Hellwig, *Les*

Ouvriers mineurs, a peu répondu à l'attente, dit-on. Spontini compose maintenant un opéra, dont Koreff a écrit le libretto. Son sujet, à ce qu'on assure, est tiré de l'histoire de la Perse. Bientôt nous aurons aussi l'*Aucassin et Nicolette* de Koreff, avec la musique de Schneider. Celle-ci est encore soumise, dans ce moment, à quelques retouches. Après le carnaval, on attend aussi *Didon*, opéra héroïque de Bernard Klein. Madame Bohrer et Boucher ont de nouveau annoncé des concerts. Quand on donne le *Freyschutz*, il est toujours difficile d'obtenir des billets. Le chanteur Fischer, qui est ici, ne se présentera pas en public, mais il chante beaucoup dans les sociétés particulières. Le comte Brühl est encore très malade ; il s'est cassé la clavicule. Nous craignions déjà de le perdre, et il n'aurait pas été facile de trouver un intendant de théâtre aussi enthousiaste que lui de l'art allemand. Le danseur Antonini a été ici, il demandait pour chaque soirée cent louis qu'on lui refusa. Adam Muller, l'écrivain politique, est venu également à Berlin, ainsi que le fabricant de tragédies, Houwald. Madame Woltmann est probablement encore ici ; elle écrit des Mémoires. Dans l'atelier de Rauch, on travaille toujours aux bas-reliefs des statues de Blücher et de Schanhost. Les opéras représentés pendant le carnaval sont indiqués dans les journaux. La tragédie du docteur Kühn, intitulée : *Les Habitants de Damas*, sera représentée encore cet hiver. Wach est occupé d'un devant d'autel, que notre roi donnera à l'église de la Victoire, à Moscou. Madame Stich est depuis longtemps relevée de couches ; elle reparaîtra sur la scène demain, dans *Roméo et Juliette*. Caroline Fouqué a publié un roman en lettres ; c'est elle qui a écrit les lettres du héros, tandis que celles de la dame sont du prince Charles de Mecklenbourg. Le chancelier d'État est en convalescence ; c'est le docteur Rust qui le soigne. Le docteur Bopp, nommé professeur de langues orientales à l'Université, a fait sa première leçon sur le sanscrit devant un nombreux auditoire. De temps en temps on confisque encore ici des numéros de la *Feuille de Conversation*, de Brockaus. Du dernier ouvrage de Goerres, *Affaires des provinces rhénanes*, personne ici ne dit mot ; à peine sait-on qu'il existe. Le jeune garçon qui a tué sa mère à coups de marteau était fou. Les agitations des mystiques dans le nord de la Poméranie font grand bruit. Sous le titre : *La Puce*,

Hoffmann publie maintenant chez Willmann, à Francfort, un roman qui renferme, dit-on, beaucoup d'allusions politiques. Le professeur Hubitz s'occupe toujours de traductions de grec moderne, et taille maintenant des vignettes pour l'*Expédition de Souvarow contre les Turcs,* imprimé par ordre de l'empereur Alexandre Ier qui veut en faire un livre populaire à l'usage des Russes. C'est chez Christiani que C. L. Blum vient de publier ses *Lamentations des Hellènes*, qui renferment beaucoup de passages poétiques. La réunion des artistes dans l'Académie a été très-brillante, et la recette a été employée pour une œuvre pie. Walter, acteur du théâtre grand-ducal, vient d'arriver de Carlsruhe, et se présentera dans les *Aventures de voyage de Stubert*. Madame Hermann reviendra ici au mois de mars, où madame Stich partira alors pour un voyage. Jules de Voss a écrit une nouvelle pièce : *Le nouveau Marché*. Sa comédie, *Quentin Metsys*, sera représentée la semaine prochaine. Le *Prince de Hombourg*, par Henri de Kleist, ne sera pas représenté. On a renvoyé à Grillparzer le manuscrit de sa trilogie *Les Argonautes*, qu'il avait envoyée à notre intendance. « Garçon, un verre d'eau ! »

N'est-ce pas qu'il en sait des nouvelles, le musicien ! C'est à lui qu'il faut nous en tenir. Il pourvoira la Westphalie de nouveautés, et ce qu'il ne sait pas, la Westphalie n'a pas besoin de le savoir davantage. Il n'est d'aucun parti, d'aucune école ; ce n'est ni un libéral, ni un romantique, et s'il lui échappe quelque médisance, il en est aussi innocent que l'infortuné roseau auquel le vent arrachait ces paroles : *Midas, le roi Midas a des oreilles d'âne !*

LETTRE DEUXIÈME

Berlin, le 16 mars 182?.

J'ai reçu votre communication du 2 février, et j'y ai vu avec plaisir que vous êtes satisfait de ma première lettre. Vous m'avez légèrement indiqué votre désir : pas trop de personnalités mises en relief! J'y ferai mon possible. Il peut en résulter, en effet, des malentendus. Les gens ne regardent pas le tableau que j'ai esquissé, mais les petites figures que j'y ai placées pour l'animer, et finissent peut-être même par croire que je tenais surtout à ces figures. Mais on peut aussi peindre des tableaux sans figures, comme on peut manger la soupe sans sel. On peut parler à mots couverts, comme nos journalistes. Si vous parlez d'une grande puissance du Nord de l'Allemagne, tout le monde sait que par ces mots vous entendez là la Prusse. Je trouve cela ridicule. On dirait un bal masqué où les danseurs ont ôté leurs masques. De même, les gens savent parfaitement à qui je fais allusion si je parle d'un grand jurisconsulte du Nord de l'Allemagne, qui porte sa chevelure noire en longues boucles ondulantes sur les épaules, qui lance des regards béats et dévots vers le ciel, cherchant peut-être par là à se donner une ressemblance avec l'image du Christ; enfin qui, avec un nom français, et en dépit de son origine française, prend toujours les airs d'un matador teutomane. Du reste, j'appellerai tout par son nom; à cet égard, je pense comme Boileau. Je dépeindrai aussi mainte personnalité; je me soucie peu du blâme de ces gens qui regardent la correspondance de convention comme un doux lit de repos, où l'on se berce mutuellement avec cette consigne aimable : « Louons-nous les uns les autres, mais ne disons pas qui nous sommes. »

Je le sais depuis longtemps, qu'une ville ressemble à une jeune fille, qui aime voir sa gracieuse figure se réfléter dans le miroir de la correspondance étrangère; mais je n'aurais jamais pensé que Berlin, en se mirant de la sorte, prendrait les airs séniles d'une vraie commère. A cette occasion, j'ai fait cette découverte : Berlin est le grand rendez-vous des badauds et des commères.

Je suis très-maussade aujourd'hui; je suis morose, agacé, irritable; la mauvaise humeur a rabattu mon imagination, et toutes mes plaisanteries portent des crêpes de deuil. Ne croyez pas que quelque infidélité féminine en soit la cause. J'aime toujours les femmes; lorsque, à Goettingue, je me trouvais dans l'impossibilité d'avoir aucun commerce avec les femmes, je me suis au moins procuré un chat; mais l'infidélité féminine ne provoquera plus chez moi que des rires. Ne croyez pas non plus que ma vanité ait reçu quelque douloureuse blessure; le temps est passé où, chaque soir, je tordais péniblement mes cheveux en papillotes, où je portais continuellement une glace dans ma poche et m'occupais, vingt-cinq heures du jour, à faire le nœud de ma cravate. Ne croyez pas enfin que des scrupules religieux tourmentent et agitent peut-être mon âme tendre; aujourd'hui, je ne crois plus qu'au carré de l'hypothénuse et au Code civil du royaume de Prusse. Non, une raison beaucoup plus sensée motive mon chagrin : mon plus précieux ami, le

plus aimable de tous les mortels, Eugène de B...,
est parti avant-hier ! C'était le seul homme dans la
société duquel je ne m'ennuyais point, le seul dont
les bons mots pleins d'originalité me rendaient
une sérénité joyeuse, tandis que dans les traits nobles et doux de sa figure, je pouvais en quelque
sorte revoir les traits de mon âme d'autrefois, lorsque je menais encore une vie belle et pure, une vie
de fleurs, et que je ne m'étais pas encore souillé de
haine et de mensonge.

Mais écartons ces tristes pensées ! Je dois maintenant parler de ce que les gens chantent et disent
chez nous aux bords de la Sprée. Leurs raisonnements subtils comme leurs propos de vipères, leurs
causeries niaises et leurs médisances envenimées,
vous apprendrez tout, mon cher correspondant.

Boucher qui, depuis longtemps a donné le dernier
—des derniers—de tous ses concerts, et qui maintenant charme peut être Varsovie ou Pétersbourg avec
ses tours de force sur le violon, a en effet raison s'il
appelle Berlin *la capitale de la musique*. Pendant tout
l'hiver ç'a été ici une chanterie et une sonnerie
à rendre sourd à jamais. Un concert succédait à
l'autre.

Qui donc les nommera, les artistes vantés,
Venus chez nous en foule et de tous les côtés?
D'Espagne même, et du Tage et de l'Èbre,
Est arrivé plus d'un maître célèbre,
Et mainte rapsodie a magnifiquement
Dominé tout l'orchestre et l'accompagnement.

L'Espagnol auquel il est fait allusion, c'est Escudero, élève de Baillot, excellent violoniste, jeune, épanoui, joli garçon, sans cependant devenir le *protégé* des dames. Un bruit de mauvais augure avait précédé son arrivée; on disait que le couteau italien l'avait rendu incapable de devenir dangereux au beau sexe. Je ne veux pas vous fatiguer par l'énumération de toutes les soirées musicales qui nous ont enchantés ou ennuyés cet hiver. Je dirai seulement que dans le concert de madame Seidler il y avait salle comble jusqu'à s'étouffer, et qu'en ce moment on attend avec impatience le concert de Drouet, où le jeune Mendelssohn doit jouer pour la première fois en public.

N'avez-vous pas encore entendu le *Freyschutz* de Maria de Weber? Non? Ô infortuné! Mais n'avez-vous pas au moins, parmi les morceaux de cet opéra, entendu le *Chant des compagnes de la fiancée*, ou, pour lui donner un titre plus bref, la *Couronne virginale !* Non ? Heureux homme que vous êtes ! Si vous allez de la porte de Halle à celle d'Oranienbourg, de la porte de Brandebourg à la porte Royale, ou même de la barrière inférieure à la porte de Köpnick, vous entendez toujours éternellement la même mélodie, l'air des airs, — la *Couronne virginale*. Comme dans les élégies de Gœthe on voit le pauvre Anglais poursuivi à travers tous les pays par le *Marlborough s'en va-t-en guerre*, de même je suis poursuivi, dès la première aube du jour jusque bien avant dans la nuit, par la chanson :

> Nous te tressons la couronne virginale,
> Avec de la soie violette
> Nous te conduisons au jeu et à la danse,
> Au plaisir et au festin de noce.

> **CHŒUR**

> Belle, belle, belle couronne virginale verte,
> Avec de la soie violette, de la soie violette.

> Lavande, myrte et thym
> Poussent tous dans mon jardin.
> Où le fiancé s'arrête-t-il donc ?
> Je puis à peine l'attendre.

> **CHŒUR**

> Belle, belle, belle couronne.

Me suis-je éveillé le matin joyeux et dispos, toute

ma bonne humeur se dissipe sitôt que j'entends, aux premières heures du jour, la jeunesse des écoles passer sous mes fenêtres en gazouillant la *Couronne virginale.* Il ne se passe pas une heure, et voici que la fille de ma bourgeoise se lève avec sa *Couronne virginale.* J'entends mon barbier fredonner la *Couronne virginale* en montant l'escalier. La petite blanchisseuse vient avec *la lavande, le myrte et le thym.* Et ainsi de suite des autres. Ma tête bourdonne. Je n'y tiens pas, je m'élance hors de la maison, et, dans ma colère, je me jette dans une droschka. Au moins le fracas des roues empêche les échos de cet air de parvenir jusqu'à mes oreilles. Je descends chez.... lui. Peut-on parler à la demoiselle de la maison ? Le domestique court demander la réponse. — Oui. — La porte s'ouvre toute grande. La charmante, assise devant un piano, me reçoit avec les douces paroles :

> Où le beau fiancé s'arrête-t-il donc ?
> Je puis à peine l'attendre.

Vous chantez comme un ange ! vais-je m'écrier avec une affabilité convulsive. Je reprendrai la chanson depuis le commencement, dit à mi-voix la bonne fille, et elle tresse de nouveau sa couronne virginale, elle la retresse, jusqu'à ce que je me torde moi-même comme un ver, dans des tourments indicibles, et que je m'écrie dans l'angoisse de mon cœur : « A moi, Samiel ! »

Sachez que l'esprit malin se nomme ainsi dans le *Freyschutz;* le chasseur Gaspard, qui s'est donné à lui, jette ce cri à chaque moment de détresse : « A moi, Samiel ! » Il est devenu de mode ici, dans des embarras comiques, de se servir de cette exclamation, si bien que Boucher lui-même, le Socrate des violonistes, comme il s'appelle, un jour, dans un concert, une corde de son instrument s'étant rompue sous ses doigts, s'écria tout haut : « A moi, Samiel ! Samiel, à l'aide ! »

Et Samiel vint à l'aide. La donna ébahie s'interrompit tout à coup dans son chant, dont chaque note me donnait la torture, et dit d'une voix flûtée : Qu'avez-vous donc ? Je lui réponds en gémissant, avec un sourire forcé : C'est que je tombe en extase. — Vous êtes malade ; allez au *Thiergarten,* jouissez du beau temps et regardez le beau monde. — Je prends chapeau et canne, je baise à la gracieuse sa gracieuse main, je lui jette encore un regard langoureux où éclatent mes secrètes douleurs, je m'élance hors de la salle, je monte dans la première droschka venue, qui me roule vers la porte de Brandebourg. Je descends et j'entre dans le *Thiergarten*.

Ah! je vous le conseille, quand vous viendrez ici, ne négligez point, par un de ces beaux jours, avant-coureurs du printemps, d'aller vers midi et demi dans le *Thiergarten*.

Entrez-y par la gauche, et courez vite vers l'emplacement où les dames pensionnaires du *Thiergarten* ont élevé à feu notre reine Louise un petit monument simple. Notre roi se promène souvent de ce côté-là. C'est un bel homme, d'un extérieur noble et vénérable, et qui dédaigne tout faste mondain. Il porte presque toujours un simple manteau gris, et j'ai fait accroire à un badaud que le roi se contentait souvent de ce pauvre costume, parce que son grand-maître de garde-robe habitait hors du pays et ne venait que rarement à Berlin. En cette saison, on voit également les beaux rejetons de la famille royale dans le *Thiergarten*, ainsi que toute la cour et la fleur de la haute noblesse. Les physionomies exotiques appartiennent aux familles des ambassadeurs étrangers. Un ou deux valets en livrée suivent les nobles dames à quelque distance. Des officiers, montés sur les plus beaux coursiers, passent au galop. Rarement j'ai vu de plus beaux chevaux qu'à Berlin. Je repais mes yeux de l'aspect des magnifiques cavaliers; de ce nombre sont les princes de notre famille royale. Quelle belle et vigoureuse race princière ! Sur ce tronc, il n'y a pas une seule branche difforme ou rabougrie. Pleins de santé et de vigueur, avec une expression de courage et de majesté sur leurs nobles figures, on voit là passer à cheval les deux fils aînés du roi. Cet autre beau cavalier, plein de jeunesse, dont les traits expriment la loyauté et dans les yeux duquel brille le feu d'un amour pur, c'est le troisième fils du roi, le prince Charles. Mais cette dame pleine de dignité et d'éclat, qui, avec une suite brillante et variée, passe rapidement sur son fier coursier, c'est notre — Alexandrine. Habillée d'une amazone brune qui lui serre le corps, un chapeau rond à plumes sur la tête, une cravache à la main, elle ressemble à ces belles châtelaines du temps jadis, aux jours de la chevalerie, dont l'image brillante et gracieuse nous est reflétée dans le miroir magique des anciens contes bleus, et dont on ne saurait dire si ce sont des saintes ou des amazones. Je crois que l'aspect de ces traits purs m'a rendu meilleur; des sentiments de dévotion me pénètrent; j'entends des voix d'anges; des branches de palmier invisibles, signes de la paix, caressent ma figure d'une brise rafraîchissante; un grand hymne descend dans mon âme... Tout à coup j'entends vibrer les cordes grinçantes d'une harpe, et une voix de vieille femme coasse : « *Nous te tressons la couronne virginale.* »

Et la maudite chanson ne me quitte plus de toute la journée. Elle me gâte les meilleurs moments. Même quand je suis à table, elle m'est servie comme dessert par le chanteur Heinsius. Toute l'après-midi je suis étranglé avec « de *la soie violette.* » Ici, *la Couronne virginale* est dévidée sur un orgue de barbarie par un estropié; là, elle est râclée par un aveugle. Mais c'est le soir surtout que se déchaîne le carnaval. Tous les sons des instruments, tous les sons de la voix humaine, accents flûtés et bruits rauques, gazouillements et beuglements, tout cela se démène à l'envi sur la mélodie de *Freyschutz*. Çà et là, un étudiant ou un porte-épée, pris de vin, interrompt bien ce charivari en entonnant fortement le *Chant de Gaspard* ou le *Chœur des chasseurs ;* mais la *Couronne virginale* est en permanence ; dès que l'un l'a finie, l'autre la reprend depuis le commencement ; de toutes les maisons elle retentit au devant de moi ; chacun la siffle avec ses variations particulières ; je crois même que les chiens l'aboient dans la rue. Le soir, comme un chevreuil frappé à mort, je repose ma tête sur les genoux de la plus belle des Prussiennes ; elle caresse tendrement ma chevelure roidie, et me chuchote dans les oreilles : « Je t'aime, et ta Louise sera toujours bonne pour toi ! » Et elle me caresse, et elle me dorlote jusqu'à ce qu'elle me croie près de m'assoupir ; alors elle prend doucement la guitare, et joue et chante la cavatine de Tancrède : « Après tant de souffrances ; » et je me repose aussi de tant de souffrances, et de gracieuses images et de beaux accents voltigent autour de moi. — Tout à coup me voilà réveillé en sursaut de mes rêves, car la malheureuse vient d'entonner ces mots : *Nous te tressons la couronne virginale.*

Fou de désespoir, je m'arrache des bras de la gracieuse sirène, je descends au vol l'étroit escalier, je m'élance comme la tempête pour rentrer chez moi, j'entends encore la vieille cuisinière piétiner dans la maison avec sa *Couronne virginale*, et je m'enfonce plus profondément sous les couvertures.

Vous comprenez maintenant, cher ami, pourquoi je vous ai appelé un homme heureux de n'avoir pas encore entendu cette chanson; mais ne croyez pas que la mélodie en soit, en effet, mauvaise. Au contraire, elle doit sa popularité précisément à ses qualités excellentes. *Mais toujours des perdrix !* Vous m'entendez. Tout le *Freyschutz* est excellent et mérite certes l'intérêt avec lequel il est accueilli dans toute l'Allemagne. Ici, on l'a joué déjà trente fois au moins, et il est toujours extrêmement difficile de se procurer une bonne place pour une représentation. A Vienne, à Dresde, à Hambourg, il fait également fureur. Cela prouve suffisamment qu'on aurait tort d'en attribuer le succès au seul enthousiasme du parti antispontinien. Le parti antispontinien! Je vois que l'expression vous paraît étrange. Ne croyez pas que ce soit un parti politique. Le combat violent entre le parti des libéraux et celui des ultras, tel que nous le voyons dans d'autres capitales, ne peut pas éclater chez nous dans toute sa force, parce que le pouvoir royal, établi au centre et en dehors des partis, exerce entre eux son puissant arbitrage. Mais, à sa place, nous voyons souvent, à Berlin, un combat de partis plus amusant, celui de la musique. Si vous aviez été ici vers la fin de l'été dernier, vous auriez pu vous représenter aisément, par le spectacle d'aujourd'hui, ce qu'a dû être autrefois, à Paris, la guerre des Gluckistes et des Piccinistes... Mais je vois qu'il faut vous donner ici des détails plus circonstanciés sur l'Opéra de Berlin; d'abord parce que c'est toujours l'un des principaux sujets de conversation de la ville, et ensuite parce que, sans les remarques suivantes, il vous serait impossible de saisir le sens de mes chroniques.

Quant à nos cantatrices et à nos chanteurs, je n'en parlerai pas ici. Leurs apologies sont stéréotypées dans tous les articles de correspondance de Berlin et dans tous les feuilletons critiques des journaux; tous les jours on lit : Madame Wilder Hartmann est au delà de toute distinction; madame Schutz est très-distinguée; madame Seidler est distinguée. Bref, il est incontestable que l'Opéra a été poussé ici à une hauteur étonnante, et qu'il ne le cède à aucun autre Opéra allemand. Ces résultats sont-ils dus à l'activité infatigable de feu Weber? Ou bien est-ce le chevalier Spontini, comme l'affirme ses partisans, qui a évoqué toutes ces splendeurs comme avec une baguette magique ? Grand sujet de doute pour moi. J'oserais croire que la direction du grand *chevalier* a exercé une influence très-funeste sur quelques parties de l'Opéra ; mais ce que je soutiens carrément, c'est que, depuis la séparation complète du drame et de l'opéra, et depuis que l'Opéra a été livré au gouvernement absolu de Spontini, les plus funestes résultats ont dû se produire.

Eh ! comment en serait-il autrement avec la prédilection naturelle du grand chevalier pour ses propres productions grandioses, et pour les productions des génies amis ou de sa trempe, prédilection à laquelle se rattache son aversion, tout aussi naturelle, pour la musique des compositeurs dont l'esprit n'est pas en harmonie avec le sien, ou qui ne lui font pas hommage, ou qui même, — *horribile dictu!* — osent rivaliser avec lui. Je suis trop laïque dans le domaine musical pour oser prononcer mon propre jugement sur la valeur des compositions de Spontini, et tout ce que je dis ici est seulement l'écho de l'opinion publique, opinion bien facile à saisir dans le va-et-vient des conversations du jour.

« Spontini est le plus grand de tous les compositeurs vivants. C'est Michel-Ange en musique. Dans cet art, il a frayé de nouvelles routes. Il a exécuté ce que d'autres n'ont fait que pressentir. C'est un grand homme, un génie, un Dieu ! » Ainsi parle le parti de Spontini, et les murs du palais retentissent de ces louanges immodérées. — Sachez-le, c'est la noblesse surtout qui est enthousiaste de Spontini et qui prodigue au maëstro les marques de sa faveur. A ces nobles protections, se joint le parti proprement dit de Spontini, composé naturellement d'abord d'une foule d'hommes qui se déclarent tête baissée partisans du goût des nobles et des soutiens de la ligitimité, puis d'une masse d'admirateurs enthousiastes des productions étrangères, ensuite de quelques compositeurs qui voudraient faire accepter leurs propres productions à l'Opéra, enfin d'une poignée de véritables partisans.

Il est facile de deviner quels sont tous les éléments du parti adverse. Beaucoup en veulent au bon chevalier à cause de sa nationalité italienne ; d'autres parce qu'ils lui portent envie ; d'autres encore parce que sa musique n'est pas allemande ; la plupart enfin ne voient dans sa musique qu'un vacarme de cymbales et de trompettes, du phébus sonore, l'emphase contraire à la nature. Ajoutez-y la colère de bien des gens. . . . .

. . . .

A présent, mon cher ami, vous pouvez vous expliquer le bruit qui remplit tout Berlin cet été lorsque l'*Olympie* de Spontini fut représentée pour la première fois sur notre scène. N'avez-vous pas pu entendre jusqu'à Hamm la musique de cet opéra? Cymbales et trombones y font si bien leur office qu'un plaisant a proposé d'essayer la solidité des murs de la nouvelle salle de spectacle en y jouant la musique d'*Olympie*. Un autre, qui venait d'assister à la bruyante *Olympie*, entendant les tambours battre la retraite dans la rue, poussa un soupir de soulagement et s'écria ! Ah ! enfin, voici des sons mélodieux ! Tout Berlin plaisanta à propos de la masse de trombones et du grand éléphant dans les exhibitions solennelles de cet opéra. Mais les sourds étaient tout ravis de tant de magnificence, et assuraient qu'ils pourraient toucher avec les mains cette belle musique substantielle. Les enthousiastes s'écrièrent : Hosanna ! Spontini lui-même est un éléphant musical! C'est l'archange du jugement dernier.

Peu après, Charles-Marie de Weber vint à Berlin, et son *Freyschütz*, représenté sur le *nouveau théâtre*, conquit les suffrages du public. Le parti contraire à Spontini eut dès lors un point d'appui; et dans la soirée de la première représentation de son opéra, Weber fut fêté de la manière la plus brillante. Dans un très-beau poëme, composé par le docteur Forster, il était dit du *Freyschütz* « qu'il chassait un gibier plus noble que des éléphants. » Le lendemain, Weber inséra dans la *Feuille d'annonces théâtrales*, une très-piteuse rectification de cette expression, en cajolant Spontini et en blâmant le pauvre Forster, qui cependant avait eu une si bonne intention. Weber avait alors l'espoir d'obtenir une place au grand opéra, et il n'aurait pas pris ces allures de modestie exagérée, s'il avait prévu que toutes ses espérances d'un établissement fixe à Berlin étaient vaines. Weber nous quitta après la troisième représentation de son opéra, retourna à Dresde, où il reçut de brillantes offres pour la scène de Cassel, offres qu'il refusa, et reprit la direction de l'Opéra de Dresde où on le compare à un bon général sans soldats. Il est maintenant parti pour Vienne, où l'on doit représenter un nouvel opéra comique de lui. Sur la valeur du texte et de la musique du *Freyschütz*, je vous renvoie au grand article critique du professeur Gubitz, dans l'*Homme du monde*. Ce littérateur spirituel et pénétrant a le mérite d'avoir le premier développé en détail les beautés romantiques de cet opéra et d'avoir prédit très-nettement ses grands triomphes.

La physionomie de Weber ne fait pas une impression très-favorable. Une petite taille, des jambes mal bâties, et une longue figure, sans aucun trait particulièrement heureux. Mais dans cette figure, quelle expression sérieuse ! quel regard méditatif! On y voit le même calme de volonté, la même résolution sereine, qui exerce sur nous un attrait si magnétique dans les tableaux de l'ancienne école allemande. Quel contraste entre cette figure et celle de Spontini ! La stature élevée, l'œil sombre, flamboyant, enfoncé dans les orbites, les boucles de cheveux d'un noir de jais, qui couvrent à moitié un front sillonné, l'expression moitié mélancolique, moitié dédaigneuse des lèvres, l'expression farouche de cette figure jaunâtre, qui réfléchit toutes les passions, celles qui ont éclaté déjà, celles qui éclatent encore, toute la tête qui semble être celle d'un Calabrais, et qu'il est impossible pourtant de ne pas trouver belle et noble, tout cela nous révèle immédiatement l'homme de l'esprit duquel sont sortis la *Vestale*, *Cortez* et *Olympie*.

Parmi les compositeurs de Berlin, je cite immédiatement après Spontini notre Bernard Klein qui, depuis longtemps, a conquis une gloire méritée par quelques belles compositions et dont le public tout entier attend avec impatience le grand opéra *Didon*. D'après le jugement de tous les connaisseurs, auxquels le compositeur en a communiqué des fragments, cet opéra contiendrait de merveilleuses beautés et serait un chef-d'œuvre du génie national allemand. La musique de Klein a le cachet de l'originalité. Elle est entièrement différente de celle des deux maëstri que je viens de nommer; même contraste aussi entre leurs physionomies et cette mine joyeuse, agréable, épanouie, pleine de vie, de notre musicien cordial, enfant des bords du Rhin. Klein est de Cologne et peut être regardé comme faisant l'orgueil de sa ville natale.

G. A. Schneider ne doit pas être passé ici sous

silence; non pas que je le tienne pour un compositeur de premier ordre, mais comme auteur de la musique de l'*Aucassin et Nicolette* du poëte Koreff, il a été, depuis le 26 février jusqu'à ce jour, le sujet des discussions du public. Pendant huit jours au moins, on n'entendait parler que de Koreff et de Schneider, de Schneider et Koreff. Ici des dilettantes de génie déchiraient la musique; là, une troupe de méchants poëtes régentaient le libretto. Quant à moi, cet opéra m'a excessivement amusé. Je trouvai du plaisir aux incidents variés du conte bleu, développé si gracieusement par le poëte artiste et avec une simplicité si enfantine. J'en trouvai encore à l'agréable contraste entre le grave Occident et l'Orient joyeux, et à mesure que les images les plus merveilleuses, négligemment reliées entre elles, défilaient devant moi à l'aventure je sentais surgir dans ma pensée l'esprit du romantisme en fleur. Il y a toujours un immense caquetage à Berlin quand on représente un nouvel opéra; à quoi s'ajoutait encore cette circonstance que le directeur de musique Schneider, et le conseiller intime Koreff, sont universellement connus. Quant à ce dernier, nous le perdrons bientôt, puisqu'il prépare depuis longtemps un grand voyage à l'étranger. Ce sera une perte pour notre ville, car cet homme se distingue par les qualités qui ont le savoir-vivre, une personnalité agréable et la noblesse des sentiments.

Ce qu'on chante à Berlin, vous le savez, désormais. J'arrive maintenant à la question : De quoi parle-t-on à Berlin ? — C'est à dessein que j'ai commencé par le chant, étant persuadé que les hommes ont chanté d'abord, avant d'apprendre à parler, de même que la langue métrique a précédé la prose. Je crois, en effet, qu'Adam et Ève se sont fait des déclarations d'amour en des *adagios* mélodieux et qu'ils se sont dit des injures en *récitatifs*. Adam n'a-t-il pas aussi battu la mesure ? Probablement cette coutume de battre la mesure s'est conservée par tradition chez le peuple de Berlin, en même temps que se perdait l'autre tradition, celle de chanter en accompagnant la mesure. Nos ancêtres, dans les vallées de Cachemire, ont gazouillé à l'instar des canaris. Comme nous nous sommes perfectionnés ! Les oiseaux arriveront-ils peut-être aussi un jour à parler ? Les chiens et les cochons sont en bon chemin ; leurs aboiements et leurs grognements forment la transition du chant au parler en règle. Les uns parleront la langue d'*oc* et les autres la **langue** d'*oïl*. Les ours, si on les met en parallèle avec nous autres Allemands, sont encore fort en arrière pour la civilisation, et quoiqu'ils soient nos rivaux dans l'art de la danse, leur grognement comparé à d'autres dialectes germaniques, n'est pas digne encore d'être nommé une langue. Les ânes et les brebis étaient autrefois parvenus à parler; ils avaient leur littérature classique, prononçaient de magnifiques discours sur l'ânerie pure dans l'association moutonnière, sur l'idée de la brebis en soi et pour soi, et sur la splendeur des vieux boucs. Mais comme il arrive ordinairement dans le courant du monde, ils ont si fort rétrogradé dans la civilisation qu'ils ont perdu leurs langues et conservé seulement le cordial *Y-uh*, et l'enfantin et dévot cri *bäh* !

Mais comment de *l'y-uh* des animaux à longues oreilles et du *bäh* de ceux à laine épaisse passerais-je aux ouvrages de sir Walter Scott ? Car c'est d'eux que je vais parler maintenant, parce que tout Berlin en parle ; ils y sont la *Couronne virginale* du monde des cabinets de lecture. On les lit, on les admire, on les critique, on les déchire partout, pour les relire après. Depuis la comtesse jusqu'au commissionnaire, depuis le comte jusqu'à la couturière, tout lit les romans du grand Écossais, surtout nos dames sentimentales. Elles se couchent avec *Waverley*, se lèvent avec *Robin le Rouge*, et ont toute la journée le *Nain* entre leurs doigts. Le roman de *Kenilworth* surtout a fait fureur. Comme très-peu de personnes sont ici douées d'une parfaite connaissance de l'anglais, la plus grande partie de nos lecteurs doit s'aider de traductions françaises ou allemandes. Et celles-ci ne manquent pas! Du dernier roman de Walter Scott : *le Pirate*, on a annoncé quatre traductions à la fois. Deux d'entre elles se publient ici: celle de madame de Mortenglant chez Schlesinger, et celle du docteur Spieker chez Dunker et Humblot. La troisième traduction est celle de Lotz, à Hambourg; la quatrième fera partie de l'édition de poche des frères Schumann, à Zwickau. Dans ces circonstances, on peut prévoir que quelques collisions auront toujours lieu. Madame de Hohenhausen est occupée maintenant de la traduction d'*Ivanhoe* de Scott, et l'exellente traductrice de Byron donnera aussi une excellente traduction de Walter Scott. Je crois même que cette dernière sera meilleure encore, puisque l'âme tendre de la belle dame, si sympathique au pur idéal, réfléchira les simples types sereins, chastes, pieux, de l'aimable Écossais, avec beaucoup plus de transparence que les sombres figures infernales du morne et mélancolique Anglais. La belle et tendre Rebecca ne pouvait pas tomber entre des mains plus belles et plus tendres, et le sensible poëte n'aura, en cette occasion, qu'à traduire avec son cœur.

Le nom de Walter Scott a dernièrement été fêté ici d'une manière signalée. A l'occasion d'un festin, il y eut une brillante mascarade, où la plupart des héros des romans de Walter Scott parurent dans leur extérieur caractéristique. De cette charmante exhibition et de ces images, on parlera encore ici pendant huit jours entiers. On rappela surtout avec beaucoup de plaisir que le fils de Walter Scott, de passage ici en ce moment, parut dans cette fête brillante en montagnard écossais, les jambes nues comme le comporte ce costume, sans pantalon, et portant seulement un tablier qui descendait jusqu'au milieu des reins. Ce jeune homme, officier de hussards, est très-fêté ici, et jouit des bénéfices de la renommée de son père. — Où sont les fils de nos Schiller? où sont les fils de grands poëtes? Errants peut-être sans chemise, sinon sans pantalon. Où sont nos grands poëtes eux-mêmes? Chut! chut! c'est là une *partie honteuse.*

Je ne voudrais pas être injuste, ni taire ici, sans le mentionner, le culte qu'on voue à Berlin au nom de Gœthe, celui des poëtes allemands qui est le plus fréquemment nommé ici. Mais, la main sur le cœur, n'est-ce pas la conduite fine et politique de notre Gœthe qui a peut-être le plus contribué à rendre sa position extérieure si brillante, et à le faire jouir à un si haut degré de l'affection des notables de notre nation? Loin de moi la pensée d'attribuer à Gœthe un caractère mesquin! Gœthe est un grand homme dans un habit de soie. Tout récemment encore, il a montré les sentiments les plus magnanimes envers ses compatriotes, amis de l'art, qui, voulant lui ériger un monument dans la noble banlieue de Francfort, avaient provoqué des souscriptions dans toute l'Allemagne. A Berlin, on discuta incroyablement sur ce sujet, et le très-humble personnage qui vous écrit ces lignes composa le sonnet suivant, lequel fut honoré de l'accueil le plus favorable:

O vous, jeunes et vieux, fils de la Germanie,
Hommes à l'œil pensif, vierges au front charmant,
Quêtez! quêtez! Francfort destine un monument
A l'auteur de *Werther*, de *Faust*, d'*Iphigénie*.

« Bonne affaire! — ont-ils dit, ces bourgeois de génie, —
A la foire, on verra que cet esprit puissant,
Fleur dans notre fumier, fut nôtre... à cent pour cent,
Nous placerons nos fonds dès lors... foire bénie! »

Ah! messieurs les marchands, c'est trop s'industrier.
Chacun chez soi. Gardez votre or, lui son laurier!
  s'est taillé lui-même un bloc de pur carrare!

Gœthe vous appartint... dans son lange. Aujourd'hui,
Un monde entier se dresse entre vos sacs et lui,
Quand à peine un ruisseau des rustres vous sépare (1)!

Comme on sait, le grand homme mit fin à toutes les discussions; il renvoya à ses compatriotes les lettres de bourgeoisie de Francfort, en déclarant *qu'il n'était pas de Francfort.*

Ce droit de bourgeoisie aurait, dit-on, pour parler dans le style de Francfort, — baissé de 99 pour 100 de valeur, de sorte que les juifs de Francfort ont maintenant de meilleurs espoirs quant à cette belle acquisition. Mais, — pour reprendre notre style

---

(1) Il y a dans le texte : *Un filet d'eau vous sépare de Sachsenhäuser.* Sachsenhäuser est une petite ville située en face de Francfort, de l'autre côté du Mein, et dont les habitants ont une vieille réputation de grossièreté.

de Francfort, — les Rothschild et les *Bethmann* (1) ne sont-ils pas depuis longtemps au pair? Tous les marchands, dans le monde entier, ont la même religion. Ils ont pour église un comptoir, pour confessionnal un pupitre, pour Bible un agenda; tandis que leur sanctuaire intime est leur dépôt de marchandises, et que la cloche de la Bourse leur sonne l'*Angelus*. Quel est leur Dieu? leur or. Leur *credo*? leur crédit.

Je trouve ici l'occasion de signaler deux nouveautés : d'abord, les galeries neuves de la Bourse, construites sur le modèle de celle de Hambourg, et ouvertes il y a quelques semaines, ensuite l'antique projet, encore réchauffé, de la conversion des Juifs. Mais je passe les deux choses sous silence, parce que je n'ai pas encore été dans la nouvelle Bourse, et que les Juifs sont un sujet trop triste. A la fin, il est vrai, je serai forcé à revenir à ces derniers, là où je parlerai de leur nouveau culte, qui a surtout pris naissance à Berlin. Je ne le puis pas encore maintenant, parce que j'ai toujours négligé

---

(1) Jeu de mots intraduisible en français, *Bethmann* (nom propre d'un riche banquier) signifiant mot à mot *homme dévot, qui prie beaucoup.*

d'assister, au moins une fois, au nouveau service divin mosaïque. Je ne dirai rien non plus de la nouvelle liturgie introduite depuis longtemps dans l'église du Dôme, le sujet principal de causeries en ville; autrement, ma lettre trop remplie deviendrait un livre. La liturgie a une foule d'adversaires. A leur tête on nomme le docteur Schleiermacher. J'ai dernièrement assisté à un de ses sermons, où il parla avec la puissance d'un Luther et où les sorties allégoriques contre la liturgie ne manquaient pas. Je dois avouer qu'il n'éveille pas en moi des sentiments de piété exemplaire, mais je me sens cependant édifié, dans le vrai sens du mot, et raffermi par ces paroles de feu, véritables coups de fouet qui nous font quitter le lit de repos de l'indifférence. Cet homme n'a qu'à jeter la robe noire de pasteur, et il apparaîtra comme un apôtre de la vérité.

Immense a été l'impression produite ici par de violentes invectives contre la Faculté de théologie. Elles ont paru dans l'annonce de l'écrit intitulé : *Contre la collection des documents de Wette* (dans la *Gazette de Voss*) et dans la *Réponse à la déclaration de ladite Faculté* (*ibidem*). Comme auteur de l'ouvrage, on nomme généralement Beckendorf; mais on ne sait pas au juste à quelle plume est due l'*Annonce*, ainsi que la *Réponse*. Quelques-uns nomment Kampz, d'autres Beckendorf lui-même, d'autres enfin Klindworth ou Buchholtz, etc. On ne peut méconnaître dans ces Mémoires la main d'un diplomate exercé. On dit Schleiermacher occupé à écrire une réfutation, et il ne sera pas difficile à ce puissant orateur de fermer la bouche à ses adversaires. La Faculté de théologie doit repondre à de pareilles attaques, cela va sans dire, et tout le public est dans l'attente curieuse de cette grande réplique.

On attend également ici avec une certaine impatience les deux volumes de supplément pour le *Dictionnaire de la Conversation* de Brockhaus, par la raison fort naturelle que, d'après les promesses du prospectus, ils doivent renfermer les biographies d'une foule de personnages publics qui, vivant en partie à Berlin, en partie à l'étranger, sont les sujets ordinaires de notre conversation. Je viens de recevoir à l'instant la première livraison, allant d'*A* à *Bomz* (éditée le 1ᵉʳ mars 1822), et je tombe avec avidité sur les articles : *Albrecht* (conseiller intime de cabinet), *Alopœus*, *Altenstein*, *Ancillon*, prince *Auguste* (de Prusse), etc. Parmi les articles qui intéressent nos amis du Rhin, je cite : *Akkum*, *Arndt*, *Begasse*, *Benzenberg*, et *Beugnot*, le brave Français qui, en dépit d'une position faite pour exciter la haine, a donné aux habitants du grand-duché de Berg tant de belles preuves d'un caractère noble et élevé, et qui aujourd'hui lutte en France si vigoureusement pour la vérité et la justice.

Les mesures prises contre la librairie Brockhaus sont toujours en voie d'exécution. Brockhaus, étant ici l'été dernier, avait essayé d'apaiser ses différends avec le gouvernement prussien; mais ses efforts semblent ne pas avoir eu de succès. Brockhaus est un homme d'une agréable personnalité. Ses manières extérieures, sa gravité perspicace et sa ferme franchise trahissent bien l'homme qui ne regarde pas les sciences et les luttes des opinions avec les yeux ordinaires du libraire spéculateur.

Comme partout, les affaires helléniques ont été discutées et ressassées, mais l'enthousiasme pour les Grecs est assez refroidi. La jeunesse était tout fou pour l'Hellade; les personnes plus âgées et plus sensées secouaient leurs têtes grises. C'étaient les philologues qui brûlaient encore de la flamme la plus ardente. Les Grecs doivent avoir grandement profité de ce que nos Tyrtées leur rappelaient d'une manière si poétique les jours de Marathon, Salamine et Platée. Notre professeur Zeune qui, selon l'observation de l'opticien Amuel, ne porte pas seulement des lunettes, mais sait aussi juger des lunettes, s'est montré le plus actif. Le capitaine Fabeck qui, comme vous l'avez appris par les feuilles publiques, était parti d'ici pour la Grèce, sans chanter beaucoup de chants tyrtéens, aurait là, dit-on, fait des exploits fort étonnants; quoi qu'il en soit, il est revenu en Allemagne pour se reposer sur ces lauriers.

C'est chose décidée maintenant que le drame de Kleist, intitulé *Le prince de Hombourg, ou la bataille de Fehrbellin*, ne sera pas représenté sur notre scène, et cela, dit-on, parce qu'une noble dame y croit son ancêtre présenté sous une forme peu noble. Cette pièce est toujours une pomme de discorde dans nos sociétés esthétiques. Quant à moi, je déclare qu'elle est écrite en quelque sorte par le génie même de la poésie, et qu'elle dépasse en valeur toutes ces farces et pièces à effet et tapage, ainsi que ces œufs brouillés de Houwald qu'on nous sert journellement. On a mis à l'étude *Anna Boleyn* de

Gehe, poëte de beaucoup de talent, qui se trouve ici dans ce moment. M. Rellstab a offert à notre intendance une tragédie intitulée *Charles le Téméraire de Bourgogne*. Est-elle reçue! je l'ignore.

Les langues ont terriblement joué ici quand on a su que chez Willmann, à Francfort, on avait saisi, sur la réquisition de notre gouvernement, le nouveau roman de Hoffmann, intitulé *Maître Puce et ses compagnons*. Le gouvernement prussien avait appris que le cinquième chapitre de ce roman renfermait le persiflage de la commission d'enquête des menées démagogiques. En haut lieu, on s'inquiétait peu de ces satires-là, et ce qui le prouve depuis longtemps, c'est qu'on avait imprimé sous les yeux du gouvernement, ici, à Berlin, chez Reinier, la *Comète* de Jean-Paul, avec la permission de la censure, quoique, comme vous le savez peut-être, les instructions contre les menées démagogiques soient ridiculisées de la manière la plus cruelle dans la préface de la seconde partie de ce roman. Quant à notre Hoffmann, on pouvait, en haut lieu, avoir eu des raisons assez fondées pour prendre une semblable plaisanterie en mauvaise part. Hoffmann, conseiller du tribunal de la chambre, était, en vertu de la confiance du roi, membre lui-même de cette commission d'enquête; pouvait-il chercher, par des plaisanteries intempestives, à diminuer l'autorité de cette commission sans commettre une inconvenance répréhensible? C'est pourquoi Hoffmann a dû rendre compte de sa conduite; la *Puce* sera imprimée néanmoins avec quelques changements. L'auteur est malade en ce moment; il souffre d'une mauvaise maladie du nez. — Dans mes prochaines lettres, je vous écrirai peut-être davantage sur cet écrivain, que j'aime et respecte trop pour avoir besoin de ménagements à son égard.

M. de Savigny fera un cours cet été sur les Institutes. Les jongleurs qui ont exécuté leurs farces devant la porte de Brandebourg, sont partis depuis longtemps, après avoir fait de mauvaises affaires. Blondin est ici, il fera des tours et exercices de manége. La coupe-tête Schuhmann remplit les Berlinois de surprise et d'épouvante. Mais Bosco, Bosco, Bartolomeo Bosco! C'est lui que vous devriez voir! Véritable élève de Pinetti, il guérit les montres cassées plus vite encore que l'horloger Labinski; il sait mêler les cartes et faire danser les marionnettes! C'est grand dommage que le drôle n'ait pas étudié la théologie. C'est un ancien officier italien, encore très-jeune, d'une **tournure** mâle et vigoureuse; il porte une jaquette collante et des pantalons de soie noire, et, ce qui est la principale chose, en faisant ses tours, il met ses bras presque entièrement à nu. Des yeux féminins doivent se réjouir de ces derniers encore beaucoup plus que de ses exercices. C'est, en effet, un beau gaillard appétissant, il faut en **convenir**, si l'on voit cette figure mobile à la lueur de quelques cinquante longues bougies, plantées, comme une forêt étincelante de lumières, devant sa longue table, où est exposé un étrange appareil de jongleur. Il a transporté sa scène de la *Salle de Jagor* dans la *Maison anglaise*, et la foule s'y presse toujours avec fureur.

Dans le *Café Royal*, j'ai parlé hier au musicien de Chambre. Il m'a raconté une foule de petites nouvelles, mais dont je n'ai retenu que la moindre partie. Il va sans dire que la plupart appartiennent à la *chronique scandaleuse* musicale. Le 20, il y a examen chez le docteur Stœpel, qui apprend le piano et la basse continue, d'après la méthode de Logier. Le comte Brühl sera bientôt entièrement rétabli de sa maladie. Walter, de Carlsruhe, se présentera encore dans une nouvelle pièce bouffonne, intitulée *Les noces de Staberle*. M. et madame Wolff donnent en ce moment un certain nombre de représentations sur les théâtres de Leipzick et de Dresde. Michel Beer a écrit en Italie une nouvelle tragédie : *Les Fiancés d'Aragon*, tandis qu'à Milan on joue un nouvel opéra de son frère Meyer Beer. Spontini est occupé à mettre en musique la *Sapho* de Koreff. Plusieurs philanthropes veulent fonder ici une maison de secours pour de jeunes garçons abandonnés, à l'instar de celle du conseiller intime Falk, à Weimar. Cosmeli a publié, chez le libraire Schüppel, ses *Observations innocentes faites dans un voyage à travers une partie de la Russie et de la Turquie*, observations qui ne sont pas, dit-on, tout à fait innocentes, car cet esprit original voit partout les choses avec ses propres yeux, et ce qu'il a vu il le dit sans rien ménager. Les cabinets de lecture, soumis par la police à un travail de révision, sont forcés d'y envoyer leurs catalogues ; tous les livres entièrement obscènes, tels que la plupart des romans d'Arthing, d'A. de Schaden, etc., sont enlevés. Ce dernier, qui est maintenant parti pour Prague, vient de publier à l'instant : *les Rayons et les ombres de Berlin*, brochure qui, renfermant, à ce qu'on dit, beaucoup d'assertions fausses, a excité une grande indignation. Le fabricant Fritsche a inventé une nouvelle espèce de bougies, qui sont d'un bien meilleur marché que les bougies ordinaires. On fait aussi d'importantes affaires en promesses pour le prochain tirage des coupons de la rente d'État, donné en prime. La maison de banque L. Lipke et Cie, à elle seule, a placé près de dix mille pièces. On attend ici Bœttiger et Tieck. Madame Fanny Tarnow, la spirituelle dame, demeure maintenant ici. La nouvelle *Revue mensuelle de Berlin* a cessé de paraître depuis janvier. Le général Menu Menutuli a envoyé de l'Italie le manuscrit de son journal de voyage, au professeur Fischer, pour qu'il le livre à l'impression. Le professeur Bopp, dont le cours de sanscrit a toujours beaucoup de succès, écrit maintenant un grand ouvrage sur la linguistique comparée. A peu près trente étudiants, et parmi eux beaucoup de Polonais, ont été arrêtés à cause de menées démagogiques. Schadow vient d'achever une statue du grand Frédéric. La mort du jeune Schadow, à Rome, a excité ici beaucoup de regrets sympathiques. Guillaume Schadow a récemment produit un excellent tableau, représentant la princesse Wilhelmine avec ses enfants. Guillaume Hensel ne partira qu'en mai pour l'Italie. Kolbe s'occupe de dessins pour des peintures sur verre destinées au château de Marienbourg. Schinkel dessine les esquisses des décorations pour le *Milton* de Spontini. C'est un opéra en un acte, déjà ancien, mais qui sera donné ici très-prochainement pour la première fois. Le sculpteur Tieck travaille au modèle de la *Statue de la Foi*, qui sera placée dans une des deux niches à l'entrée du Dôme. Rauch est toujours occupé des bas-reliefs de la statue de Bülow; celle-ci, ainsi que la statue déjà achevée de Schahnrorst, seront placées sur les deux côtés des nouvelles Grand'Gardes (entre l'édifice de l'Université et l'Arsenal). — Les travaux des États, à en juger d'après les apparences, avancent rapidement. Les notables de la Prusse orientale et occidentale seront ces jours-ci congédiés par notre gouvernement et remplacés par ceux de nos provinces saxonnes. Les notables des provinces rhénanes seraient, dit-on, les derniers appelés. Sur les discussions des notables avec le gouvernement on n'apprend rien, parce que, comme on dit, ils ont fait *juramenta silentii*. — Nos différends avec la Hesse, à propos de la violation du droit territorial, lors de l'enlèvement d'une princesse à Bonn, ne semblent pas avoir été apaisés ; on va jusqu'à dire que notre ambassadeur à la cour de Cassel a été rappelé. — On attend ici un nouvel envoyé saxon. L'ambassadeur portugais à Berlin, comte Lobrau, a été définitivement mis en non-activité par son gouvernement ; on attend d'un jour à l'autre un nouvel ambassadeur portugais. Quant à notre ambassadeur destiné au Portugal, comte de Flemming, neveu du chancelier d'État, il est encore ici. Nos envoyés près la cour royale de Saxe et près la cour grand-ducale de Darmstadt, M. de Jordan et baron d'Otterstaedt, ils sont également encore ici. On attend ici un nouvel ambassadeur français. — Il est fortement question du mariage du prince suédois Oscar avec la belle princesse Élise Radziwill. Par contre, on ne dit plus rien du mariage de notre prince royal avec une princesse allemande. A l'occasion du mariage de la princesse Alexandrine, on s'attend ici à de grandes fêtes. Spontini composera pour cette cérémonie : *La fête des Rosières à Cachemire*, où l'on fera paraître deux éléphants. — Les assemblées chez les ministres sont closes maintenant ; les seules qui continuent encore sont celles qui ont lieu les mardis chez le prince Wittgenstein. Notre chancelier d'État est à présent entièrement rétabli et séjourne tantôt ici, tantôt à Glienicke. — Pour la foire de Pâques, on publiera : *Annales des Universités royales de Prusse*. Le bibliothécaire Spieker publie la cantate *Lalla Rookh*. Le géant qui était visible à la rue Royale, est maintenant dans l'île des Paons — Devrient n'est pas encore tout à fait rétabli. Boucher et sa femme donnent maintenant des concerts à Vienne. Les nouveaux opéras de Charles-Marie de Weber sont intitulés : *Euryanthe*, avec texte de Helmine de Chézy, et *Les deux Pintos*, avec texte du conseiller aulique de Winkles. Bernard Romberg est ici.

Mon Dieu ! le triste métier que celui de chroniqueur ! Les choses importantes, on ne doit pas les communiquer, si l'on ne peut pas les garantir ; quant aux petits commérages, il en est de même, d'abord parce que souvent ils entrent trop profondément dans les rapports de famille et (ceci est la principale raison) parce que les caquetages les plus amusants pour Berlin ont souvent pour la province un air niais et fastidieux. Au nom du ciel ! de quel intérêt sera mon récit pour les dames de Dülmen, si je raconte que telle danseuse pourrait maintenant parler au duel, et que tel lieutenant porte de faux mollets et de fausses hanches? Qu'est-ce que cela fait à ces dames, que telle danseuse représente pour moi une seule personne ou deux êtres à la fois? Que leur importe que ledit lieutenant soit composé de deux tiers d'ouate et d'un tiers de chair, ou de deux tiers de chair et d'un tiers d'ouate? Pourquoi enfin écrire des notices sur des hommes dont on ne devrait parler dans aucune notice du tout?

On peut deviner d'ailleurs, sans le secours des chroniques, comment on a vécu ici pendant cet hiver. Il n'est besoin pour cela d'aucune description spéciale puisque les divertissements d'hiver sont les mêmes dans toutes les résidences. Opéras, théâtres, concerts, assemblées, bals, thés (thés *dansants* ou thés *médisants*), petites mascarades, comédies de dilettantes, grandes redoutes, etc., voilà à peu près nos principaux amusements dans les soirées d'hiver.

Il y a ici une vie sociale très-animée, mais morcelée à l'excès. La société est, pour ainsi dire, divisée en une masse infinie de lambeaux, en une foule de petits cercles, groupés les uns à côté des autres, et qui, au lieu de s'étendre, tâchent plutôt de se rétrécir de plus en plus. Qu'on regarde seulement les divers bals; on croirait Berlin uniquement composé de corporations. La cour et les ministres, le corps diplomatique, les employés civils, les commerçants, les officiers, etc., tous donnent leurs bals particuliers, où l'on ne voit paraître que le personnel de la sphère respective. Chez quelques ministres et ambassadeurs les *assemblées* sont au fond de *grands thés*, donnés vers certains jours de la semaine, et qui, par l'affluence plus ou moins grande de convives, se transforment ensuite en véritables bals. Tous les bals de la classe élevée tendent avec plus ou moins de succès à ressembler aux bals de la cour ou aux bals des princes. Pour ces derniers, presque toute l'Europe civilisée a maintenant adopté le même ton, ou plutôt ils sont sur le modèle des bals de Paris. Nos bals de Berlin n'ont par conséquent rien de caractéristique; quoiqu'on ressente souvent une singulière impression, à voir un lieutenant en second, vivant de sa pauvre solde, ou une demoiselle sans fortune attifée de diverses loques ou paillettes comme une mosaïque, se guinder effroyablement pour prendre les grandes manières, de sorte que leurs figures maigres, où se peint la misère, contrastent, comme dans un jeu de marionnettes, avec le raide costume de cour dont ils sont affublés.

Il y a cependant ici, depuis quelque temps, une espèce de bals communs à toutes les classes, savoir les bals par souscription, appelés aussi plaisamment *mascarades non masquées*; ils ont lieu dans la salle des concerts du nouveau théâtre. Le roi et la cour les honorent de leur présence et les ouvrent ordinairement; tout homme convenable peut y prendre part, en payant une entrée fort modeste. Sur ces bals et les autres pompes de cour, lisez la baronne Caroline Fouqué, si distinguée par les qualités du cœur et de l'esprit; elle en parle avec détail dans ses *Lettres sur Berlin*, que je ne puis trop vous recommander pour la profondeur des vues. Cette année, les bals de souscription n'ont pas été aussi brillants que l'année dernière, où ils avaient encore le charme de la nouveauté. En revanche, les bals des grands fonctionnaires d'État ont été très-brillants cet hiver. Ma demeure est au milieu d'une foule d'hôtels de princes et de ministres, ce qui m'a souvent empêché de travailler le soir, à cause du fracas des roues et du piétinement des chevaux. Toute la rue était quelquefois encombrée d'équipages; les innombrables lanternes des voitures éclairaient les tuniques rouges galonnées, qui couraient entre eux en criant et en jurant, tandis que des girandoles de cristal versaient leur lumière gaie et brillante des fenêtres du premier étage des hôtels, où retentissait la musique.

Nous avons eu peu de neige cette année, et, par conséquent, on n'a presque pas entendu les tintements de sonnettes de traîneaux et les claquements de fouet. Comme dans toutes les grandes villes protestantes, Noël joue ici le principal rôle dans la grande comédie de l'hiver. Déjà, une semaine à l'avance, tout le monde est occupé de l'achat de cadeaux de Noël. Tous les magasins de modes, de bijouterie et de quincaillerie, étalent au grand jour leurs plus beaux articles, comme nos petits-maîtres leurs connaissances savantes; sur la place du château se dressent une foule de boutiques de bois, avec des objets de toilette, de ménage et de jeu, et les alertes Berlinoises voltigent comme des papillons de magasin en magasin, et achètent, et causent, et lancent des œillades, et se montrent elles-mêmes aux adorateurs qui les épient. Mais c'est le soir que le plaisir prend son véritable train ; car alors on voit nos charmantes, souvent avec toute la famille respective, avec père, mère, tante, petite-sœur et petit-frère, faire le pèlerinage d'une confiserie à l'autre, comme si c'étaient des stations de la croix. Là-bas, les braves gens payent leurs deux gros de monnaie courante pour l'entrée, et regardent *con amore* « l'exposition, » savoir une foule de poupées de sucre ou de dragées qui, placées symétriquement les unes à côté des autres, éclairées tout autour et resserrées entre quatre murs peints à la perspective, forment un assez joli tableau. Le comique de la chose, c'est que ces poupées de sucre représentent quelquefois des personnes réelles et connues de tout le monde.

J'ai traversé une foule de ces confiseries à leur suite, car je ne connais rien de plus amusant, que de regarder, inaperçu moi-même, comment les Berlinoises se réjouissent, comme ces seins soulevés par l'extase du sentiment palpitent avec rapidité, comme ces âmes naïves jettent des cris d'allégresse : « Eh ! que c'est beau ! » Chez Fuchs on a remarqué, dans l'exposition de cette année, des images de Lalla Rookh, telles qu'on en voyait l'année dernière au château, lors de la fête de la Cour que vous connaissez. Il m'a été impossible de voir quelque chose de ces splendeurs chez Fuchs, car les jolies petites têtes de toutes ces dames formaient un mur impénétrable devant le tableau carré en sucre. Je ne veux pas vous ennuyer, cher ami, en vous soumettant mon jugement sur l'exposition des confiseurs ; le conseiller de guerre Charles Müchler, le même, dit-on, qui envoie les correspondances berlinoises au *Monde élégant*, a déjà donné là-dessus un article critique dans ce recueil.

Il n'y a pas grand'chose à dire des redoutes de la salle Jagor, excepté que par suite de mesures excellentes, toute personne qui craint de s'ennuyer à mort est libre de se retirer.

Les redoutes de l'Opéra sont splendides et grandioses. Ces jours-là, tout le parterre est réuni à la scène, ce qui constitue une salle immense, éclairée d'en haut par une foule de girandoles en ovale. Ces ovales embrasés ont presque l'apparence de systèmes solaires, tels qu'on les voit représentés dans les compendiums d'astronomie ; elles surprennent et troublent la vue de celui qui regarde en haut, tant elles versent une lumière éblouissante sur la foule bigarrée et étincelante, qui s'agite dans les salles, dansant, sautillant, poussant et criant jusqu'à dominer presque les sons de la musique. Tout le monde doit se présenter ici en domino, et il n'est permis à personne d'enlever son masque de sa figure. Du reste, je ne connais pas de ville où cela soit permis. Dans les corridors seulement, et dans les loges du premier et second rang, on peut ôter le masque. Les gens de la basse classe populaire payent une faible entrée, pour laquelle ils peuvent, du haut de la galerie, regarder toutes ces magnificences. Dans la grande loge royale, on voit la cour, qui n'y compte que très-peu de personnages masqués ; par moments, quelques-uns d'entre eux descendent dans la salle et se mêlent à la bruyante foule des masques. Celle-ci se compose d'hommes de toutes les classes. Ici, il est difficile de distinguer si tel gaillard est un comte ou un garçon tailleur; cela peut se reconnaître aux manières, mais non pas à l'habit. Presque tous les hommes portent ici seulement de simples dominos de soie et de longs chapeaux de claque. On expliquera cela facilement par l'égoïsme inhérent aux habitants des grandes villes. Chacun veut s'amuser ici, mais non jouer le rôle de masque de caractère, pour amuser les autres. Par la même raison, les dames sont masquées tout simplement en chauves-souris. Une foule de *femmes entretenues* et de prêtresses de la Vénus des rues papillonnent sous cette forme et nouent des intrigues dans l'intérêt de leur commerce. « Je te connais, » chuchote ici une de ces étoiles filantes ; « je te connais aussi, » est la réponse. « *Je te connais, beau masque,* » crie là une chauve-souris au devant d'un jeune débauché. « *Si tu me connais, ma belle, tu n'es pas grand'chose,* » répond le méchant tout haut, et la donna, compromise, s'évanouit comme le vent.

Mais que nous importe de savoir qui est sous le masque? On veut s'amuser, et, pour s'amuser, il ne faut que des hommes ; car on ne devient homme, en quelque sorte, qu'au bal masqué, où le masque de cire recouvre notre masque ordinaire de chair, où le simple *tu* rétablit la familiarité des sociétés primitives, où un domino cachant toutes les prétentions, produit la plus belle égalité, et où règne la liberté plus belle, — la liberté des masques. Pour moi, une redoute a toujours quelque chose de très-divertissant. Quand les cymbales tonnent, que les trompettes retentissent, que les flûtes et les violons y entremêlent leurs doux et caressants accords, alors, comme un nageur téméraire, je me précipite dans les flots bouillonnants et bizarrement éclairés des hommes, et je danse, et je cours, et je plaisante et je lutine les uns et les autres, et je ris, et je dis à tort et à travers tout ce qui me vient à la tête. Dans la dernière redoute, j'ai été particulièrement gai ; j'étais si fou que je ne sais vraiment pourquoi je n'ai pas marché sur la tête. Si mon plus mortel ennemi m'était venu à la traverse, je lui aurais dit : « Demain, nous nous tuerons ; mais aujourd'hui je veux cordialement te couvrir de baisers. » La plus pure gaîté, c'est l'amour ; or Dieu est l'amour, donc Dieu est la plus pure gaîté ! *Tu es beau ! Tu es charmant ! Tu es l'objet de ma flamme ! Je t'adore, ma belle !* C'étaient là les paroles que mes lèvres répétaient cent fois instinctivement. Et je serrais la main à tout le monde, et j'ôtais très-gentiment mon chapeau à tous, et tous les hommes me rendaient mes politesses. Seul, un adolescent allemand fit le rustre, et déblatérait contre ce qu'il appelait ma singerie des manières de la *Babylone welche*, et tonna de sa voix de basse de vieux Teuton, buveur de bière : « Dans une mascarade allemande, l'Allemand doit parler allemand. » — O adolescent allemand, comme je te trouve, toi et tes paroles, non-seulement niais, mais presque blasphématoires, dans ces moments où mon âme embrasse avec amour l'univers tout entier; où je voudrais, en jubilant, embrasser Russes et Turcs, où je voudrais, en pleurant, me jeter au cœur de mon frère l'Africain enchaîné. J'aime l'Allemagne et les Allemands; mais je n'aime pas moins les habitants du reste de la terre, dont le nombre dépasse quarante fois celui de tous les Allemands. L'amour donne sa véritable valeur à l'homme. Dieu merci! je vaux donc quarante fois plus que ceux qui ne peuvent pas se dégager du bourbier de l'égoïsme national et qui n'aiment que l'Allemagne et les Allemands.

LETTRE TROISIÈME

Berlin, 7 juin 1822.

Je viens de remettre mon habit de gala, pantalon de soie noire, bas *idem*, et je vous annonce de la manière la plus solennelle :

Le sérénissime mariage de Son Altesse Royale la princesse Alexandrine avec Son Altesse Royale le grand-duc héritier de Mecklenbourg-Schwerin.

Quant aux cérémonies nuptiales, vous en avez déjà certainement lu vous-même la description détaillée dans la *Gazette de Voss* ou le *Journal de Spener*, et ce que j'ai à dire là-dessus sera, par conséquent, très-court. Mais il y a encore une autre raison importante, pour laquelle j'en parlerai fort peu, c'est que je n'en ai vu que très-peu de chose, en effet. Comme je rapporte souvent plutôt l'esprit de la chose que le détail même, peu m'importe. Je ne m'étais pas non plus assez préparé à recueillir tous les faits. Depuis très-longtemps déjà, il est vrai, la cérémonie des noces de ces Altesses avait été fixée au 25; mais on entendait dire sans cesse qu'elle serait ajournée, et, en effet, le vendredi 24, je n'osais pas encore croire que la fête aurait lieu le lendemain. Et beaucoup d'autres pensèrent de même. Le samedi matin, les rues n'étaient guère animées. On lisait seulement sur les figures une précipitation mystérieuse et l'attente inquiète de quelque chose de particulier. Des valets en course, des coiffeurs, des boites, des marchandes de mode, etc... Le temps était beau, pas trop lourd; mais les hommes étaient couverts de sueur. Vers six heures, commença le roulement des voitures.

Je ne suis ni noble, ni haut fonctionnaire, ni officier; par conséquent je ne suis pas admis à la cour, et je n'ai pu assister à la bénédiction nuptiale dans le château lui-même. Cependant, je suis allé jusqu'à la cour du château, pour avoir au moins le coup d'œil de tout le personnel qui y était rassemblé. Jamais je n'ai vu, réunis sur un seul point, tant d'équipages magnifiques. Les valets avaient endossé leurs plus

belles livrées ; dans leurs surtouts à longues jupes et
à couleurs claires et voyantes, avec des culottes
courtes et des bas blancs, ils ressemblaient à des
tulipes de Hollande. Beaucoup d'entre eux portaient
plus d'or et d'argent sur le corps que tout le personnel de la maison du président des États-Unis de
l'Amérique du Nord. Mais le prix appartenait sans
conteste au cocher du duc de Cumberland. Vraiment, voir parader sur son siége cette fleur des
cochers, cela vaut seul un voyage à Berlin. Qu'est
Salomon dans son faste royal, qu'est Ahroun-al-
Raschid dans son costume de calife, et même qu'est
l'éléphant triomphal dans *l'Olympie*, en comparaison de la magnificence de ce cocher magnifique ?
Dans les jours moins solennels, il est déjà passablement imposant par la raideur pimpante de sa personne, qui ne ressemble pas mal à une tour de
porcelaine chinoise, par les mouvements uniformes
de sa tête poudrée qui se berce comme un balancier
d'horloge, avec sa queue lourde et épaisse sous
son petit chapeau magique triangulaire, ainsi que
par la curieuse mobilité de ses bras dans la direction
de ses chevaux ; mais aujourd'hui il portait un habit
cramoisi, moitié frac, moitié surtout, culotte de la

même couleur, le tout brodé de larges galons d or.
Sa tête presque vénérable, couverte de poudre d'une
blancheur éblouissante et ornée d'une bourse à cheveux noire, démesurément longue, était couverte d'un
bonnet de velours noir avec longue visière. Tout à
fait de même étaient habillés les quatre valets debout sur le derrière de la voiture, lesquels, en se
tenant fraternellement enlacés, pour mieux se maintenir, montraient au public, muet d'ébahissement,
quatre bourses à cheveux vacillantes. Quant à lui,
chef des valets, il portait sur son front la dignité
naturelle du dominateur, il dirigeait le carrosse de
gala attelé de six chevaux ; d'une main ferme, il
tenait les rênes :

Et d'un rapide élan s'envolaient les coursiers.

Il y avait une presse horrible dans la cour du
Château. Il faut bien le dire, les Berlinoises ne sont
pas curieuses. Les plus fluettes jeunes filles me donnèrent dans les reins des coups que je sens encore
aujourd'hui. Fort heureusement pour moi, je ne
suis pas une femme enceinte. Écrasé des uns, écra-
sant les autres, je m'échappai de cette presse et
arrivai heureusement jusqu'au portail du château.

L'officier de police, tout en repoussant les autres, me laissa passer parce que je portais un habit noir et qu'il voyait bien à mon air que les fenêtres de mon logement doivent être garnies de rideaux en soie rouge. Je pus dès lors très-bien voir les nobles seigneurs et dames descendre des carrosses, et je m'amusai infiniment à examiner les nobles costumes de cour, ainsi que les figures de leurs personnages élevés. Pour décrire les premiers, il me manque le génie du tailleur; des considérations de police urbaine ne me permettent pas de peindre les autres. Deux jolies Berlinoises, debout à côté de moi, admivaient avec enthousiasme les beaux diamants, les broderies d'or, les fleurs, les gazes, les ratines, les longues queues et coiffures. Moi, de mon côté, j'admirais encore davantage les beaux yeux de ces belles admiratrices, et je devins de mauvaise humeur lorsque, par derrière, quelqu'un me frappa amicalement sur les épaules, et que je vis briller à mes yeux la petite face joufflue du musicien de la chapelle. Il était tout particulièrement agité et sautillait comme une rainette.

— *Carissimo*, me dit-il, voyez-vous là-bas cette belle comtesse? Taille de cyprès, boucles de cheveux couleur de jacinthe; sa bouche est à la fois une rose et un rossignol; toute sa personne est une fleur pressée entre deux feuilles de papier brouillard; voyez-la pressée entre ses deux tantes grises. Monsieur son époux, qui se nourrit de fleurs comme celle-là au lieu de chardons, pour nous faire croire qu'il n'est pas un âne, a été obligé aujourd'hui de rester à la maison; car, souffrant d'un rhume, il est étendu sur le canapé, où j'ai dû l'entretenir; nous avons causé pendant deux heures de la nouvelle liturgie, si bien que ma langue s'est, à la lettre, desséchée à force de bavarder, et que mes lèvres me font mal à force de sourire.

A ces paroles, les coins de la bouche du musicien se contractèrent en un sourire aigre-doux, qu'il fit disparaître en passant dessus sa petite langue, et tout à coup il s'écria : La liturgie! la liturgie! sur les ailes de l'Aigle noire de troisième classe, elle volera de clocher en clocher *jusqu'à la tour de Notre-Dame!* Mais parlons de quelque chose de sensé. — Regardez ces deux messieurs pimpants, dont la voiture vient d'avancer; l'un à la petite figure écrasée et comme confite, avec la fine tête aux pensées molles et sans consistance, au gilet brodé de diverses couleurs, avec épée de gala battant sur ses petites jambes, recouvertes de soie blanche, et qui voudraient toujours sauter; et cela parlotte français, et quand on traduit ce français en allemand, ce ne sont que des bêtises. — Par contre, voyez l'autre, le grand à la moustache, le Titan qui voudrait donner l'assaut à tous les ciels de lits! Je parie qu'il a autant d'esprit que l'Apollon du Belvédère.

Maudit parleur! Pour faire changer le cours de ses pensées, je lui indiquai mon barbier, placé en face de nous et qui avait endossé son nouvel habit fait à l'antique mode nationale. La figure du musicien devint d'un rouge cerise, et il dit en grinçant les dents : O saint Marat! un pareil gueux veut faire le héros de la liberté! O Danton! Collot d'Herbois! Robespierre!... En vain je fredonnai la chanson :

> C'est un ferme burg, ô mon Dieu!
> Que le burg de Spandau.

Peine perdue! je n'avais fait qu'empirer la situation! L'homme s'enferra aussitôt dans ses vieilles histoires révolutionnaires, et ne parla plus que de guillotine, de lanternes, de septembrisades, jusqu'à ce que, par bonheur, je me rappelai sa ridicule peur de la poudre, et lui dis : Savez-vous que dans le *Lustgarten* on va tirer douze coups de canon? A peine eus-je prononcé ces mots, que le musicien disparut.

J'essuyai la sueur froide de mon visage, dès que je fus débarrassé de ce drôle, je regardai encore les dernières personnes qui descendaient des voitures, je fis à mes belles voisines un salut accompagné d'un sourire, et me rendis au *Lustgarten*. On y avait planté, en effet, douze canons qui devaient être tirés trois fois, au moment où les fiancés royaux échangeraient les anneaux. A une fenêtre du château se tenait l'officier qui devait donner aux artilleurs du jardin le signal de tirer. Une foule d'hommes s'y étaient rassemblés. On lisait sur leurs visages des pensées étranges et presque contradictoires.

C'est un des plus beaux traits du caractère des Berlinois, qu'ils ont un amour indescriptible pour le roi et la famille royale. Les princes et princesses sont ici un des principaux sujets d'entretien dans les plus pauvres maisons bourgeoises. Un vrai Berlinois n'emploie jamais d'autres termes que ceux-ci! *Notre Charlotte, notre Alexandrine, notre prince*

Charles... Le Berlinois s'associe, pour ainsi dire, dans ses pensées, à la famille royale, dont il regarde tous les membres comme de vieux amis; il connaît le caractère particulier de chacun d'eux, et il est toujours charmé d'apercevoir en lui de nouvelles qualités dignes de louanges. Ainsi, les Berlinois savent que le prince royal possède l'esprit des reparties, et c'est pourquoi chaque bon mot fait aussitôt son tour de ville sous le nom du prince royal; de sorte qu'on attribue à un *seul* Hercule et à une seule massue de bons mots les exploits spirituels de tous les autres Hercules.

Vous pouvez donc vous faire une idée du grand amour que le peuple voue ici à la belle et brillante Alexandrine, et, par cet amour, vous pouvez aussi expliquer les sentiments contradictoires peints sur les figures des Berlinois, lorsque, dans une curieuse attente, ils regardaient les hautes fenêtres du château, où l'on célébra le mariage de notre Alexandrine. Ils n'osèrent pas se montrer de mauvaise humeur, car c'était le jour d'honneur de la princesse bien-aimée; mais ils ne purent pas non plus se réjouir de très-bon cœur, car c'était le jour où ils devaient la perdre. A côté de moi, se tenait une vieille mère, sur la figure de laquelle on pouvait lire : « A présent, je l'ai mariée, il est vrai, mais elle va me quitter. » La figure de ma jeune voisine exprimait la pensée ! « Comme duchesse de Mecklenbourg, elle n'est pourtant pas aussi haut placée qu'elle l'était ici comme reine de tous les cœurs. » Des lèvres rouges d'une jolie brune, je croyais entendre tomber ces paroles. « Ah ! que ne suis-je au même point, moi aussi ! »

Tout à coup, les canons tonnèrent, les dames tressaillirent, les cloches sonnèrent, des nuages de poussière et de vapeur s'élevèrent, les langues de la foule s'agitèrent, les gens rentrèrent chez eux au grand trot, et le soleil se coucha, rouge de sang, derrière Monbijou.

Il n'y eut pas trop de tapage aux fêtes du mariage. Le lendemain matin, après la bénédiction nuptiale, Leurs Altesses, les nouveaux mariés, assistèrent au service dans l'église du Dôme. Ils étaient dans le carrosse doré attelé de huit chevaux, dans le carrosse aux grands carreaux de vitre, tandis qu'une foule immense les voyait passer avec des regards de curiosité. Si je ne me trompe pas, les valets déjà décrits plus haut ne portaient pas de bourse de cheveux ce jour-là. Le soir, il y eut cérémonie des félicitations à la cour, puis bal dans la salle Blanche, où l'on dansa principalement des polonaises. Le 27, grand dîner dans la salle des Chevaliers, et le soir, les Altesses et Majestés se rendirent à l'Opéra, où l'on représentait l'opérette, composée expressément pour cette fête par Spontini : *Nurmahal, ou la Fête des Roses, à Cachemire*. La plupart des personnes eurent beaucoup de peine à obtenir des billets pour cette représentation. On m'en donna un, mais je n'y allai pas. J'aurais dû y aller, dites-vous, pour pouvoir vous en faire mon rapport; mais croyez-vous que je doive sacrifier ma personne à ma correspondance? Je pense encore avec terreur à l'*Olympie*, que j'ai été obligé d'entendre encore une fois, tout récemment, pour une raison particulière, et dont je suis sorti les membres brisés. Je suis allé chez le musicien de la chapelle pour lui demander ce qu'il pensait de l'opérette. Il me répondit : « Ce qu'il y a de mieux, c'est qu'on n'y tire pas de coups de fusil. » Cependant je ne puis pas me fier au musicien; car, d'abord, il est compositeur aussi, et il se croit supérieur à Spontini; ensuite on lui a fait croire que ce dernier voulait écrire un opéra où les canons joueraient un rôle indispensable. Mais, en général, on ne dit pas beaucoup de bien de la *Nurmahal.* En tout cas, ce ne doit pas être un chef-d'œuvre. Spontini y a cousu beaucoup de lambeaux de ses opéras précédents. C'est grâce à eux que la *Nurmahal* renferme d'excellents passages, il est vrai, mais ce n'est au fond qu'un ensemble de pièces rapportées : on n'y trouve pas cette unité, mérite principal des autres opéras de Spontini. — Leurs Altesses, les nouveaux mariés ont été reçus généralement avec des cris de jubilation. Les accessoires et apparats de cette pièce sont, dit-on, d'un faste incomparable. Le peintre de décorations et le tailleur de théâtre se sont surpassés eux-mêmes. Le régisseur dramatique a fait les vers, il faut donc qu'ils soient bons. Aucun éléphant n'y a paru. Le *Moniteur officiel* du 4 juin, réprimande un article de la *Gazette de Magdebourg,* où il aurait été dit que deux éléphants paraîtraient dans la nouvelle opérette, et il ajoute avec une tournure facétieuse à la Shakespeare : « On prétend que ces deux éléphants sont encore à Magdebourg. » Si la *Gazette de Magdebourg* a puisé cette nouvelle dans ma seconde lettre, je regrette avec une profonde douleur d'avoir été assez malheureux pour attirer sur elle cette foudre spirituelle. Je me rétracte avec tant d'humilité et de tristesse, que le *Moniteur officiel* versera des larmes d'émotion. Du reste, je déclare, une fois pour toutes, que je suis prêt à rétracter tout ce qu'on me demande ; seulement, que cela ne me coûte pas trop de peine. J'avais, en effet, entendu dire que deux éléphants paraîtraient dans la *Fête des Rosières*; on m'assura ensuite que ce seraient deux chameaux ; plus tard ce devait être deux étudiants, et enfin des anges d'innocence.

Le 28, il y eut redoute gratuite. Dès huit heures et demie, les masques se firent conduire vers la salle de l'Opéra. — Dans ma dernière lettre, j'ai décrit une redoute de Berlin. Les seules différences entre celle-ci et les autres, c'est qu'aucun domino noir n'y était admis, que tous les masques présents étaient en souliers, qu'à une heure on avait le droit de se démasquer dans la salle, et que les billets d'entrée, ainsi que les rafraîchissements, étaient donnés gratis. Ce dernier point me paraît avoir été le principal. Je porte dans mon cœur la ferme conviction que les Berlinois sont des modèles de civilisation et de mœurs polies, et qu'ils ont raison de mépriser les manières rustiques de mes compatriotes; en outre, je me suis convaincu, à beaucoup d'occasions, que le plus pauvre Berlinois a poussé très-loin l'art de supporter honnêtement la faim, et qu'il sait, avec une habileté consommée, étouffer les cris de son estomac, sous les formes des plus parfaites convenances. Autrement j'aurais pu concevoir de ces messieurs une opinion défavorable en les voyant se serrer autour des buffets, se verser verre sur verre dans le gosier, se bourrer l'estomac de gâteaux, et tout cela avec une voracité si disgracieuse, avec une constance si héroïque, qu'il était presque impossible à un homme ordinaire de percer cette phalange de goinfres de buffet, et, par la chaleur qui régnait dans la salle, de se rafraichir la langue avec un verre de limonade. Le roi et toute la cour assistaient à cette redoute. La vue des nouveaux mariés charmait tous les assistants. L'épouse brillait plus encore par son amabilité que par sa splendide parure de diamants. Notre roi portait un domino bleu foncé. Les princes avaient pour la plupart d'antiques costumes espagnols ou celui de chevalier.

Je vous ai depuis longtemps averti que c'est un caprice seul, et non l'ancienneté, qui décide de l'ordre dans lequel je vous raconte les événements de Berlin. Si j'avais voulu suivre l'ordre des temps il m'aurait fallu commencer ma lettre par le jubilé du conseiller intime, M. Heim. Les journaux vous auront suffisamment appris comment on a fêté ici cet éminent médecin. On en parla à Berlin pendant deux jours entiers, et cela veut dire beaucoup. Partout on entendait raconter des anecdotes de la vie de Heim, parmi lesquelles il y en a quelques-unes de très-divertissantes. La plus drôle, à mon avis, c'est la manière dont il mystifia son cocher, qui lui avait déclaré, un jour, qu'ayant déjà trop longtemps promené Heim en voiture, il souhaitait maintenant de devenir médecin lui-même et apprendre l'art de guérir. Plusieurs autres jubilés demi-séculaires eurent lieu à la même époque, et, chez Jagor, les bouchons des bouteilles de champagne sautaient en masse. En général, les gens, avant qu'on y pense, se trouvent ici avoir rempli une carrière de service de cinquante ans. C'est le fait du climat. — Même une domestique a fêté un jubilé, et, dans *l'Élégant*, on peut lire comment cette servante jubilaire a été célébrée et chantée. Il y a jusqu'à une matrone de la *rue de l'Innocence*, à ce qu'on m'a dit hier, qui a célébré son jubilé. Elle a été couronnée de roses et de lis; un adolescent sentimental, porte-épée dans l'armée, lui a présenté un sonnet bien ronflant, tout à fait dans l'esprit de la poésie jubilaire ordinaire, où s'entrelaçaient les rimes *iour, amour, caresse, tendresse,* et où douze vierges chantèrent :

> O toi, ma bonne épée, attachée à mes flancs,
> Pourquoi lancer ainsi des feux étincelants?

Vous voyez, les poésies de Théodore Kœrner se chantent toujours. Ce n'est pas, il est vrai, dans les sphères du bon goût, car on y est déjà convenu à voix haute qu'il était fort heureux que les Français, en 1814, n'aient pas compris l'allemand et n'aient pu lire ces vers fades, niais, plats, sans poésie, qui nous enthousiasmaient tant, nous autres bons Allemands. Mais ces vers de la guerre de délivrance sont encore souvent déclamés et chantés dans ces petites réunions sentimentales, où l'on se chauffe en hiver auprès du feu de paille innocent qui petille dans ces chants patriotiques; et comme le vieux cheval blanc du grand Frédéric se cabrait dans une nouvelle fougue juvénile et faisait toute la manœuvre, dès qu'il entendait une trompette, de même les sentiments de mainte Berlinoise montent au sublime quand elle entend une chanson de Kœrner; elle pose la main gracieusement sur son sein, pousse un soupir de volupté du plus profond de son cœur, se lève courageusement comme Jeanne de Montfaucon, et s'écrie : « Je suis une vierge allemande. »

Je m'aperçois, mon cher, que vous me regardez un peu de travers, à cause du ton amer et moqueur avec lequel je parle quelquefois des choses qui sont chères à d'autres personnes, et avec raison; mais je ne puis faire autrement. Mon âme est trop ardemment amoureuse de la vraie liberté, pour que je ne sois pas pris de dépit en voyant dans leur pauvreté et dans leur insignifiance nos mirmidons hâbleurs, héros lilliputiens de la liberté. Dans mon âme, l'amour de l'Allemagne et la vénération de la magnificence allemande est trop vivace, pour que je puisse mêler ma voix au bavardage insensé de ces hommes de rien, qui font étalage de sentiments teutons, et souvent je me sens comme une démangeaison convulsive d'arracher d'une main hardie aux suppôts du vieux mensonge l'auréole qui entoure leur tête, et de tirer la peau du lion même, — parce que je suppose qu'elle recouvre un âne.

Du théâtre, je vous écrirai peu de choses, cette fois comme la dernière. Le comique Walter a eu ici quelques succès ; quant à moi, je ne goûte pas son *humour*. Par contre, j'ai été vraiment ravi de Lebrun, de Hambourg, qui, il y a quelque temps, joua ici quelques rôles de bénéficiaire ; c'est un de nos meilleurs comiques allemands, inimitable dans les rôles gais ; aussi mérite-t-il entièrement l'approbation que lui accordaient ici tous les connaisseurs. Charles-Auguste Lebrun est tout à fait né pour le métier d'acteur ; la nature l'a pleinement doué de tous les talents nécessaires à cette carrière, et l'art les a perfectionnés.

Mais que dirai-je de madame Hermann, qui ensorcelle tous les Berlinois, jusqu'aux rédacteurs critiques ? Quels miracles fait une belle figure ! C'est un bonheur pour moi d'être myope, sans cela cette Circé m'aurait changé en animal grison, aussi bien qu'un de mes amis. Ce malheureux a maintenant de si longues oreilles, que l'une sort au dehors dans la *Gazette de Voss*, et l'autre dans celle de *Haude et Spener*. Cette dame a déjà rendu fous quelques jeunes gens ; l'un d'eux est aujourd'hui hydrophobe et ne fait plus de vers. Quiconque peut approcher de cette belle personne, se sent heureux. Un lycéen lui a voué un amour platonique, et lui a envoyé un échantillon calligraphique de sa main. Le mari de madame Hermann est acteur aussi ; il brillait comme du canevas dans la comédie intitulée : *Cabilland et Plader*. La bonne dame doit être incommodée des nombreuses visites de ses admirateurs. On raconte qu'un homme malade, logé à côté d'elle, fut tellement importuné par tous ces visiteurs qui, à chaque moment, ouvraient sa porte en lui demandant si c'était là que demeurait madame Hermann, qu'il fit enfin écrire sur la porte de son appartement : « Madame Hermann ne loge pas ici ! »

On a même mis la belle dame en fonte de fer, et on vend de petites médailles de fer avec son effigie. Je vous le dis, l'enthousiasme pour madame Hermann est épidémique comme une épizootie. Pendant que j'écris ces lignes, j'en ressens moi-même l'influence. Je sens encore tinter dans mes oreilles les paroles d'extase avec lesquelles un vieux grison parlait d'elle hier. Homère n'a pu nous faire une plus vive peinture de la beauté d'Hélène qu'en montrant les vieillards saisis de ravissement à sa vue. Beaucoup de médecins lui font également la cour, de sorte qu'on nomme ici la belle dame plaisamment *la Vénus des médecins*.

Mais pourquoi en conter si long? Vous avez certes lu attentivement nos articles de critique théâtrale et vous y avez remarqué un certain rhythme convenu, qui est celui de l'Ode de Sapho à Vénus. Oui, c'est une Vénus, ou, comme le disait un commerçant d'Altona, une *Vénusine*. Seul, le maudit compositeur d'imprimerie lance quelquefois un aiguillon de guêpe dans la coupe de miel d'Hymète, consacrée à notre déesse par le dévot critique. En guise d'interprétation, la *Feuille des intelligences littéraires* (titre assez ironique) corrige ainsi une faute d'impression : « Dans l'article critique sur le jeu théâtral de madame Hermann, dans le n° 63 de la *Gazette de Spener*, du 25 mai, ligne 26, au lieu de : *léger jeu d'amour*, il faut lire : *léger jeu de mine*. Hier, la belle dame joua dans la nouvelle comédie de Clauren : *La fiancée du Mexique*. Dans cette pièce, on se sent très-agréablement bercé comme dans un conte bleu par une gaîté facile et originale, avec laquelle doivent sympathiser tous les amis de la joie naïve. Aussi cette pièce a-t-elle plu à beaucoup de monde; en général tout ce qui sort de la plume de cet écrivain a ici un immense succès. Ses écrits ont beaucoup d'adversaires, mais on en fait toujours de nouvelles éditions.

Sur la place d'Alexandre, on a érigé un théâtre populaire. Un certain M. Cerf, qui en avait obtenu le privilége, y a renoncé, et reçoit maintenant en échange une somme de 3,000 thalers par an. L'ancien acteur Bethmann s'est alors chargé de la direction. On a offert au professeur Gubitz la direction de la partie poétique de ce théâtre. Il serait à désirer qu'il se chargeât de cette affaire, car il connaît très-exactement la scène et son économie ; il est célèbre à la fois comme poëte dramatique et comme critique, il est maître dans les arts du dessin, et par cette multiplicité de connaissances, il réunit en lui tout ce qui est nécessaire pour une telle direction; mais on doute qu'il l'accepte, car la rédaction du *Sociétaire*, à laquelle il s'est voué corps et âme, l'occupe trop. Cette dernière feuille, tirée à un grand nombre d'exemplaires (plus de quinze cents, je crois), est suivie avec un intérêt excessif; on peut bien l'appeler la meilleure et la plus substantielle de toute l'Allemagne. Gubitz la rédige avec un zèle et une conscience plus que scrupuleuse, car, dans son

amour pour la correction et la décence, il devient
presque trop sévère. N'allez pas toutefois le prendre
pour un pédant. C'est un homme dans ses meilleures
années, franc, joyeux, heureux de vivre, enthousiaste
de tout ce qui est beau, noble; toute sa personne
respire cet esprit jovial et anacréontique, qui est le
signe caractéristique de ses poésies.

Nous avons ici depuis peu une nouvelle feuille
hebdomadaire destinée aux sphères populaires et
rédigée par le lieutenant Leithold, qui vient de publier son *Voyage au Brésil*; elle porte ce titre, *Curiosités et Raretés*, avec une épigraphe des plus naïves.
L'Observateur sur la Sprée et le *Messager de la Marche*
sont ici les meilleures feuilles populaires. Cette dernière est plutôt pour la classe instruite. J'y trouvai
avec étonnement une nouvelle réimpression d'une
partie de ma seconde lettre, d'après l'*Indicateur*. Je
suis très-sensible à cet honneur et à l'éloge qui s'y
trouve joint, mais cela m'aurait presque attiré un
grand malheur, si la censure de Berlin, dans sa galanterie, n'avait pas effacé tout ce que j'avais dit des
Berlinoises. Si ces anges avaient lu les passages
rayés, les corbeilles de fleurs m'auraient volé à la
tête par soixantaines. Mais, dans ce cas même, je ne

me serais pas refugié sur le Pont-aux-Chiens; la belle demoiselle *Fortune* m'a depuis longtemps donné une si grande corbeille de fer, que je pourrais à peine la remplir avec les petites corbeilles des citadines de la Sprée.

On montre en ce moment sous les Tilleuls, n° 24, pour la somme de huit *gros*, un serpent d'une espèce très-rare. Je vous fais savoir, à cette occasion, que c'est précisément l'endroit où je viens d'établir ma nouvelle demeure. Blondin, avec sa troupe, donne toujours devant la porte de Brandebourg, ses charmantes représentations équestres, tant aimées de la foule. On y voit Christophe Colombe abordant à Otahïti. — Bosco a enfin terminé aussi ses avant-dernières et dernières représentations, y compris les finales et celles qu'il a données pour les pauvres. On dit qu'il imitait Boucher, mais ce n'est pas vrai; Boucher, au contraire, a imité Bosco le jongleur. Les statues de Bülow et de Scharnhorst seront placées ces jours-ci aux deux côtés des nouvelles Grand'Gardes. Elles sont maintenant exposées dans l'atelier de Rauch. C'est là que je les ai examinées il y a déjà un certain temps, et je les ai trouvées fort belles. La statue de Blücher par Rauch, qui doit être placée à Breslau, est partie pour sa destination.

J'ai vu la nouvelle Bourse. Elle est magnifiquement installée. Une foule d'appartements spacieux et splendidement décorés; tout enfin sur un pied grandiose. On m'a dit que le noble fils du grand Mendelssohn, l'ami des arts, Joseph Mendelssohn, était le créateur de cet établissement. Il y a longtemps que Berlin en éprouvait le besoin. Non-seulement des commerçants, mais aussi des fonctionnaires, des savants et des personnes de toutes les classes fréquentent la Bourse. La partie la plus curieuse est la salle de lecture, où j'ai trouvé plus de cent journaux allemands et étrangers, y compris notre *Indicateur Westphalien*. Le docteur Boehringer, homme très-versé dans les lettres et dans les sciences, qui a la surveillance de cette salle, sait se rendre agréable aux visiteurs par une politesse pleine de prévenance. Josty est chargé du restaurant et de la confiserie. Les garçons portent tous des livrées brunes à galons d'or, et le portier surtout a un air imposant avec son grand bâton de maréchal.

Les constructions des Tilleuls, prolongement de la rue Guillaume, avancent rapidement. Elles prennent la forme de magnifiques arcades. Ces jours-ci, on a aussi posé les fondements du nouveau port.

Dans le monde musical, silence et calme plat. La *capitale de la musique* fait comme toutes les autres capitales, elle consomme ce qui est produit en province. A part le jeune Félix Mendelssohn, qui selon le jugement de tous les musiciens, est une merveille musicale et peut devenir un second Mozart, je n'aurais pas un seul génie musical à signaler parmi les Berlinois autochtones. La plupart des musiciens qui se distinguent ici viennent de la province, ou même de l'étranger. Je trouve un plaisir indicible à pouvoir ici mentionner que notre compatriote, Joseph Klein, frère cadet du compositeur dont j'ai parlé dans ma dernière lettre, fait concevoir les plus hautes espérances Il a déjà composé beaucoup de choses qui sont louées par les connaisseurs. Prochainement il paraîtra de lui des chansons mises en musique, qui ont eu ici un grand succès et sont chantées dans beaucoup de sociétés. Ses mélodies, d'une originalité surprenante, parlent au cœur de chacun, et on peut prévoir que ce jeune artiste deviendra un jour un des plus célèbres compositeurs allemands.

Spontini nous quitte pour un temps assez long. Il va en Italie. Il a envoyé son *Olympie* à Vienne, où elle ne sera pourtant pas représentée, parce qu'elle occasionne trop de frais, dit-on. Les Bouffes italiens n'ont passé ici qu'un petit nombre de jours.

Il y a, sous les Tilleuls, une exhibition d'images en cire. — Dans la rue Royale, au coin de la rue des Postes, on montre des animaux féroces et une Minerve. — Le procès de Fonk est ici comme partout un sujet des entretiens publics. La brochure très-bien écrite de Kreuser, a, la première, dirigé sur lui l'attention du public. Puis, vinrent encore plusieurs brochures qui, toutes, parlèrent en sa faveur. Parmi elles, nous distinguons le livre du baron de Leyen. Ces livres, avec les Mémoires sur le procès Fonk, renfermés dans la *Gazette du soir* et dans la *Feuille de conversation*, et avec l'ouvrage de l'accusé lui-même, ont répandu ici une opinion favorable à Fonk. Des personnes, contraires à Fonk en secret, parlent cependant en public en sa faveur, par compassion pour le malheureux, qui souffre depuis tant d'années. Dans une société, je mentionnais un jour l'horrible position de sa femme innocente, les souffrances de sa famille honnête et respectée, et comme je racontais que la populace de Cologne avait insulté les pauvres enfants mineurs de Fonk, il y eut une dame qui tomba en pamoison tandis qu'une belle personne se mit à pleurer amèrement et sangloter. « Je sais, dit-elle, que le roi le graciera, quand même il serait condamné. » Je suis également convaincu que notre roi, si vraiment humain, exercera le plus beau et le plus divin de ses droits, pour ne pas précipiter tant de braves gens dans la misère; je souhaite cela aussi sincèrement que les Berlinois, quoique je ne partage pas leurs opinions sur le procès lui-même. Quant à celui-ci, j'ai entendu mettre en avant et défendre en l'air une immense masse d'opinions. Ceux qui en parlent de la manière la plus approfondie ce sont toujours les messieurs qui ne savent absolument rien de l'affaire entière. Mon ami l'auditeur bossu, pense que, s'il était aux bords du Rhin, il parviendrait très-vite à éclaircir l'affaire.

Du reste, selon lui, la procédure judiciaire dans ces provinces ne vaut absolument rien. « A quoi bon, disait-il hier, cette publicité? Qu'est-ce que cela fait à Pierre ou à Christophe, que Fonk ou un autre ait assassiné Coener? Qu'on mette la chose entre mes mains, j'allume ma pipe, je parcours les actes, je fais mon rapport; le collége délibère à huis-clos, prononce la sentence, acquitte ou condamne le drôle, et personne n'en souffle mot. A quoi bon ce jury, ces compères maitre tailleur et maitre gantier ? Moi qui ai fait des études, qui ai fréquenté les cours de logique chez Fries à Iéna, qui ai rapporté mes certificats de tous mes cours de droit et subi tous mes examens, je crois en vérité que j'ai plus de jugement que tous ces ignorants-là. A la fin un tel se figure être une personne de je ne sais quelle étonnante importance, parce que tant de choses dépendent de son *oui* ou *non!* Et le pis est encore ce Code Napoléon, ce mauvais code de lois, qui ne permet pas même de donner une taloche à sa servante... » Mais je ne veux pas laisser parler plus longtemps le savant auditeur. Il représente une foule d'hommes ici, qui sont pour Fonk parce qu'ils sont contre la procédure rhénane. On en veut aux Rhénans de posséder cette juridiction, on voudrait les délivrer de ces « entraves de la tyrannie française, » comme disait un jour en parlant de la loi française l'immortel Justinus Grüner, Dieu sauve son âme ! Ah ! que les chères contrées du Rhin portent longtemps ces entraves, et qu'elles soient chargées d'autres entraves encore de ce genre ! que sur les bords du Rhin fleurisse encore longtemps ce véritable amour de la liberté, qui ne repose pas sur la haine des Français et sur l'égoïsme national ; cette véritable force de jeunesse, qui ne découle pas des flacons d'eau-de-vie ; et cette vraie religion du Christ, qui n'a rien de commun ni avec l'ardeur farouche des jeteurs d'anathèmes ni avec le prosélytisme des tartuffes !

Rien de nouveau à l'université, si ce n'est que trente-deux étudiants ont été *relégués* à cause de leur participation à des associations défendues. C'est fort triste d'être relégué; la réprimande est déjà bien assez désagréable, mais je crois que cette sentence sévère contre les trente-deux sera mitigée. Je ne veux nullement défendre les associations dans les universités ; ce sont des restes de cet ancien système de corporations, que je voudrais entièrement voir s'éteindre dans les mœurs de notre époque. Mais j'avoue que ces associations, sont les suites nécessaires de notre *ordre* ou plutôt de notre *désordre* académique, et que probablement elles ne disparaîtront pas, soit qu'on n'ait introduit chez nos étudiants le charmant système favori d'Oxford, de parquer et de nourrir ensemble les fils des muses.

Habituellement on voit ici tout au plus une demi-douzaine d'étudiants appartenant à la nation polonaise.

On avait dirigé contre eux une sévère enquête. La plupart, à ce qu'on dit, ont décampé sans nulle envie de revenir, et il en reste encore un certain nombre, près de vingt, je crois, dans nos prisons d'État. La majorité sort de la Pologne-Russe et est accusée d'avoir fait des menées démagogiques contre leur gouvernement.

On annonce que Louis Tieck viendra bientôt ici et fera des leçons sur Shakspeare. Le 31 du mois passé était l'anniversaire de la naissance du prince chancelier d'État. On attend ces jours-ci une députation hessoise qui doit régler nos différends avec la Hesse au sujet de la violation connue du droit territorial Une commission a été envoyée en Bohême pour faire une enquête sur les sectaires religieux de cette province. La foire aux laines a déjà commencé, et une foule de possesseurs domaniaux sont ici, qui apportent leurs laines en vente, et qu'on appelle en plaisantant les *wollhabende* (1), même les rues sont saisies d'ambition. La « Letztestrasse » (Dernière Rue) veut être appelée aujourd'hui rue Dorothée. On

---

(1) Jeu de mots intraduisible. *Wohlhabende*, signifie *ceux qui ont de l'aisance*; le mot *wollhabende*, substitué ici à *wohlhabende*, signifie *ceux qui ont de la laine*.

parle d'élever au grand Frédéric une statue sur la place de l'Opéra. La famille de danseurs du nom de Kobler a eu ses bagages brûlés sur la chaussée près de Blimberg. Dans la construction du nouveau pont on se sert maintenant d'une machine à vapeur.

Dans ce moment il y a ici très-peu de nouvelles littéraires, quoique Berlin en soit le marché et l'entrepôt principal. Pour les légumes, je marche avec mon temps; je ne mange pas d'asperges, je mange des petits pois. Mais pour la littérature je suis fort en retard. Ainsi je n'ai pas même encore lu les *Fausses années de voyage*, qui ont fait déjà tant de bruit et en font encore. Ce livre a pour la Westphalie un intérêt particulier, car on l'attribue généralement, à notre compatriote, le docteur Pustkuchen de Lemgo. Je ne sais pas pourquoi il a voulu désavouer ce livre, qui cependant certes ne lui fait pas honte. On s'était longtemps creusé la tête pour en deviner l'auteur, et on mettait en avant toute sorte de noms. Le conseiller aulique Schutz déclare positivement que l'ouvrage n'était pas de lui. Quelques voix nommèrent le conseiller de légation, M. de Varnhagen; mais celui-ci publia la même déclaration. Quant à ce dernier, du reste, c'était très-peu probable, puisqu'il est un des plus grands adorateurs de Gœthe, et que Gœthe lui-même, dans son dernier cahier de la revue : *Arts et antiquités sur les bords du Rhin*, a déclaré que Varnhagen l'avait profondément compris, qu'il l'avait même en mainte occasion éclairé sur sa propre nature. Vraiment, après la conscience d'être Gœthe lui-même, est-il une jouissance plus haute que de recevoir de Gœthe, l'homme placé sur la cime du siècle, un témoignage comme celui-là !

En outre, on parle du *Gil Blas allemand*, que Gœthe a publié il y a quatre semaines. Ce livre a été écrit par un ancien domestique. Gœthe l'a retouché d'un bout à l'autre et l'a accompagné d'une préface très-remarquable. Ce vieillard vigoureux, l'Ali Pacha de notre littérature, a publié une nouvelle partie de sa *biographie*. Dès qu'elle sera complète elle offrira un des ouvrages les plus remarquables et, en quelque sorte, une grande épopée du temps. Car cette autobiographie est en même temps la biographie de l'époque. Gœthe dépeint surtout celle-ci, et montre comment elle a agi sur lui ; au lieu que d'autres auto-biographes, par exemple Rousseau, n'ont en vue que leur chétive subjectivité.

Mais une autre partie de la biographie de Gœthe ne paraîtra qu'après sa mort, car il y discute toutes ses relations de Weimar, et surtout celles qui ont trait au grand-duc. Ce supplément excitera probablement le plus l'attention publique. Nous aurons bientôt aussi les *Mémoires de Byron*, mais qui, à ce qu'on dit, contiennent ainsi que ses drames, plus de tableaux psychologiques que d'actions. La préface de ses trois drames nouveaux renferme de très-curieuses paroles sur notre époque et sur les éléments révolutionnaires, dont elle est grosse. On se plaint encore vivement de l'impiété de ses poésies, et le poëte lauréat de l'Angleterre, Southey, nomme Byron et ses acolytes l'*École satanique*, mais Childe Harold brandit vivement le fouet empoisonné avec lequel il fustige le pauvre lauréat. Une autre autobiographie excite ici un grand intérêt. Ce sont les *Mémoires de Jacques Casanova de Seingalt*, » publiés par Brockhaus dans une traduction allemande. L'original français n'est pas encore imprimé, et une certaine obscurité plane sur les destinées du manuscrit. Du reste, il n'est pas permis de douter de son authenticité; le *Fragment de Casanova* dans les œuvres du prince Charles de Ligne est un témoignage digne de foi, et l'ouvrage lui-même a cet air de vérité, que n'aurait pas un ouvrage fabriqué.

Je n'en recommanderais pas, il est vrai, la lecture à ma bien-aimée, mais je la recommanderais à tous mes amis. Des bouffées de sensualité italienne s'élèvent de ce livre, comme d'un foyer ardent. Son héros est un Vénitien plein de séve, de vigueur, d'ardeur, qui est comme lancé par tous les chiens, parcourt tous les pays, se rapproche très-près de tous les hommes les plus distingués, mais beaucoup plus intimement de toutes les femmes. Il n'y a pas une ligne dans ce livre qui s'accorde avec mes sentiments, mais aucune ligne non plus, que je n'eusse lue avec plaisir. La seconde partie est déjà publiée, dit-on, mais on ne peut pas encore l'avoir ici, parce que la censure, à ce que j'ai entendu, a été depuis hier appliquée de nouveau aux ventes de la librairie Brockhaus. — Dans ce moment il y a peu de bonnes choses parues ici dans le domaine des belles-lettres. Fouqué a donné un nouveau roman intitulé *Le Persécuté*. Il en est dans le monde poétique comme du monde musical. Les poëtes ne manquent pas, mais les bonnes poésies. Pour l'automne prochain nous devons cependant nous attendre à quelques bonnes choses. Koechy (ce n'est pas un Berlinois) qui nous a donné, il y a peu de temps, un ouvrage substantiel sur la scène théâtrale, publiera prochainement un volume de poésies; les échantillons que j'en connais autorisent les plus belles espérances. Il y règne un sentiment pur, une rare délicatesse, une profondeur intime que nulle amertume ne trouble, en un mot, la vraie poésie. Les talents vraiment dramatiques n'abondent pas précisément non plus, mais j'attends beaucoup du jeune poëte Hechtritz, qui n'est pas Berlinois non plus et qui a écrit plusieurs drames portés aux nues par les connaisseurs. Prochainement on en imprimera un, intitulé *Saint-Chrysostôme*, et je crois qu'il sera très-remarqué. J'en ai entendu lire des passages, dignes du plus grand maître en poésie.

Quant au *Moître-Floh* de Hoffmann, je vous ai promis de vous en parler dans ma dernière lettre. L'enquête contre l'auteur a été suspendue. Il est toujours un peu malade. J'ai enfin lu ce roman tant discuté. Je n'y ai trouvé aucune ligne qui se rapportât aux données démagogiques. Le titre du livre me parut d'abord très-inconvenant, et lors de sa mention en société mes joues se couvrirent d'une rougeur virginale ; aussi disais-je toujours en chuchotant : Le roman de Hoffmann, sauf votre respect. Mais dans l'ouvrage de Knigge intitulé l'*Art de vivre avec les hommes* (part. 3°, chap. 9°, sur la manière d'en user avec les animaux ; le chap. 20 traite du commerce avec les écrivains), je trouvai un passage qui se rapportait au commerce avec les puces, et où j'ai vu que ces dernières ne sont pas aussi immondes que « *certains autres animalcules,* » que ce profond connaisseur des hommes et bêtes lui-même ne nomme pas. Cette citation humaniste met Hoffmann à couvert ; j'en appelle aussi à la chanson de Méphistophélès :

> Il y avait un jour un roi,
> Qui avait une grande puce.

Mais le héros du roman n'est pas une puce, c'est un homme nommé Peregrinus Tyss, qui vit dans un certain état de somnambulisme, et se rencontre par hasard avec le souverain des puces, et fait des discours très-divertissants. Le dernier, appelé Maître-Puce, est un homme très-sensé, un peu craintif, mais pourtant très-belliqueux, qui porte à ses maigres jambes de grandes bottes d'or avec des éperons de

diamants, comme on peut le voir sur l'enveloppe
du livre. Maître Floh est poursuivi par une certaine
Dortje Elverdink, qui devait, à ce qu'on dit, représenter la démagogie. Un beau type c'est l'étudiant
George Pepusch, qui n'est au fond que le chardon
Zéhérith fleurissant autrefois à Famagusta; il est
amoureux de Dortje Elverdink, qui est, à proprement
dire, la princesse Gamahé, fille du roi Sekaki. Les
contrastes que le mythe indien forme ainsi avec
la vie usuelle ne sont pas aussi piquants dans ce
livre que dans le *Pot d'or* et dans d'autres romans de Hoffmann, où l'on trouve l'emploi du
même coup de théâtre à l'aide de la philosophie de
la nature. En général, les sentiments et leurs types,
que Hoffmann sait si magnifiquement dépeindre ailleurs, sont traités très-peu sérieusement dans ce livre. Son premier chapitre est divin, les autres sont
insupportables. Le livre n'a pas de soutien, pas de
point central, pas de cohésion intérieure. Si le relieur en avait arbitrairement entremêlé les feuilles,
on ne s'en serait certes pas aperçu. La grande allégorie, qui est comme le confluent, le réceptacle général et final, ne m'a pas satisfait. Que d'autres s'y
soient amusés; moi je pense qu'un roman ne doit

pas être une allégorie. — La sévérité et l'amertume, avec lesquelles je parle de ce roman, vient précisément de ce que j'estime et aime tous les ouvrages précédents de Hoffmann. Ils ont rang parmi les plus curieuses productions de notre époque. Tous portent le cachet de l'extraordinaire. Il n'est personne qui ne prenne le plus vif plaisir à ses *Pièces fantastiques*. Les *Elixirs du diable* renferment tout ce que l'esprit peut inventer de plus terrible, de plus épouvantable. Combien est faible à côté d'eux *le Moine* de Lewis qui traite le même thème? A Gœttingue, dit-on, un étudiant est devenu fou à cette lecture. Dans *les Pièces nocturnes*, l'auteur va au delà de la plus extrême limite de l'horrible et du démoniaque. Le diable lui-même ne saurait écrire des vers aussi diaboliques. Les petites nouvelles, réunies pour la plupart sous le titre des *Frères de Sérapion*, et au nombre desquelles il faut aussi ranger le *Petit Zachès*, ne sont pas aussi terribles; elles renferment même quelquefois des scènes gracieuses et sereines. *Le Directeur de théâtre* est un coquin assez médiocre. Dans *l'Esprit élémentaire*, c'est l'eau qui est l'élément général; d'esprit, il n'y en a point. Mais la *Princesse Brambilla* est une créature délicieuse, et s'il est un homme à qui elle ne fasse pas tourner la tête par ses bizarreries, en vérité cet homme-là n'a point de tête. Hoffmann est tout à fait original. Ceux qui l'appellent imitateur de Jean-Paul, ne comprennent ni l'un ni l'autre. Les fictions de tous deux ont un caractère opposé. Un roman de Jean-Paul commence d'une manière très-baroque, très-burlesque, et continue sur ce ton ; mais tout à coup, avant qu'on n'y pense, on voit émerger un monde pur et beau, circonscrit dans la sphère des sentiments, comme une île de palmiers en fleurs éclairée par les reflets rouges de la lune, île qui avec toutes ses splendeurs calmes et parfumées, va bientôt s'abîmer dans les flots hideux, stridents et clapotants d'un *humour* excentrique. Au contraire, l'avant-scène des romans de Hoffmann est ordinairement paisible, fleurie, et souvent pleine de molles émotions ; des êtres bizarres et mystérieux glissent en sautillant devant vous ; on voit aller et venir avec gravité des types qui représentent la piété antique ; on reçoit le salut aimable et inattendu d'êtres capricieux et un peu lilliputiens ; mais du sein de ce train, délicieux tableau, se dresse en grinçant un masque de vieille femme aux hideuses contorsions, qui, après avoir fait avec une précipitation suspecte ses plus sinistres grimaces, disparaît de nouveau pour laisser reprendre la scène à ses joyeuses petites figures, naguère chassées, lesquelles recommencent leurs plus capricieux bonds, sans pourtant pouvoir nous débarrasser d'un certain sentiment de goût nauséabond, résultat de nos impressions précédentes. — Dans mes prochaines lettres, je parlerai des romans d'autres écrivains de Berlin. Tous portent le même caractère. C'est le caractère des romans allemands en général. On le saisit mieux en les comparant avec les romans d'autres nations, les Français, les Anglais, etc. On voit alors combien la position extérieure des auteurs imprime un caractère particulier aux romans d'une nation. L'auteur anglais voyage en équipage de lord ou en équipage d'apôtre, enrichi déjà par ses honoraires ou pauvre encore, n'importe il voyage, muet et concentré en lui; il observe les mœurs, les passions, le train de l'humanité, et dans ses romans se mirent la vie réelle, e monde réel, sous une forme tantôt sereine (Goldsmith) tantôt sombre (Smollet), mais toujours vraie et fidèle (Fielding). L'auteur français est toujours dans la société, dans la grande société, quelque pauvre et peu titré qu'il soit. Princes et princesses cajolent le copiste de musique Jean-Jacques, et dans les salons de Paris le ministre s'appelle monsieur, et la duchesse madame. De là, dans les romans des Français, ce souffle léger de l'esprit du monde, cette souplesse, cette politesse, cette urbanité qu'on ne gagne que dans le commerce des hommes; de là aussi cette ressemblance des romans français entre eux, on dirait des enfants de la même famille, et leur langue paraît toujours la même, précisément parce que c'est celle de la société. Mais le pauvre écrivain allemand retire ordinairement de faibles honoraires et possède rarement une fortune particulière; il n'a donc pas d'argent pour voyager, ou s'il voyage, c'est tard et quand il s'est déjà enfoncé dans une certaine manière. Rarement aussi il possède un état ou un titre qui lui ouvre, comme par grâce, les portes de la société noble, laquelle, chez nous, n'est pas toujours la société polie. Souvent même il manque d'un habit noir qui lui permette de fréquenter la société de la classe moyenne. Pauvre écrivain allemand! Il se renferme dans son galetas solitaire, se bâcle à lui-même un monde, et dans une langue qu'il s'est créée d'une façon bizarre, il écrit des romans où se meuvent des types magnifiques, divins, poétiques enfin, poétiques au suprême degré, mais qui n'existent nulle part. Ce caractère fantastique, tous nos romans le présentent, les bons comme les mauvais, depuis la vieille époque des Spiess, des Cramer, des Vulpius, jusqu'à Arnim, Fouqué, Horn, Hoffmann, etc... Or ce caractère du roman a beaucoup influé sur le caractère du peuple, et voilà pourquoi, de toutes les nations de l'univers, nous sommes, nous autres Allemands, les plus accessibles au mysticisme, aux sociétés secrètes, à la philosophie de la nature, à la démonologie, à l'amour, aux choses absurdes et, — à la poésie !

LA MORT DU TASSE [1]

Cette pièce, que nous n'avons encore que parcourue rapidement, nous a tellement séduit à première lecture, elle nous a causé un plaisir si vif, que nous ne sommes guère en mesure de la juger avec tout le sang-froid nécessaire d'après les règles et les exigences de la critique dramatique. Nous ne nous sentons pas capable de déterminer exactement sa valeur intrinsèque en faisant taire nos sentiments personnels, et de relever avec toute la sévérité voulue ses imperfections et ses défauts. Il nous semble, à vrai dire, que nous nous trouvons ici dans le

[1] *La mort du Tasse,* tragédie en cinq actes de Wilhelm Smets, Coblence, chez Hoesscher, 1821.

même cas que certain grognon qui, pendant la plus grosse chaleur du jour, se couche à l'ombre d'un pommier touffu, se rafraîchit avec ses fruits, se plaît à écouter le gazouillement des oiseaux voltigeant de branche en branche, et enfin, vers le soir, se lève avec humeur et se met à raisonner sur l'arbre en marmottant entre ses dents : « Quel détestable endroit pour s'y reposer! Ces pommes étaient dures comme du bois, les moineaux faisaient un affreux ramage, » etc., etc. Cependant la critique a aussi son bon côté. Il y a, cette année, sur le Parnasse tant d'arbres étranges, qu'il faudrait bien y mettre, comme dans nos jardins botaniques, une petite tablette blanche sur laquelle le promeneur pourrait lire : Sous cet arbre on se repose agréablement, sur celui-ci croissent d'excellents fruits, dans celui-là chantent les rossignols, ou bien encore : cet arbre porte des fruits verts, désagréables et vénéneux, sous celui-ci il s'exhale une odeur d'encens qui vous stupéfie, sous celui-là il revient, la nuit, des esprits de vieux chevaliers; dans cet autre chante un charmant oiseau, sous cet autre enfin l'on... s'endort.

Nous avons fait observer ci-dessus que nous

voulions juger la présente tragédie d'après les règles de l'art dramatique. Mais comme sur ces règles nos plus grands esthéticiens ne sont pas d'accord entre eux, comme il y aurait d'ailleurs de l'outrecuidance à prétendre que notre opinion est la seule juste, et que d'autre part nous ne voudrions pas déprécier, sans le savoir, le mérite du poëte, en le jugeant d'après nos vues subjectives, nous ne porterons aucun jugement sur ses œuvres sans avoir préalablement indiqué en peu de mots de quels principes esthétiques nous parlons. En conséquence nous examinerons la présente tragédie au triple point de vue dramatique, poétique et éthique.

La poésie lyrique est la première et la plus ancienne de toutes. Aussi, chez les peuples comme chez les individus, les premières manifestations poétiques sont du genre lyrique.

Ici les métaphores usuelles et convenues paraissent au poëte trop banales et trop froides, il cherche des comparaisons et des images moins ordinaires et plus imposantes pour exprimer d'une manière vivante aussi bien ses sentiments subjectifs que les impressions produites sur sa subjectivité par les objets extérieurs.

Il y a des individus et des peuples entiers qui, en poésie, n'ont jamais dépassé ce genre. Chez les uns comme chez les autres, cela indique une sorte d'enfance de l'esprit ou la pauvreté de conception. Mais, dès que le poëte a atteint une certaine maturité d'intelligence, son œil intellectuel pénètre mieux le mouvement intime des objets et des événements extérieurs; son esprit reçoit l'intuition d'ensemble de ce monde externe, et dès lors il se manifeste chez le poëte une tendance nouvelle qui est de représenter sous un aspect poétiquement beau ces objets extérieurs dans leur clarté objective, sans aucun mélange de sentiments ni de vues subjectifs. Telle est l'origine de la poësie épique et de la poésie dramatique.

Ces deux genres de poésie exigent, comme on le voit, aussi bien l'un que l'autre, certains talents, savoir : intuition générale de la nature, faculté de sortir de la subjectivité, peinture fidèle et vivante des événements, des situations, des passions, des caractères, etc. Plaçons toutefois ici une observation dont la vérité a été bien souvent confirmée.

C'est que les poëtes qui excellent dans l'un de ces genres sont souvent incapables de rien faire qui vaille dans l'autre; cette observation nous conduit à rechercher si cette incapacité ne proviendrait pas de ce que l'un des deux genres requiert à un degré moindre que l'autre les talents ci-dessus mentionnés, et de ce qu'il y a entre les deux une énorme différence.

Si nous examinons les procédés du poëte épique et du poëte dramatique, rien ne sera plus facile que de résoudre cette question. Le poëte épique a certainement dans l'esprit l'intuition la plus vive de son sujet, mais il raconte simplement, naturellement; si, dans son récit, il suit la plupart du temps l'ordre successif, il procède aussi par parallélisme, il n'est même pas rare qu'il intervertisse l'ordre des faits et commence par les derniers, comme, par exemple, lorsqu'il prédit la catastrophe. Il décrit tranquillement le pays, le temps, le costume de ses héros; il les fait parler, il est vrai, mais il raconte leurs jeux de physionomie, leurs mouvements, parfois même il tire de son propre fond, de sa subjectivité, un éclair qui projette sa lumière rapide sur le lieu de la scène et les héros de son poëme. Cette illumination subjective dont nos deux meilleurs poëmes épiques, l'Odyssée et les Niebelungen, ne sont pas exempts, et qui fait peut-être partie du caractère de l'épopée, montre déjà que le talent de sortir complétement de la subjectivité n'est pas nécessaire dans l'épopée au même degré que dans le drame. Dans ce dernier genre ce talent doit être complet. Le drame suppose une scène sur laquelle un personnage ne vient pas se placer pour déclamer le poëme, mais où les héros de la pièce se présentent eux-mêmes, parlent et agissent ensemble, chacun dans son caractère. L'auteur ici n'a besoin que d'écrire ce qu'ils disent et la façon dont ils agissent. Mais malheur au poëte qui oublie que ces représentants vivants de ses héros ont le droit de se grouper et de faire des grimaces comme bon leur semble, que le tailleur du théâtre veut de jolis costumes, le peintre de décors de jolis sites, le chef d'orchestre des sentiments voilés, et le lampiste un brillant éclairage. Cela ne peut pas entrer dans la tête d'un poëte épique, et, lorsqu'il s'essaie dans le drame, il se lance dans de belles descriptions de paysages, des peintures de caractères et des nuances trop fines. Enfin, le drame ne souffre ni temps d'arrêt, ni parallélisme dans l'action, bien moins encore l'interversion comme dans l'épopée. Le caractère principal du drame est donc une marche en avant de plus en plus vive, un engrenage du dialogue et de l'action.

Nous venons d'esquisser les caractères essentiels de l'épopée et du drame, et cela suffit pour faire comprendre aisément à tout lecteur pourquoi l'on voit tant de poëtes passer avec succès du genre lyrique au genre épique. En effet, ils n'ont pas besoin pour cela de renoncer absolument à leur subjectivité, et en s'esseyant dans la romance, l'élégie, le roman et autres compositions semblables, qui sont un mélange du genre épique et du genre lyrique, ils peuvent s'accoutumer peu à peu à ce dépouillement de la subjectivité ou trouver une transition facile au genre épique pur, tandis que, pour la poésie dramatique, il n'y a aucune forme pareille de transition, et qu'il faut absolument étouffer dans son germe toute velléité subjective. En même temps il est évident que c'est l'habitude de s'occuper des descriptions de lieux, de costumes, etc., qui fait que le meilleur poëte épique n'est qu'un mauvais dramaturge, et que par conséquent il vaut mieux pour le poëte qui veut s'exercer dans le drame, passer sans transition du genre lyrique au dramatique.

Nous remarquons avec plaisir que tel est le cas pour l'auteur de la présente tragédie, dont les poésies lyriques nous ont si souvent ravi tant par l'éclat de la forme que par la profondeur et la vivacité du sentiment. Cependant M. Smets a éprouvé lui-même quelles difficultés énormes présente le passage du genre lyrique au genre dramatique, puisque sa première tragédie, qui a précédé le *Tasse*, a complétement échoué. Mais la façon honorable dont l'auteur avoue cet échec dans la préface de sa nouvelle pièce, et la surprise qu'a causée cette dernière tragédie à ceux qui avaient eu le malheur de lire la précédente, sont autant de motifs qui nous autorisent à fermer les yeux sur beaucoup de défauts du *Tasse*, à admirer les progrès rapides de l'auteur, à rendre hommage au talent qu'il a déjà acquis, et à lui montrer à quelque distance la couronne que doivent nécessairement lui assurer de semblables efforts.

La déclaration modeste faite par M. Smets dans la préface du *Tasse*, nous impose également le devoir de nous abstenir de toute comparaison entre ce drame et le *Tasse* de Gœthe. Cependant nous ne pouvons nous empêcher de remarquer que l'événement qui sert à ce dernier pour son dénouement a

été également utilisé par notre auteur, c'est-à-dire
que le Tasse ivre d'amour embrasse Léonore d'Este.
Nous devons faire observer que le fait n'est pas
historique. Les principaux biographes du Tasse,
aussi bien Serassi que Manso, si nous ne nous
trompons, le rejettent. Ce conte ne se trouve que
dans Muratori. Nous doutons même qu'il y ait jamais eu d'amour entre le Tasse et la princesse Léonore plus âgée que lui de dix ans. Nous ne pouvons
surtout admettre sans réserves l'opinion généralement répandue que le duc Alphonse ait par égoïsme,
par peur de voir amoindrir sa propre gloire, fait
enfermer le pauvre poëte dans l'hôpital des fous.
Est-ce donc quelque chose de si inouï, de si incompréhensible, qu'un poëte devenu fou? Pourquoi ne
pas vouloir expliquer raisonnablement cette folie?
Pourquoi ne pas admettre tout au moins que la
cause de la réclusion de Tasse fut aussi bien dans
le cerveau du poëte que dans le cœur du prince?
Mais nous aimons mieux nous abstenir de toute
confrontation historique, supposer connue la fable de la pièce telle qu'elle est généralement admise,
et voir comment notre auteur a traité son sujet.

La première chose que nous remarquons, c'est

qu'il met en scène une Léonore dont parle Manso, mais dont Serassi nie formellement l'existence. Grâce à cette heureuse addition, la pièce gagne sous le rapport de l'intérêt, de l'intrigue et de la complication dramatique. Cette Léonore n° 3, nommée Léonore de Gisello, est la compagne de la comtesse Léonore de Sanvitale. La pièce débute par un dialogue entre ces deux Léonores dans le parc du château de Ferrare.

Léonore de Gisello avoue qu'elle aime le Tasse et raconte qu'elle a une preuve que son amour est partagé. La comtesse lui répond que cette preuve — qui consiste en ce que le nom de Léonore est si souvent célébré dans les chants du Tasse — est une preuve très-équivoque, attendu qu'il y a encore deux autres dames de la cour, elle-même et la princesse, qui portent le même nom. Il serait même vraisemblable, ajoute-t-elle, que les hommages du Tasse s'adressent à la princesse. La comtesse lui rappelle le jour où le Tasse présentant au duc son poëme achevé, la *Jérusalem délivrée* :

« La princesse saisit vivement la couronne de laurier qui ornait le marbre de Virgile et la posa sur le front du poëte. Celui-ci fléchit le genou, et baissa la tête qu'une princesse couronnait avec amour. Il trembla en cet instant, et, bien qu'il s'inclinât profondément, ses yeux pourtant s'élevèrent vers elle. Je l'ai vu ce regard brûlant et plein de flammes chercher celui de la princesse. Le Tasse ne pouvait pas recevoir de plus grande récompense, et il n'eût pas échangé contre les mille couronnes de laurier du Capitole celle que, depuis ce jour, il suspendit vaniteusement à sa couche au-dessus de sa tête. Tout cela cause à Alphonse un vif dépit; il y voit un outrage à la majesté de son rang, et autre chose encore dont on n'aime pas à parler. »

La princesse paraît, elle raille la comtesse à propos des nombreux hommages prodigués par le Tasse au nom de Léonore. Dans le monologue qui suit, elle laisse voir son amour pour le poëte. Celui-ci entre en scène et lui parle à son tour de son amour pour elle.

LA PRINCESSE.

« O taisez-vous, Tasse, taisez-vous, de grâce, taisez-vous pour l'amour de moi ! Je sais tout.

LE TASSE.

» Vous ne pouvez pas savoir les tourments que

j'endure et la contrainte que je m'impose lorsque pour ne pas me trahir ni vous trahir vous-même, je dissimule mes sentiments et soupire pour *trois* personnes, m'efforçant de me montrer le même pour chacune d'elles. »

Il tombe dans une profonde rêverie et s'éloigne au moment où le duc s'approche. Celui-ci fait des allusions amères à l'amour de la princesse et du Tasse. La princesse pleure, Alphonse s'éloigne et le Tasse revient. « Vous pleurez, Léonore? » lui dit-il. Retrouvant alors toute son énergie, il débite à la princesse un sonnet passionné au milieu duquel il se trouble, et enfin, fou d'amour, il l'embrasse.

Entretemps le duc, accompagné du comte Tirabo et de quelques nobles, a paru au fond de la scène, et il s'avance vivement vers le Tasse. Ainsi finit le premier acte.

La princesse, blessée dans son amour, est en proie à une profonde tristesse. La comtesse vient et lui dit :

« Après cette surprise dans le parc, le duc laissa s'éloigner tranquillement notre poëte. Vous le savez, et vous ne pouviez vous-même expliquer l'attitude prise par votre frère. »

Sur ce, le comte Tirabo vient auprès du Tasse, il le raille en lui témoignant une feinte pitié. Le Tasse le frappe...

« Cependant il se ravise, le provoque et met l'épée à la main dans le palais de Ferrare.

. . . .

« Le comte prétexte, pour refuser de se battre, la majesté du lieu, et il va attendre son adversaire sur le rempart Lenardo. »

Là le Tasse est attaqué traîtreusement par trois mauvais drôles, frères de Tirabo; il se défend en brave, mais il finit pourtant par être fait prisonnier. On entend les cris de joie du peuple qui célèbre la victoire du Tasse. Le duc paraît, il blesse de nouveau sa sœur par des paroles amères, et la renvoie dans ses appartements. Dans le monologue suivant, il se montre sous son vrai jour :

« Elle part... soit! si je perds sa faveur, cette perte me vaudra la faveur des autres. Je suis le souverain ici, le maître de la cour, je distribue les dons et les honneurs, je rassemble généreusement autour de moi un cercle d'artistes pour donner à ma maison plus de gaieté et plus d'éclat qu'à tout le reste de l'Italie. Princes et gentilshommes viennent de toutes parts admirer ici la beauté des femmes que la renommée a fait connaître dans tous les pays. Et moi seul, à ma propre cour, je suis le dernier; on ne m'accorde pas la moindre attention; on se réchauffe aux rayons de la dignité du prince, on se repose bien à l'ombre de ma grandeur; mais on suit du regard l'éclat d'un feu follet, et l'on soupire en entendant un écho. Ce feu follet, cet écho, c'est le poëte que j'ai appelé ici, qui mène une vie oisive au milieu de l'activité génerale, qui traite de goût d'assassin le plaisir de la chasse, et, au lieu de regarder la terre sur laquelle il vit, contemple la lune. — Qu'il prenne garde à lui! Je l'ai enveloppé gracieusement dans mon manteau ducal; il veut s'en dégager; mais la queue de ce manteau le fera trébucher et il tombera à mes pieds. »

Le comte Tirabo paraît et indique à Alphonse le moyen de briller de nouveau seul et sans rival. C'est d'éloigner le Tasse. Il faut le mettre en liberté, lui signifier que la princesse s'est détournée de lui, et il s'éloignera de lui-même. — Le Tasse est délivré et se promène dans le jardin. Il entend les accords d'une guitare, et une voix qui module un chant tendre et voluptueux de son *Aminta*. C'est la cantatrice Justina; elle veut par ses doux accents attirer le pieux poëte dans les rets de la volupté. Le Tasse l'humilie par quelques paroles sévères, puis, donnant libre cours à ses sentiments, il parle avec aigreur et mépris des grands de la cour et du prince lui-même.

En ce moment paraissent le duc et le comte.

Le Tasse qui a insulté le prince et qui paraît fou est traîné à Sainte-Anne. Fin du deuxième acte.

Jardin à Ferrare. Dialogue entre le duc et le comte. Celui-ci dit qu'il faut faire garder étroitement le Tasse. Le prince ne veut que le mettre hors d'état de nuire, surtout à cause de son amour pour la princesse. Celle-ci entre, et prie son frère de relâcher le poëte. Le duc s'y montre disposé à la condition qu'elle se retirera à Palanto. Elle s'y résigne et charge la comtesse Sanvitale d'avoir soin du Tasse en son absence. Désespoir de la princesse. Fin du troisième acte.

Jardin de l'hôpital Sainte-Anne. Le confesseur de l'hôpital et Léonore de Gisello, cette dernière vêtue en pèlerin. Elle demande au confesseur la permission de parler au Tasse qui est enfermé comme fou. Entretien exalté entre celui-ci et Léonore; elle lui dit qu'elle va accomplir un pèlerinage en Terre-Sainte, et lui donne une clef pour s'échapper par l'escalier qui conduit au balcon. Le Tasse croit à l'apparition d'un ange. Le comte Tirabo vient trouver le confesseur et lui annonce que le Tasse doit être mis en liberté. Il fait nuit. Balcon de l'appartement du Tasse non loin du pont jeté sur le fleuve. Léonore de Gisello, prête à entreprendre son pèlerinage, est assise sur un banc au-dessous du balcon. La princesse, accompagnée de sa dame d'honneur, traverse le pont pour se rendre à Palanto. Le Tasse paraît au balcon. Scène déchirante entre lui et la princesse. Celle-ci s'éloigne en chancelant, soutenue par sa dame d'honneur. Léonore de Gisello se lève de son siége; les paroles qu'elle vient d'entendre lui donnent de la force pour entreprendre son long voyage; elle adresse au Tasse un dernier et tendre adieu, et s'éloigne rapidement.

Le Tasse, dont la voix se perd au loin, lui crie: O arrête, arrête, ange de lumière!

Les chaînes tombent, et le Tasse est libre.

Il tend les bras vers Léonore qui s'éloigne à grands pas.

Fin du quatrième acte.

Parloir dans le couvent de Saint-Ambroise à Rome.

Le confesseur et Manso, ami de jeunesse du Tasse.

Manso vient d'arriver à Rome, et apprend que le Tasse doit être couronné le lendemain au Capitole. Il veut aller le trouver; le confesseur lui fait observer que le Tasse dort dans la chambre voisine, mais qu'il est très-malade et que déjà il a reçu le viatique et l'extrême-onction. Il lui raconte que le Tasse s'est échappé de prison juste le jour où le duc lui rendait la liberté, qu'un pèlerin lui avait donné en secret la clef nécessaire pour s'évader, que ce pèlerin était probablement Léonore de Gisello, mais que le Tasse croit toujours que c'était un envoyé du ciel. Il peint l'état dans lequel il a retrouvé le Tasse :

« Dans quel état je le vis alors ! misérablement vêtu, il se traînait à grand'peine dans la rue, exposé à toutes les variations de température qu'amène l'approche du printemps. Après la grêle tombait une pluie tiède; puis le soleil brillait de nouveau à travers les nuages que venait enfin chasser une bise glaciale. Il allait ainsi tête nue; ses cheveux en désordre flottaient au gré du vent et il avait enfoncé sur son front la couronne de laurier maintenant desséchée, parure sacrée dont la princesse Léonore avait un jour orné la chevelure du poëte pour sa sainte épopée. »

Le Tasse doit être transporté le jour même à Saint-Onuphre, parce que cet endroit est plus rapproché du Capitole. Il paraît tenant à la main la couronne de laurier de la princesse. Il parle comme si son esprit planait déjà dans les sphères célestes, et il reçoit affectueusement son ami Manso. Le prieur de Saint-Onuphre et deux moines viennent chercher le Tasse. Une foule de peuple se presse sur leurs pas. Cris de joie et musique. Le Tasse saisi d'enthousiasme parle d'un couronnement céleste, et élevant en l'air le laurier de la Princesse :

« Avec ce laurier, dit-il, j'ai été grand sur terre;
Dans le ciel, le bel ange me couronnera,
Mais cette couronne-ci témoignera de ma gloire terrestre! »

Il remet le laurier entre les mains du confesseur. Abattu et chancelant, il est emmené en triomphe aux sons d'une bruyante musique.

Portique de l'académie de Saint-Onuphre; au milieu la statue de l'Arioste. Au fond, on aperçoit le Capitole. Constantini et le cardinal Cinthio s'avancent. Le premier raconte la mort de la princesse Léonore!

« Un deuil profond régnait alors dans Ferrare, et les chants du Tasse n'y retentissaient plus. Le Tasse avait disparu, et la princesse était morte. La comtesse Sanvitale me pressa de quitter Ferrare et de me rendre en toute hâte à Rome pour que la nouvelle de la mort de la princesse n'y arrivât pas avant moi et n'augmentât pas encore les cruelles douleurs du poëte. »

Le Tasse est amené en triomphe. Comme il est sur le point de défaillir, ses guides le déposent sur une des marches de la statue de l'Arioste. Cris de joie du peuple qui se précipite vers le portique que remplissent des cardinaux, des prélats, des nobles et des officiers. Le Tasse se soulève avec effort. Constantini est à ses pieds, et dans cette attitude salue son ami glorifié. Le Tasse abaisse les yeux sur lui, et le regardant d'un air effrayé :

« C'est donc vrai, dit-il, ce n'était pas un rêve! Je t'ai déjà vu sur mon chemin. Tes vêtements étaient bordés d'un crêpe noir; j'entendais les cloches sonner le glas funèbre, et ta bouche semblable à celle d'un spectre me disait :

« Torquato trouvera Léonore... là-haut ! »

Le Tasse s'éteint visiblement, il parle avec extase de Dieu et de l'amour céleste, s'affaisse et tombe inanimé sur le piédestal de la statue de son grand rival l'Arioste. Le confesseur prend la couronne de laurier qui lui a été remise et la pose sur la tête sacrée du trépassé. Musique dans le lointain. Le rideau tombe.

D'après les explications que nous avons données au début de cet article, nous devons avouer maintenant que l'auteur a traité son sujet d'une manière fort peu dramatique. La plupart de ses personnages parlent dans le même ton; l'on se croirait presque à un théâtre de marionnettes où le même individu prête sa voix aux différents pantins. Presque tous s'expriment dans la même langue lyrique. Or, l'auteur étant un poëte lyrique, nous pouvons affirmer qu'il n'a pas réussi à sortir complétement de la subjectivité. Çà et là seulement, surtout quand c'est le Duc qui parle, on remarque un effort dans ce sens. C'est un défaut que n'évite presque aucun lyrique dans ses premiers essais dramatiques. Par contre l'auteur a souvent très-bien réussi à nouer et à animer le dialogue. Ce n'est que de loin en loin qu'on trouve certains passages où tout paraît glacé et où les demandes et les réponses sont souvent tirées par les cheveux. La première scène de l'exposition est tout à fait dans cette déplaisante manière française qui consiste à faire converser deux confidents. Quelle différence chez notre grand modèle, chez Shakspeare, où l'exposition est déjà une action suffisamment motivée. Dans la tragédie de M. Smets le progrès continu de l'action manque absolument; on ne l'aperçoit qu'à certains endroits, comme par exemple à la fin du premier et du quatrième acte; à chaque fois l'auteur semble, pour ainsi dire, repartir de nouveau.

Examinons maintenant la valeur poétique de *la Mort du Tasse*.

Plus d'un lecteur s'étonnera de nous voir comprendre sous cette rubrique l'effet théâtral. Dans ces derniers temps où la plupart de nos jeunes poëtes visent à l'effet théâtral aux dépens du dramatique, on a suffisamment eu occasion de discuter la différence qu'il y a entre les deux. Cette tendance fâcheuse était dans la nature des choses. Le poëte veut impressionner son public, et cette impression est plus facile à produire par le côté théâtral que par le côté dramatique d'une pièce. Le *Tasse* de Gœthe se joue tranquillement et sans fracas aucun; tandis que souvent la pièce la plus pitoyable dont le dialogue et l'action sont de bois, et même du plus mauvais bois, mais où une masse de petits pétards éclatent à propos pour produire un effet théâtral, est applaudie par la galerie, admirée par le parterre et accueillie par les loges avec la plus grande faveur.

Nous ne saurions crier trop haut ni trop souvent aux jeunes poëtes que plus on remarque dans un drame la recherche de ce genre d'effets, plus ce drame est misérable. Nous reconnaissons toutefois que si l'effet théâtral est amené naturellement, s'il est nécessaire, il fait partie des beautés poétiques d'un drame. C'est ce que nous voyons dans la tragédie qui nous occupe. L'auteur y a employé ce genre de moyens avec beaucoup de sobriété; cependant là où ils se trouvent, et notamment à la fin de la pièce, ils produisent un effet on ne peut plus poétique.

Ce qui surprendra plus encore, c'est que nous mettions au nombre des beautés poétiques d'une pièce l'observation des trois unités dramatiques.

L'unité d'action est, selon nous, absolument indispensable à la tragédie. Cependant, comme nous le verrons tout à l'heure, il y a un genre dramatique où le défaut d'unité d'action peut être excusé. Quant aux unités de temps et de lieu, nous recommandons instamment qu'on les observe, non parce qu'elles sont absolument indispensables dans un drame, mais parce qu'elles en deviennent un des plus beaux ornements, et lui impriment, pour ainsi dire, le sceau de la suprême perfection. Si pourtant cet ornement devait être acheté au prix de plus grandes beautés poétiques, nous préférerions nous en passer. Il n'est donc rien de plus ridicule que d'observer d'une façon étroite et rigoureuse ces deux unités, de même que de les rejeter sans raison. Notre auteur n'a observé, lui, aucune des trois unités.

D'après ce que nous avons dit plus haut, nous ne lui reprocherons que le manque d'unité d'action ; et encore croyons-nous lui trouver pour cela même une excuse. Nous divisons les tragédies en trois genres, celles où le but principal du poëte est de dérouler sous nos yeux un événement remarquable ; celles où il veut nous montrer le jeu de passions déterminées, et celles où il cherche à nous peindre d'une manière vivante certains caractères. Les deux premiers buts étaient ceux que se proposaient les poëtes grecs. Le plus souvent il s'agissait pour eux de développer des actions et des passions. Ils pouvaient aisément se dispenser de peindre les caractères, attendu que leurs héros étaient, pour la plupart, des personnages connus, des dieux, des demi-dieux et autres caractères parfaitement fixés. Cela tenait à l'origine même de leur théâtre. Les prêtres et les poëtes épiques avaient dès longtemps dessiné pour l'auteur dramatique les contours des caractères de ses héros. Il n'en est pas ainsi pour notre théâtre moderne. La peinture des caractères y forme l'objet principal. Cela ne tiendrait-il pas aussi à l'origine de notre théâtre, si nous admettons qu'il est sorti principalement des farces de carnaval? Là l'objet principal était de représenter sous des couleurs vives, souvent même chargées, des caractères déterminés, et non pas une action, encore bien moins une passion.

C'est chez le grand William Shakspeare que nous trouvons réunis pour la première fois les trois genres énumérés ci-dessus. Il peut donc être considéré comme le fondateur du théâtre moderne, et il reste notre grand, notre inimitable modèle. Jean-Gotthold-Ephraïm Lessing qui, à l'esprit le plus lucide joignait le plus noble cœur, fut le premier en Allemagne qui, mêlant dans ses drames avec un art parfait et dans d'excellentes proportions les peintures d'actions, de passions et de caractères, les fondit en un tout unique. Les choses en restèrent là jusqu'à ces derniers temps où plusieurs poëtes commencèrent à faire de ces trois objets de la peinture dramatique, non plus ensemble mais séparément, le but principal de leurs tragédies. Gœthe le premier donna le signal des simples peintures de caractères, de même que de la peinture des caractères d'une certaine classe d'hommes, c'est à dire des artistes. Son *Tasse* fut suivi du *Corrège* d'Oehlenschlaeger, et celui-ci d'un grand nombre de tragédies du même genre. Le *Tasse* de notre auteur appartient également à cette catégorie, nous pouvons donc aisément excuser dans cette tragédie l'absence d'unité d'action, et nous allons examiner si les peintures de caractères, et incidemment celles des passions, sont fidèles et vraies.

Le caractère du personnage principal est parfait

et très-bien soutenu. Une heureuse circonstance paraît être venue ici en aide à l'auteur. Le Tasse en effet est un poëte, souvent lyrique, toujours religieux et enthousiaste. Notre auteur, qui est également tout cela, pouvait donc déployer son individualité tout entière et donner au caractère de son héros une vérité surprenante. C'est ce qu'il y a de plus beau et de meilleur dans toute la tragédie. Le caractère de la princesse est un peu moins réussi; il est trop mou, trop flottant, il manque de consistance. La comtesse Sanvitale est traitée par l'auteur avec indifférence; à peine laisse-t-il entrevoir sa bienveillance pour le Tasse. Le duc, dans plusieurs scènes, est peint avec beaucoup de vérité, mais il se contredit souvent. Ainsi, par exemple, à la fin du second acte il fait enfermer le Tasse afin qu'il ne blasphème plus son nom, et, dans la première scène du troisième acte, il dit que c'est pour prévenir les fâcheuses conséquences de la liaison amoureuse du Tasse avec sa sœur. Le comte Tirabo n'est pas seulement un homme pitoyable, mais c'est encore un homme inconséquent, ce que ne voulait pas le poëte. Léonore de Gisello est une gentille petite cloche du soir qui, au milieu de cette confusion, fait entendre sa voix douce et mystérieuse dont les sons vont s'affaiblissant sans cesse.

Le style de l'auteur est élevé, splendide. Quoi de plus parfait, par exemple, de plus saisissant, de plus entraînant que la scène de nuit entre la princesse et le Tasse? Ces accents si suaves et si mélancoliques, empreints d'une douce tendresse, nous transportent malgré nous dans le monde fantastique de la poésie, notre cœur saigne par de profondes et secrètes blessures; mais c'est pour nous une douleur délicieuse et chaque goutte de sang fait éclore une rose aux couleurs éclatantes.

LE TASSE.

La nuit me regarde avec ses milliers d'yeux, et un doute me saisit : veut-elle m'éclairer, ou m'épier peut-être? Est-ce pour que mon corps s'abandonne au sommeil qu'elle s'est faite si belle et que la rosée sème ses perles?

LA PRINCESSE.

Qu'entends-je? Quels sont ces accents qui semblent descendre du ciel et vouloir pénétrer jusqu'au fond de mon cœur?

LA DAME D'HONNEUR.

En vérité, princesse, ce n'est point une illusion; il me semble voir là-bas apparaître le Tasse pâle et les yeux hagards, comme si la nuit voulait lui faire boire sa rosée en guise de ciguë.

LE TASSE.

Quelle apparition resplendit sur le pont? A côté d'elle, et comme la suivante de la noble dame, j'en vois une seconde qui s'avance d'un pas majestueux. Son corps est entouré de rayons lumineux blancs comme la neige; on dirait un voile argenté formé par la brume légère; les étoiles brillent autour de sa tête comme autant de diamants.

LA PRINCESSE.

Cependant la lune répand une rosée de larmes et obscurcit l'éclat de mes étoiles.

LE TASSE.

La rosée fera surgir de la terre de nouvelles fleurs, et la nuit nous tressera de nouvelles couronnes.

Deux autres passages sont également d'une grande beauté.

Ce sont les vers de la page 77 et les stances de la page 82, où le Tasse dit à Léonore de Gisello qui vient le visiter habillée en pèlerin :

« De même que la fleur se tourne vers le soleil,
Que la rosée se joue dans les rayons du matin,
Que les anges implorent la céleste madone
Et se rangent en groupes autour d'elle;
De même calme et majestueux, tout plein de délices ineffables
Est le pays dans lequel je suis enfermé, le pays magique de la poésie;
Brillante et transfigurée plane devant moi celle que j'aime,
Et, libre ou enchaîné, je ne veux vivre que pour elle. »

Mais la rime convient-elle dans la tragédie ? Nous ne sommes nullement de cet avis; nous ne la tolérerions que dans des morceaux purement lyriques, et ici nous ne l'excusons que lorsque c'est le Tasse lui-même qui parle. Dans la bouche du poëte qui a tant rimé dans sa vie, elle n'est pas du moins tout à fait choquante. La rime sera toujours, dans la tragédie, une aide précieuse pour le mauvais poëte, tandis que, pour le poëte de talent, elle n'est qu'une entrave. Dans aucun cas il ne trouve de compensation à la gêne qu'il s'impose ainsi. En effet, nos acteurs, et particulièrement nos actrices, sont encore imbus de ce détestable principe que la rime n'est que pour l'œil, et qu'on doit bien se garder de la faire entendre. A quoi bon, dès lors, toute la peine que s'est donnée le pauvre poëte? Quelque harmonieux que soient les vers de notre auteur, ils manquent cependant de rhythme. Il ignore l'art de l'enjambement qui, avec l'ïambe de cinq pieds, produit un si grand effet et donne au mètre tant de variété. Parfois l'auteur laisse échapper un hexamètre. Dès la première page nous trouvons celui-ci :

« Die deine Schönheit rühmen nach Verliebter Art. (1) »

Nous ne comprenons pas que le poëte ait pu se permettre de scander pages 7 et 22, Virgíl, de même qu'à la page 4 :

« Und vielleicht darum, weil sie's nöth'ger haben. »

Page 14, le dactyle *hörenden*, à la fin du vers, ne remplit pas l'oreille. Bien que les meilleurs de nos anciens poëtes aient commis de pareilles fautes, ce n'est point une raison pour que les jeunes ne cherchent pas à les éviter.

Passons maintenant à cette autre question : Quelle est la valeur de la présente tragédie sous le rapport éthique ?

(1) Qui, sur un ton d'amants, célèbrent ta beauté.

Éthique? éthique? me dira-t-on peut-être, à quoi bon?

Pour l'amour de Dieu, savants messieurs, ne vous arrêtez pas à la définition de l'école. Éthique n'est qu'une rubrique, et nous allons expliquer ce que nous entendons par là. Voyons, ne vous est-il encore jamais arrivé de revenir le soir du théâtre mécontents, mal disposés, moroses, bien que la pièce que vous y aviez vu jouer fût très-dramatique, très-théâtrale, bref, pleine de poésie? A quoi donc cela tenait-il? Réponse : la pièce n'avait pas produit unité de sentiment. C'est cela. Pourquoi la vertu a-t-elle dû être opprimée par le vice? pourquoi les bonnes intentions ont-elles eu de mauvais résultats? pourquoi l'innocence a-t-elle dû souffrir? Telles sont les questions qui nous tourmentent et nous oppressent au sortir de la représentation de certaines pièces. Les Grecs avaient bien senti la nécessité d'étouffer dans la tragédie ce terrible pourquoi, et ils imaginèrent le Fatum. Dès qu'un pourquoi pénible sortait de la poitrine oppressée des spectateurs, ils faisaient intervenir le chœur qui, gravement, montrait du doigt le ciel, rappelait qu'un ordre supérieur présidait aux destinées du monde, et qu'il y avait des décrets éternels de la nécessité devant lesquels les Dieux eux-mêmes étaient forcés de s'incliner. Ils donnaient ainsi satisfaction au besoin qu'éprouve l'esprit humain d'avoir une impression complète, et de la sorte il y avait encore une unité invisible, l'unité de sentiment. Beaucoup de poëtes de notre temps ont éprouvé le même besoin que les anciens, ils ont imité le *Fatum*, et telle est l'origine de ce que nous appelons aujourd'hui *tragédies fatalistes* (Schicksals Tragödien). Cette imitation a-t-elle été heureuse, ressemblait-elle surtout à l'antique modèle grec, c'est ce que nous ne voulons pas examiner ici. Mais quelque louables qu'aient été les efforts tentés pour produire l'unité de sentiment, cette idée du destin n'en fut pas moins un très-triste moyen, un pitoyable et pernicieux expédient. L'idée du destin est en contradiction complète avec l'esprit et la morale de notre temps qui ont été l'un et l'autre formés par le christianisme. Cette puissance cruelle, aveugle, implacable du Destin, ne s'accorde pas avec l'idée d'un père céleste qui est tout miséricorde et tout amour, qui veille sur l'innocence, qui la protége, et sans la volonté duquel il ne tombe pas un seul cheveu de notre tête. Combien elle est plus belle et plus efficace, la manière de ces nouveaux poëtes qui font sortir tous les événements de leurs causes naturelles, de la liberté morale de l'homme lui-même, de ses penchants et de ses passions ; qui, dans leurs tableaux tragiques, dès que ce dernier et terrible pourquoi vient errer sur nos lèvres, soulèvent d'une main légère le sombre voile des cieux, et nous permettent de jeter un regard dans le monde supérieur où, en voyant tant de lumière, tant de magnificence et une aube de bonheur, nous poussons des cris d'allégresse au milieu de nos peines que nous ne tardons pas à oublier ou que nous sentons se changer en joies ? C'est ce qui fait que souvent les drames les plus tristes procurent une jouissance infinie aux cœurs les plus sensibles. C'est par ce dernier et louable moyen que notre auteur s'est efforcé de produire l'unité de sentiment. Il a également fait sortir les événements de leurs causes naturelles. Dans les paroles suivantes de la princesse nous reconnaissons la fatalité qui poursuivait le malheureux Tasse :

« Vous autres poëtes, vous ne voulez pas vous mettre à l'unisson des hommes ; ce qu'ils vous disent, vous ne le comprenez pas comme eux, et ce que vous dites vous-mêmes vous ne l'avez pas pesé. C'est ainsi que vous empoisonnez votre existence. »

Notre auteur a su également soulever avec beaucoup d'habileté un coin du voile qui nous dérobe les cieux et nous montrer l'âme du Tasse savourant déjà les délices du royaume de l'amour. Tout ce que la pitié nous a fait souffrir se résout en une douce satisfaction de l'âme, lorsqu'au cinquième acte nous voyons le Tasse, le visage pâle, entrer lentement et prononcer ces mots :

« Mes membres ont reçu l'onction de l'huile sainte, et mes lèvres frivoles, qui ont chanté tant de vaines créatures de ce monde, ont touché, bien qu'indignes, le corps du Sauveur. »

Sans doute nous devons envisager au point de vue historique les sentiments éveillés chez notre enthousiaste religieux par les saintes pratiques de l'Église catholique romaine, lesquelles ont été établies par des hommes qui connaissaient à fond le cœur humain, ses blessures, et l'influence salutaire de symboles bien choisis. Ici nous voyons déjà le Tasse à la porte du ciel. Sa chère Éléonore devait l'avoir précédé, et un saint pressentiment lui avait sans doute donné la certitude de l'y retrouver. Cette échappée de vue sur le céleste séjour adoucit l'immense douleur que nous éprouvons, lorsqu'apercevant dans le lointain le Capitole, nous voyons l'infortuné si longtemps éprouvé tomber mort devant la statue de son grand rival, au moment même où il allait recevoir la plus haute des récompenses.

Le prêtre complète l'impression en plaçant sur le front du trépassé la couronne de laurier d'Éléonore. Qui ne saisit ici le sens profond de ce laurier qui fait en même temps la joie et le tourment de Torquato, qui ne le quitte ni dans le plaisir ni dans la peine, tantôt brûlant son front comme une couronne de feu, tantôt rafraîchissant comme un baume bienfaisant ce pauvre front endolori, et enfin, signe d'une victoire chèrement achetée, parant pour toujours sa tête immortelle.

Ne serait-ce point par hasard pour obtenir cette unité de sentiment que notre auteur a rejeté l'unité d'action? N'aurait-il pas eu en vue quelque chose d'analogue à ce que cherchaient les anciens dans leurs trilogies! Nous serions presque tenté de le croire, et nous ne pouvons nous empêcher de prier l'auteur de fondre les cinq actes de sa tragédie en trois dont chacun serait alors une des parties d'une trilogie. Le premier et le second acte n'en feraient plus qu'un qui s'appellerait le *Tasse à la cour*; le troisième et le quatrième également réunis formeraient *la captivité du Tasse*, et le cinquième acte, qui compléterait la trilogie, s'appellerait la *mort du Tasse*.

Nous avons montré ci-dessus que l'unité de sentiment fait partie de l'éthique d'une tragédie et que notre auteur l'a observée d'une façon parfaite et exemplaire. Mais il a satisfait encore à une seconde condition éthique, en donnant à sa tragédie un caractère de mansuétude et d'apaisement.

Par cet apaisement, nous n'entendons pas simplement la purification aristotélique des passions; nous entendons aussi la sage observation des limites de ce qui est purement humain. Personne ne saurait mettre sur la scène des passions et des actions plus terribles que celles qu'y a mises Shakspeare, et cependant jamais il ne révolte entièrement notre sentiment intime. Quelle différence avec un si grand nombre de nos tragédies modernes qui nous oppressent, nous suffoquent et mettent tous nos sentiments à la torture! Le cœur de l'auteur doit être son meilleur guide pour savoir jusqu'à quel point il peut pousser sur la scène l'effrayant et l'horrible. Il ne faut pas que ce soit la raison qui, combinant à froid toutes sortes d'horreurs, en fasse pour ainsi dire une mosaïque et les entasse dans la tragédie. Sans doute nous savons très-bien que toutes les terreurs de Melpomène sont épuisées. La boîte de Pandore est vide, le fond de cette boîte, où un dernier mal pouvait être resté attaché, a été raclé, ratissé par les poëtes, et l'auteur qui veut plaire, doit chercher péniblement, à la sueur de son front, des maux nouveaux, de nouveaux moyens de terreur. Aussi le public de nos théâtres actuels est-il déjà passablement familiarisé avec le fratricide, le parricide, l'inceste, etc. Que le héros de la pièce, dans un état d'esprit assez calme, finisse par le suicide, cela va de soi. Toutes ces énormités écœurent et font pitié. En effet, pour peu que cela continue, les auteurs du vingtième siècle devront emprunter les sujets de leurs drames à l'histoire du Japon, et mettre sur la scène, à l'édification générale, tous les moyens de supplice et de suicide usités dans ce pays. Ils nous montreront des embrochés, des empalés, des gens qui s'ouvrent le ventre, etc. C'est quelque chose de vraiment révoltant que de voir comment, dans nos tragédies modernes, on en est venu à mettre à la place du vrai tragique je ne sais quelle boucherie, quel carnage, quel déchirement des sentiments. Et le pauvre public est là sur son banc de douleur, tremblant, claquant des dents, roué moralement, et du haut en bas. Nos auteurs ont-ils donc complétement oublié quelle énorme influence exerce le théâtre sur les mœurs d'un peuple? Ont-ils oublié qu'ils doivent les adoucir et non les rendre plus barbares? Ont-ils oublié que le drame tend au même but que la poésie en général, c'est-à-dire d'apaiser les possions et non de les exciter, de les rendre plus humaines et non de leur ôter tout caractère d'humanité?

Nos poëtes enfin ont-ils complétement oublié que la poésie a en elle-même assez de ressources, sans le parricide et l'inceste, pour émouvoir et satisfaire le public le plus endurci?

Quel dommage que la grande masse de notre public entende si peu à la poésie, presqu'aussi peu que nos poëtes!

L'ALMANACH DES MUSES [1]

« Ce qui vient lentement vient bien. » — « Hâtez-vous lentement. » — « Rome n'a pas été bâtie en un jour. » — « Si tu n'arrives pas aujourd'hui, tu arriveras demain. » Tels sont les proverbes qu'avec plusieurs centaines d'autres du même genre, les Allemands ont sans cesse à la bouche. Ils leur servent comme de béquilles dans toutes leurs actions, et l'on pourrait à juste titre les mettre en épigraphe à toute l'histoire d'Allemagne. Mais nos éditeurs d'almanachs se sont débarrassés de ces fâcheux proverbes, et leurs petits bouquets de fleurs poétiques destinés à remplacer pour le public, pendant la saison

[1] L'*Almanach des Muses de la Westphalie Rhénane*, 1821; édité par Friedrich Rassmann.

d'hiver, les fleurs véritables de l'été, paraissent
d'ordinaire dès le commencement de l'automne.
Aussi est-il étrange que celui-ci ait paru si tard,
c'est-à-dire en avril 1821. A qui la faute? Est-ce aux
fournisseurs de fleurs, autrement dit à ceux qui les
envoient? Est-ce à l'éditeur qui compose le bouquet, ou au libraire qui le vend? Ce n'est pas cependant un almanach ordinaire, un de ces petits
livres de poche, de ces mignons in-12, gentil cadeau
de nouvel an destiné à glisser doucement dans les
ridicules de velours de nos élégantes. On ne doit pas
le voir dans un étui glacé orné d'une vignette et ne
montrant que sa brillante tranche d'or, figurer sur
la toilette parfumée à côté d'un pot de pommade;
non, — M. Rassmann nous donne un *Almanach des
Muses*. Un pareil almanach ne doit pas contenir de
prose, et, si possible, rien de prosaïque, par cette
simple raison que les Muses ne parlent jamais en
prose. Cette opinion, basée sur les souvenirs historiques des almanachs des Muses de Voss, Tieck,
Schlegel, etc., fit dire un jour à ma défunte
grand'mère qu'il n'y a pas de véritable poésie là où
l'on n'entend ni le son de la rime, ni la cadence de
l'hexamètre. En vertu d'un tel principe, on peut af-

firmer hardiment que beaucoup de nos auteurs célèbres, de ceux qu'on lit le plus, tels que Jean-Paul, Hoffmann, Clauren, Caroline Fouqué, etc., n'entendent rien à la poésie, vu qu'ils ne font jamais, ou presque jamais, de vers. Néanmoins, bon nombre de gens, dont l'auteur du présent article fait plus ou moins partie, contestent ce principe. M. Rassmann ne serait-il pas aussi de cet avis ? Quelle singulière fantaisie, en effet, de vouloir exclure la prose d'une exposition d'art poétique telle que doit être l'Almanach des Muses ?

Cependant, abstraction faite de tout ce qui n'est que fortuit et n'a trait qu'à la forme, je dois avouer que le contenu de ce petit livre m'a procuré un véritable plaisir ; que plus d'une des poésies qu'il renferme m'a dilaté le cœur, et qu'en lisant l'*Almanach des Muses de la Westphalie rhénane*, j'ai éprouvé le même sentiment de bien-être et de satisfaction intime que si l'on m'eût servi mon régal de prédilection, c'est-à-dire une tranche de jambon cru de Westphalie avec un verre de vin du Rhin. Loin de moi pourtant la pensée de vouloir comparer les poëtes westphaliens qui ont écrit dans l'almanach aux jambons de Westphalie, ni les poëtes rhénans au vin du Rhin! Je connais trop bien les sentiments loyaux, l'honnêteté solide du vrai Westphalien pour ne pas savoir qu'il ne le cède à ses voisins dans aucune branche de la littérature, bien qu'il ne soit pas encore exercé à jouer bruyamment, pour se frayer un chemin, des castagnettes littéraires et à accabler de son babil les fiers-à-bras de l'esthétique.

Des trente-sept poëtes que nous présente l'almanach des Muses, et parmi lesquels se révèlent quelques noms nouveaux, celui dont je parlerai tout d'abord c'est l'éditeur. Par la forme, Rassmann appartient à la nouvelle école; mais par le cœur il appartient encore à l'ancien temps, à ce bon vieux temps où tous les poëtes de l'Allemagne n'avaient pour ainsi dire qu'un seul cœur. Rien qu'en parcourant les titres des sujets littéraires traités par Rassmann, on est profondément touché de son amour pour les travaux d'autrui, de son zèle infatigable à chercher le mérite partout où il se trouve; ce sont là des qualités qui appartiennent en propre à la vieille Franconie, et qui depuis longtemps sont passés de mode. Les poésies qu'il a données à l'*Almanach des Muses*, notamment *le Potier après le mariage* et *le Pauvre Henri*, donnent on ne peut mieux l'idée de ce sentiment profondément honnête, de cette industrie aimable, espèce d'enluminure qui rappelle presque la manière de Hans Sachs. La pièce de C.-M. Arndt : *le Burg du vrai gardien*, est pleine de sentiment, de fraîcheur et de jeunesse. Dans *l'élégie* de W. Blonberg *sur la duchesse de Weimar* il y a de fort beaux passages et des parties tout à fait gracieuses. La pièce de Bueren, *les Sorcières*, est très-intéressante; l'auteur comprend fort bien tout le parti qu'on peut tirer des spondées et en particulier des rimes spondaïques; toutefois il ignore encore la discrétion et le tact exquis dont on doit faire preuve en les employant. Dans la poésie de J.-B. Rousseau, *la Perte*, on sent circuler un souffle délicat et cependant ardent, sorti du fond du cœur; il y règne une tendresse charmante, une mélancolie douce et mystérieuse. *L'Esprit de l'amour* de Heilmann serait une pièce excellente s'il s'y trouvait plus d'esprit et moins d'amour (le mot, bien entendu, et non pas la chose.) Le morceau de Théobald est admirable; c'est presque un chef-d'œuvre; cependant l'auteur est dans une mauvaise voie quand il cherche à imiter le ton populaire par des vers boiteux et une langue lourde. Le sentimental Gebauer nous donne quatre poésies charmantes, pleines de cœur. Wilhelm Smets donne également une série de belles pièces; il en est quelques-unes dans le nombre dont on peut vraiment dire qu'elles rafraîchissent l'âme. Je citerai notamment le sonnet à *Ernest de Lassaulx* et *la Fête d'Élisabet* .

Les morceaux de Nicolas Meyer sont très-bien réussis; il y en a quelques-uns de tout à fait exquis; le plus beau de tous est celui qui est intitulé *Liebesweben*. *L'Ermite*, de la baronne Élise de Hohenhausen, est un tableau parfait, plein de fraîcheur, de calme et de sérénité; la grâce et le charme de cette peinture émeuvent agréablement le lecteur (1).

Une mention des plus honorables est due aux poésies de mesdames Adélaïde de Stolterfoth, Sophie-Georges et de Kurowski-Eichen.

Le petit livre de Rassmann est imprimé avec beaucoup de goût; mais l'extérieur en est presque trop modeste et trop simple. Toutefois l'or du dedans fait bien vite oublier qu'il n'y en a pas sur les tranches.

(1) Cette phrase, comme l'explique Heine dans le n° 15 du *Bemerker* (supplément au n° 134 du *Gesellschafter*) du 22 août 1821, avait été omise par lui en recopiant son article sur les poésies de l'*Almanach des Muses de la Westphalie Rhénane*.

POÉSIES DE J.-B. ROUSSEAU [1]

Les sentiments, les opinions et les vues de la jeunesse sont le thème de ces deux livres. L'auteur a-t-il complétement saisi le caractère de cet âge? Nous l'ignorons. Mais ce qu'on ne peut méconnaître, c'est qu'il a très-bien réussi à le peindre. Que veut le jeune homme? A quoi tend cette singulière agitation de son cœur? Que signifient ces visions passagères qui maintenant l'attirent dans la mêlée de la vie, et tout à l'heure le rappelleront dans la solitude? Pourquoi ces désirs vagues, ces pressentiments, ces penchants qui s'élancent vers l'infini puis disparaissent pour surgir de nouveau et poussent le jeune

1) Crefeld, chez Funke, 1823. *Poésies pour l'Amour et l'Amitié*, par le même. Hamm, chez Schultz et Wundermann, 1823.

homme à une agitation perpétuelle? Chacun ici répond à sa manière, et comme nous avons aussi le droit de choisir notre interprétation, nous expliquons tous ces phénomènes par ces simples mots : « le jeune homme veut avoir une histoire. » C'est là ce qui explique les agitations de notre jeunesse; nous voulons avoir tâté de la vie, avoir édifié et détruit, avoir joui et souffert. A l'âge d'homme on a ainsi fait une bonne part de cette expérience, et cette bouillante ardeur, qui n'est peut-être que la force vitale elle-même, s'est déjà un peu refroidie; le torrent coule moins impétueux dans son lit. Mais ce n'est que dans le cœur du vieillard, alors que sous le chêne que lui-même a planté, il se voit entouré de ses petits-enfants, ou qu'au milieu des tombeaux de ses amis et de ses proches il reste seul assis sur les ruines de sa maison, que ce désir d'avoir une histoire est complétement éteint. Nous pouvons maintenant indiquer l'idée principale des deux livres en question, en disant que dans le premier, l'auteur a peint son désir d'avoir une histoire, et, dans le second, les premiers commencements de cette histoire. Nous avons dit que cette peinture était réussie parce que, sans se livrer à des réflexions sur ses sentiments, ses opinions et ses vues, l'auteur nous a donné ces sentiments eux-mêmes, ces vues et ces opinions dans les manifestations qui en sont la conséquence nécessaire, soit en paroles, soit en actions, ou autrement. Il a laissé tranquillement agir sur lui tout le monde extérieur et il a exprimé dans un langage libre et simple, souvent avec une généreuse franchise et une naïveté enfantine, la façon dont ce monde se reflète sur son âme agitée. Il a suivi en cela le principe suprême de l'école romantique, et, au lieu de viser à cette fausse idéalité que l'on connaît, il a peint dans ses poésies les particularités les plus particulières d'une vie de jeune homme toute simple et toute bourgeoise. Mais ce qui révèle en lui le poëte, c'est que, sous le particulier, on retrouve le général, et que, jusque dans les tableaux flamands comme l'auteur nous en donne plusieurs parmi ses sonnets, l'idéal lui-même apparaît. Ce choix et cet enchaînement des particularités sont précisément ce qui donne la mesure d'un talent; car, de même que l'art du peintre consiste en ce que son œil voit d'une façon particulière, qu'il saisit de suite, par exemple, la plus sale auberge de village par le côté où elle offre un aspect capable de flatter le goût du beau, et la représente de manière à ce qu'elle parle au sentiment : de même le vrai poëte a le talent de voir et combiner les particularités les plus insignifiantes et les plus vulgaires de la vie réelle, de manière à en former un ensemble vraiment beau et poétique. C'est ce qui fait que toute poésie véritable a une couleur locale déterminée, et que, dans la poésie subjective nous devons reconnaître la localité où vit le poëte. Dans les poésies qui nous occupent on sent le souffle des bords du Rhin, l'on y trouve partout des traces du genre de vie propre à ce pays, du caractère de ce peuple si vivant, avec toute sa grâce, son amour de la liberté, sa mobilité et son insouciante profondeur. Le second livre de ces poésies est d'un art plus élevé et nous le préférons au premier, bien que celui-ci ait plus de charme et de vigueur. Dans le premier livre l'effervescence de la passion prédomine encore, précisément parce qu'il exprime la recherche inquiète d'une histoire ; dans le second l'on voit déjà poindre un calme épique, parce qu'il s'y trouve déjà une certaine matière historique qui permet des contours plus arrêtés. Mais tout le monde sait — et ceux qui l'ignorent peuvent l'apprendre ici — que la passion produit aussi bien de bonnes poésies que le génie poétique inné. C'est pour cela que l'on voit tant de jeunes Allemands qui se regardent comme poëtes, parce que leur passion qui fermente, l'explosion de leur puberté, le patriotisme ou même le délire leur ont fait produire quelques vers passables. C'est pour cela aussi que certains esthéticiens de pacotille ayant par hasard entendu un cocher amoureux ou une cuisinière en colère user de formes de langage poétiques, en ont tiré cette conclusion radicalement fausse : que la poésie n'est autre chose que le langage de la passion. Évidemment dans le premier livre il est bon nombre de pièces que la passion seule a inspirées; mais on peut dire de celles du second qu'elles sont, en partie, des productions du génie. Il est plus difficile de déterminer la puissance de ce génie, et l'espace dont nous disposons ne nous permet pas de nous livrer à cette recherche. Examinons donc les deux livres à un point de vue plus extérieur. Le premier contient cent morceaux détachés ou groupés, écrits en diverses espèces de vers et de rhythmes. L'auteur s'y plaît à imiter avec plus ou moins de succès la plupart des formes méridionales. On y trouve cependant aussi la forme tout unie du proverbe allemand et celle du chant populaire. Nous citerons, pour sa brièveté, la sentence suivante :

>   Je hais l'hypocrisie
> De notre jeunesse allemande d'aujourd'hui
>   Et sa vertu apprise par cœur
>   Comme une litanie (1).

Les chants populaires sont dans le ton voulu, mais ils nous paraissent écrits d'une façon un peu trop lourde. Ce qu'il faudrait, ce serait de bien saisir l'esprit des formes populaires et de créer des formes nouvelles appropriées à nos besoins. Quoi de plus insipide, en effet, que les prétendus chants populaires de ces messieurs qui, prenant un sujet en pleine actualité et parmi la société polie, le revêtent d'une forme qu'un honnête ouvrier d'il y a deux cents ans eût peut-être trouvée convenable pour exprimer ses sentiments ? La lettre tue, mais l'esprit vivifie.

Le second livre ne contient que des sonnets dont

---

(1)   Mir ist zuwider die Kopfhängerei
       Der jetzigen deutschen Jugend,
       Und ihre, gleich einer Litanei,
       Auswendig gelernte Tugend.

la première moitié, intitulée : *Le Temple de l'amour*, se compose d'apologies poétiques d'esprits aimés. Parmi les sonnets d'amour, nous regardons comme les mieux réussis les XVI, XVII, XX, XXI, XXII et XXXVI. Dans *le Temple de l'amitié* nous distinguons les sonnets à Strauss, Arnim de Brentano, A.-W. de Schlegel, Hundeshagen, Smets, Kreuser, Rückert, Blomberg, Loben, Immermann, Arndt et Heine. Celui que nous préférons est le sonnet à J. Kreuser. Celui à C.-M. Arndt est aussi digne d'éloges parce que l'auteur ne craint pas, comme tant de gens serviles, dont les motifs sont connus, de parler publiquement de cet homme honorable. Il y a toutefois dans ce sonnet un vers que nous ne pouvons pas comprendre, c'est le second. Babel n'est pas sur les bords de la Seine ; c'est là une fâcheuse erreur géographique de 1814. En somme, nous ne trouvons rien à blâmer dans ce *Temple de l'amitié* si ce n'est une bienveillance un peu trop large. Nous disons cela surtout pour le sonnet à Henri Heine que l'auteur a déjà convenablement mentionné dans le premier livre, et qu'il gratifie encore, dans le second, de huit sonnets, tandis que d'autres ne sont honorés que d'un seul. Ces sonnets parent la tête de Heine d'une si précieuse couronne de laurier, que M. Rousseau devra vraisemblablement se donner un jour le plaisir de lancer quelques gentilles boulettes de boue à cette tête couronnée par lui-même. S'il ne le faisait pas, ce serait grand dommage, car il manquerait à l'usage et à la tradition, et se mettrait tout à fait en dehors des habitudes et de la nature même de l'espèce humaine.

STRUENSÉE [1]

Le 27 mars on représentait au théâtre national de Munich *Struensée*, tragédie en cinq actes de Michael Beer. Avant de juger cette pièce, qu'on nous permette de jeter un coup d'œil rapide sur les productions dramatiques de Beer qui l'ont précédée. Ce n'est qu'en considérant en quelque sorte l'auteur par rapport à lui-même et en voyant la place qu'il occupe dans la littérature dramatique, que nous établirons un criterium qui nous permettra de mesurer l'éloge et le blâme, et d'en fixer la valeur relative.

La *Clytemnestre* se ressentait de la jeunesse de l'auteur; elle révélait un talent qui n'avait pas en-

---

1. Tragédie en cinq actes, par Michel Beer. Écrite à Munich au commencement d'avril 1828.

core atteint sa maturité. Les admirateurs de cette pièce se recrutaient parmi les élus qui regardent la *Sapho* de Grillparzer comme le modèle le plus parfait de ce genre grec; quant aux critiques, ils se composaient de gens qui blâmaient pour le seul plaisir de blâmer, et d'autres qui avaient effectivement raison. On ne saurait le nier, les personnages de cette tragédie n'avaient qu'un semblant de vie, et leurs discours n'étaient qu'une vaine apparence. Il n'y avait pas là de sentiment vrai, mais un simple épanouissement du convenu théâtral; pas un mot vraiment ému, mais seulement le langage guindé des courtisans de comédie; et, à part quelques violettes véritables, tout le reste n'était qu'un bouquet de fleurs en papier. La seule chose qu'on ne pouvait méconnaître, c'était un talent dramatique qui se manifestait d'une façon incontestable, malgré le manque de naturel et la regrettable direction dans laquelle l'auteur s'était fourvoyé.

M. Beer lui-même l'avait soupçonné, comme le prouve sa seconde tragédie, les *Fiancées d'Aragon*. On y voit déjà çà et là briller une vraie flamme, de loin en loin on y rencontre des éclats de véritable passion, et l'on ne peut y méconnaître un certain degré de poésie ; mais, bien que les fleurs de papier soient remplacées par des fleurs naturelles, organiques et vivantes, ces fleurs cependant trahissent encore le sol où elles ont poussé ; ce sont des fleurs de théâtre ; on sent qu'elles ne sont pas nées en plein soleil, mais à la lumière blafarde des lampes de l'orchestre ; aussi ont-elles des couleurs et un parfum équivoques. Toutefois le talent dramatique s'accentue davantage encore dans cette pièce que dans la première.

Aussi avec quelle sympathie on salua les nouveaux progrès de l'auteur ! Fut-ce le sentiment de sa propre erreur, l'impulsion inconsciente de sa nature ou bien une force extérieure irrésistible qui le mit tout à coup dans la voie la meilleure et la plus vraie ? Son *Paria* parut. Ce n'était pas un chétif souffleur de théâtre qui avait animé cette vigoureuse figure. Le feu de cette âme n'était plus un vulgaire feu de colophane, et ce n'étaient pas des douleurs conventionnelles qui faisaient explosion chez cette ardente nature. Il y avait là des mots pénétrants qui frappaient tous les cœurs, des flammes qui les embrasaient.

M. Beer sourira sans doute en voyant que c'est

au choix du sujet de cette tragédie que nous attribuons le succès extraordinaire qu'elle a obtenu auprès du public. Nous lui accordons volontiers qu'il a mis dans cette pièce de la poésie vraie, incontestablement vraie, et que même cette production nous fit saluer en lui un véritable poëte et non un de ces poëtes homœopathiques qui ne mêlent qu'un dix-millième de poésie à l'eau de leurs tragédies. Néanmoins nous maintenons que, dans le *Paria*, le sujet a été la principale cause du succès. Ce n'est jamais la poésie par elle-même qui assure la célébrité aux productions d'un poëte. Prenons pour exemple le *Werther* de Goëthe. Son premier public n'en comprit nullement la véritable portée; ce fut l'intérêt du fait, sa nature émouvante, qui attira ou repoussa la grande masse des lecteurs. On lut le livre à cause du suicide, et ce fut également à cause du suicide que les Nicolaïtes écrivirent contre lui. Mais il y a encore dans *Werther* un élément qui n'a séduit que le petit nombre, je veux parler de l'endroit où l'auteur raconte comment le jeune Werther fut exclu avec la plus exquise politesse de la haute société noble. Si le *Werther* eût paru de nos jours, cette partie du livre aurait produit infiniment plus d'effet que tous les coups de pistolet imaginables.

Avec le développement de la sociabilité, il s'est manifesté, dans la nouvelle société européenne, chez un nombre infini de gens, une noble indignation contre l'inégalité des conditions ; on s'est révolté contre tous ces priviléges qui blessent des classes entières d'hommes, on a pris en horreur ces préjugés qui, restés dans notre siècle comme d'affreuses idoles des temps de barbarie, réclament encore leurs victimes humaines, et auxquelles on continue d'en sacrifier de nombreuses choisies parmi les meilleures. Notre époque est imbue de l'idée d'égalité, et les poëtes qui, comme des grands-prêtres, rendent hommage à ce divin soleil, peuvent être assurés que des milliers de créatures humaines se prosternent avec eux, avec eux pleurent et jubilent.

De là vient le succès bruyant qui accueille toutes les œuvres où cette idée se produit. Après Gœthe dans son *Werther*, Louis Robert fut le premier qui la mit sur la scène et qui, dans sa *Force des choses*, nous donna une véritable tragédie bourgeoise, lorsque, d'une main habile, il arracha subitement le froid et prosaïque appareil qui recouvrait la blessure brûlante dont saignait le cœur de l'humanité moderne.

Plus tard d'autres auteurs ont traité avec un égal succès le même thème, nous avons presque dit la même blessure. Cette même force des choses nous émeut dans *Ourika* et *Édouard,* dans la *Duchesse de Duras* et dans *Isidore et Olga* de Raupach. La France et l'Allemagne ont même trouvé un vêtement semblable pour la même douleur, et Delavigne et Beer nous ont tous deux donné un *Paria*.

Nous ne voulons pas rechercher quel est celui des deux poëtes qui a déployé le plus de talent ; il nous suffit de savoir qu'ils ont fait couler, l'un et l'autre, de généreuses larmes. Qu'on nous permette seulement de faire observer en passant que, dans le *Paria* de Beer, la langue, bien qu'imprégnée de poésie, conserve encore quelque chose de théâtral qui laisse apercevoir çà et là que le *Paria* a grandi sous les arbres des coulisses de Berlin beaucoup plus que sous les bananiers des Indes, et qu'il descend en ligne directe de la bonne *Clytemnestre* et des *Fiancées d'Aragon* qui valaient déjà mieux.

Nous avons dû faire précéder notre critique de

ces considérations sur les productions antérieures de M. Beer, afin de pouvoir nous prononcer d'une manière d'autant plus brève et plus nette sur sa nouvelle tragédie de *Struensée*.

Disons tout d'abord que le reproche que nous n'avons pu nous empêcher d'adreser au *Paria* n'atteindra jamais *Struensée*, dont le style, pur, clair et coulant, peut passer pour un modèle de correction et d'élégance. Sous ce rapport, nous n'avons à adresser à Michel Beer que des éloges sans restriction aucune. C'est par le style surtout qu'il se distingue de la foule de nos soi-disant poëtes dramatiques, de ces écrivains boursouflés dont les ïambes surchargés d'images s'enroulent comme des guirlandes de fleurs ou des rubans de ténias autour de pensées ineptes. Avec quel bonheur nous avons enfin vu jaillir, dans ce désert aride que nous nommons le théâtre allemand, une source fraîche et pure!

Pour ce qui est du sujet, M. Beer a été guidé par une heureuse étoile, nous dirons presque par un heureux instinct. L'histoire de Struensée est un événement trop moderne pour qu'il soit nécessaire de la raconter ici et d'expliquer, selon l'usage, la fable de la pièce. On devine aisément qu'elle se compose d'une part de la lutte d'un ministre bourgeois contre une aristocratie orgueilleuse, d'autre part de l'amour de Struensée pour la reine Caroline-Mathilde de Danemark.

Nous ne nous étendrons pas longuement sur cette seconde donnée principale de la tragédie de Beer, bien qu'elle ait paru assez importante à l'auteur pour lui faire presque oublier la première dans les quatrième et cinquième actes, bien qu'elle puisse aussi paraître assez importante à d'autres personnes pour que la représentation de la tragédie rencontre en plus d'un lieu des difficultés insurmontables de la part d'augustes censeurs. Quant à la question de savoir s'il n'est pas indigne d'un gouvernement libéral de s'opposer à la représentation dramatique de faits authentiquement prouvés, nous la traiterons en temps et lieu. Notre théâtre national, dont on déplore si amèrement la décadence, périrait tout à fait sans cette liberté de la scène plus ancienne encore que la liberté de la presse, et qui fut entière partout où a fleuri l'art dramatique, à Athènes du temps d'Aristophane, comme en Angleterre sous le règne d'Élisabeth, qui permit de mettre en scène les histoires épouvantables de sa propre famille et les horreurs commises par son père lui-même. Ici, en Bavière, où nous voyons un peuple libre, et, chose encore plus rare, un roi libre, nous trouvons aussi la même grandeur de sentiments, et nous pouvons espérer que l'art y portera de beaux fruits.

Mais revenons à la première des deux données principales du *Struensée*, savoir la lutte de l'élément bourgeois contre l'aristocratie. On ne peut méconnaître l'analogie qui existe entre ce thème et celui du *Paria*. Il en devait sortir tout naturellement, et nous n'en admirons que plus le dévelopement intellectuel du poëte et la sagesse de sentiment qui le ramène toujours au principe des questions capitales qui agitent notre temps. Dans *le Paria,* nous avions vu l'opprimé foulé jusqu'à la mort sous le pied de fer de son orgueilleux oppresseur, et la voix déchirante qui perçait notre cœur était le cri de détresse de l'humanité offensée. Dans *Struensée*, au contraire, nous voyons l'opprimé d'autrefois en lutte avec ses oppresseurs. Ceux-ci ont même le dessous et ce que nous entendons est la protestation digne et fière par laquelle la société humaine revendique ses anciens droits, et réclame l'égalité civile de tous ses membres. Dans une conversation avec le comte de Rantzau, représentant de l'aristocratie, Struensée s'exprime avec la plus grande énergie sur ces privilégiés, ces cariatides du trône, qui voudraient faire croire qu'il ne peut pas se passer de leur appui ; il peint admirablement ce temps des nobles, ce temps où il n'avait pas encore pris les rênes de l'État :

« L'orgueil et la suffisance se partageaient les plus hauts emplois. Les meilleurs étaient obligés de s'effacer. On laissait à une armée vénale de serviteurs, dont on trafiquait, toutes les fatigues des emplois subalternes. Chose honteuse à dire, le pays était dévoré jusqu'à la moelle par les entremetteurs brodés et galonnés à qui l'on payait de notre or leurs services secrets d'antichambre et leur infâme silence ; une bande de jeunes nobles franchissait avant son tour les nombreux échelons de la hiérarchie administrative, et arrivait par sauts rapides aux plus hautes fonctions, repoussant au bas de l'échelle tous ceux que la naissance avait moins favorisés. On les voyait alors se masser imprudemment sur le sommet étroit de l'État, où il n'y a place que pour un petit nombre d'hommes éprouvés. Le pays voyait ainsi avec une indignation croissante ses meilleurs citoyens refoulés par des nobles encore imberbes dans l'obscurité et dans le mépris.

RANTZAU, *souriant.*

Il est bien possible que les aiglons s'élancent vers la lumière d'un essor plus hardi que les petits du vulgaire moineau.

STRUENSÉE.

Mais, moi, monsieur le comte, j'ai osé rogner les ailes à ces aiglons, et, par des lois énergiques, modérer leurs audaces juvéniles afin que quelque nouveau Phaéton ne se hasardât plus à conduire le char de l'État. »

Naturellement, une tragédie dont le héros débite de pareils vers n'a pas manqué d'interprétations malveillantes. Non content de voir le coupable, qui ose s'exprimer ainsi, finir sur l'échafaud, on a manifesté sa mauvaise humeur par des jugements où l'on ne faisait intervenir que l'art, on a posé des principes esthétiques au moyen desquels on démontrait par le menu les défauts de la pièce. On reproche entre autres choses à l'auteur, qu'il n'y a dans ses tragédies ni belles réflexions, ni pensées profondes, qu'il n'y met que de l'action et des personnages. Ces critiques ne connaissent sans doute ni la *Clytemnestre*, dont j'ai parlé ci-dessus, ni *les Fiancés d'Aragon*, où, Dieu merci, ce ne sont pas les réflexions qui manquent. Un autre reproche portait sur le choix du sujet, qui, disait-on, n'était pas entièrement tombé dans le domaine de l'histoire, et qu'on ne pouvait traiter qu'en mettant en scène des personnes encore vivantes. On trouvait, en outre, qu'il ne convenait pas d'exposer les querelles des partis actuellement en lutte, d'exciter les passions du jour, ni de représenter le présent dans le cadre de la tragédie, surtout, dans un temps où le présent est gros de tempêtes et de dangers. Nous sommes, quant à nous, d'une opinion contraire. On ne saurait jamais mettre trop tôt sur la scène les histoires horribles des cours, et il faut ici, comme dans l'ancienne Égypte, prononcer le jugement des morts sur les rois et les grands de la terre. Pour ce qui est de cette théorie de l'utilité, en vertu de laquelle on juge une tragédie d'après le bien ou le mal qu'elle peut faire, nous sommes bien éloigné de l'admettre. Cependant, même d'après cette théorie, la tragédie de M. Beer mériterait plus d'éloge que de blâme ; car, lorsqu'elle nous montre dans toute sa cruelle réalité l'image de ces privilèges de castes, elle produit peut-être un effet plus salutaire qu'on ne pense.

Il y a une légende populaire d'après laquelle le basilic est l'animal le plus terrible et le plus invulnérable ; ni le fer ni le feu ne peuvent le blesser, et le seul moyen de le tuer, c'est d'avoir l'audace de lui présenter un miroir; en effet, l'animal en s'apercevant est tellement effrayé de sa propre laideur, qu'il tombe roide mort. Le *Struensée*, de même que *le Paria*, a été le miroir que le hardi poète a présenté au pire basillic de notre temps, et nous lui sommes reconnaissant pour cette œuvre de charité.

Nous ne voulons pas examiner ici les lois de l'art, les plébiscites esthétiques promulgués par la masse du public à l'occasion de la tragédie de Beer. Qu'il nous suffise de dire que M. Beer a eu gain de cause devant ce tribunal. Ce n'est pas un éloge que nous entendons lui adresser en disant cela: il se cache plutôt sous ces paroles un blâme secret : nous regrettons que l'auteur ait conquis le suffrage du gros public par des moyens qui ne sont peut-être pas tout à fait dignes d'un poëte. Nous voulons parler de ce stimulant théâtral qui consiste à tenir les spectateurs en haleine par une attente surexcitée au plus haut degré. C'est ainsi que, pendant quatre heures et demie, avec une salle aussi comble qu'elle l'était à la première représentation du *Struensée*, on a pu obtenir ce résultat que, la pièce finie, l'enthousiasme nullement refroidi éclatait en bruyants applaudissements, et que la majeure partie du public eut le courage d'attendre longtemps encore pour voir si M. Beer, qu'on rappelait avec frénésie, ne paraîtrait pas sur la scène.

Nous avons peut-être été injuste envers les critiques qui reprochaient à M. Beer de manquer de belles réflexions ; ce n'était sans doute de leur part qu'un blâme ironique sous lequel ils voulaient cacher la plus fine louange. Si pourtant ils parlaient sérieusement (nous sommes tous de faibles humains), nous regrettons que ces critiques n'aient pas vu ce qui leur crevait les yeux. Ils n'ont vu, disent-ils, qu'action et figures, et ils ne s'aperçoivent pas que cela représente les réflexions les plus admirables, et que même la pièce tout entière n'est qu'une grande et unique réflexion. Quant à nous, nous admirons la sagesse dramatique et l'entente de la scène qui ont permis à l'auteur de produire de si grands effets. Non seulement il a bien motivé, amené et exécuté chaque scène, mais encore il n'en est pas une qui, considérée à part, ne découle de la nécessité organique et de l'idée principale de la pièce. Nous citerons, par exemple, la scène populaire qui ouvre le quatrième acte. Un spectateur inintelligent n'y verra — et plusieurs, en effet, n'y ont vu — qu'un remplissage inutile ; cependant, elle motive toute la catastrophe, qui, sans cela, ne serait expliquée qu'à demi. Nous pourrions encore faire observer que les spectateurs ont été si fortement remués par les scènes douloureuses des trois premiers actes, qu'il leur fallait absolument une scène comique pour les reposer. D'ailleurs, au fond, cette scène en elle-même est de nature tragique ; sous le masque de la comédie, on voit briller les yeux sombres et désolés de Melpomène ; c'est précisément cette scène qui nous montre que Struensée, déjà compromis par un amour qui le rend coupable de lèse-majesté, court encore à sa perte par les nouvelles institutions qu'il veut imposer au pays. Ces institutions sont antinationales, le peuple les déteste ; il n'est pas encore assez mûr pour accepter les grandes idées de ce cœur libéral. Qu'on nous permette de citer quelques passages de cette scène populaire dans laquelle M. Beer nous a prouvé que son talent avait aussi la veine comique. Des payans sont au cabaret et causent politique :

« LE MAITRE D'ÉCOLE.

Moi, je trouve que ce Struensée ne mérite pas que nous nous disputions pour lui. Il est venu dans le pays pour notre malheur à tous. Il porte partout les querelles et la discorde. Ne se mêle-il pas aussi des affaires de notre noble profession ? N'exige-t-il pas à présent que les instituteurs en titre enseignent à vos chers enfants des choses qui ne sont pas du tout faites pour eux ? S'il arrive à ses fins, vos garçons et vos filles en sauront bientôt plus long que vous. Mais il n'y arrivera pas ; je me charge de l'en empêcher.

HOOGE, *paysan*.

Oui, il veut allumer la lumière partout où l'on devrait l'éteindre. Voilà-t-il pas que chacun peut faire imprimer ce qu'il veut ! Et un honnête maître d'école comme vous ne pourra plus boire un coup de plus que sa soif sans que le sacristain puisse faire imprimer demain : « Hier, le maître d'école était ivre. »

LE MAITRE D'ÉCOLE.

Qu'il essaye seulement! Je voudrais bien voir...

HOOGE.

Vous le verriez et vous ne pourriez pas l'empêcher. Ils appellent cela la liberté de la presse; mais, en vérité, celui qui ne vivrait pas toujours comme un petit saint serait exposé à se voir rudement malmené par la presse.

BABE, *chirurgien*.

Menez une vie régulière, cela ne fait tort à personne. Vous pourriez cependant de cette manière. vous dire les uns aux autres ce que vous pensez; vous pourriez même, si bon vous semblait, vous prononcer contre Struensée et le gouvernement.

HOOGE.

Eh quoi! nous prononcer? Je ne veux pas me prononcer, moi; je veux tenir ma langue, et il faut que les autres la tiennent aussi. Que chacun s'occupe de faire bouillir sa marmite.

LE MAITRE D'ÉCOLE.

Ne tenez pas des propos si téméraires, compère Babe. Pourquoi sommes-nous gouvernés, si nous voulons nous prononcer contre le gouvernement? Un bon gouvernement doit tout gouverner, le cœur, la bourse, la bouche et la plume. Dans un État bien ordonné, c'est un principe fondamental que l'on tienne sa langue, comme le disait Hooge avec sa loyale bonhomie; car celui qui parle et imprime doit aussi penser quelquefois, et rien n'est plus dangereux pour de fidèles sujets que de penser.

BABE.

Mais vous ne pouvez pas empêcher de penser.

FLYNS, *paysan*.

Non, personne ne peut l'empêcher, et je pense beaucoup de choses.

LE MAITRE D'ÉCOLE.

Voyons, mon petit Flyns, que pensez-vous donc? Dites-nous cela.

(*Bas, à Swenne.*)

C'est le plus grand nigaud du village.

FLYNS.

Je pense que tout ira bien pourvu que Struensée n'arrive pas à exécuter le plan qu'il a, comme ils disent, combiné.

BABE.

Et ce plan serait?...

FLYNS.

De faire, de nous autres paysans du Danemark et des Duchés, des gens libres. Je ne veux pas être libre et indépendant. Quel si grand mal y a-t-il donc à ce que je laboure mon champ pour le gentilhomme ? En échange, il me nourrit et prend soin de moi ; peu m'importe après cela qu'il me donne parfois une volée de coups de bâton. Si nous étions libres, il faudrait nous tourmenter, nous serions nos propres maîtres, et nous devrions payer les impôts.

BABE.

Et tu ne voudrais pas prendre quelques soucis pour avoir ta propriété, pour pouvoir dire : « Ce champ, cette maison sont à moi ? »

FLYNS.

Bah! je trouve bien plus commode qu'un autre s'inquiète pour moi.

LE MAITRE D'ÉCOLE.

Flyns, voilà la première fois que je te surprends à parler raisonnablement. Avec la liberté viendraient aussi les lumières, ce poison moderne... votre mort. »

Non seulement l'auteur fait très bien ressortir que la liberté de la presse a d'aussi grands ennemis dans les classes inférieures que dans les hautes classes, et que personne, plus que les serfs eux-mêmes, n'a horreur de l'abolition du servage ; non seulement il se rencontre encore dans cette scène beaucoup d'autres traits d'une vérité non moins saisissante, mais nous y voyons clairement que Struensée, avec ses grandes idées, était complètement isolé, et que, dans cette lutte d'un seul contre la masse, il devait infailliblement succomber. Cependant, le sentiment délicat de notre poëte a compris que, dans une chute pareille, il fallait adoucir en quelque sorte la trop grande douleur de son héros. Aussi lui fait-il prévoir en esprit le temps où les bienfaiteurs du peuple seront d'accord avec le peuple lui-même ; Struensée entrevoit, en mourant, l'aurore de cet heureux temps, et il prononce ces belles paroles :

« Le jour se lève! Je dépose humblement ma vie devant le trône éternel. La volonté cachée se découvre et brille du plus vif éclat; les faits pâlissent comme les chagrins d'ici-bas. Mais une récompense bien douce et bien belle m'apparaît ; là où j'ai fait mon œuvre, je vois mûrir de riches et nobles moissons. Je n'ai donc pas vécu en vain ; je n'ai donc pas aveuglé le royaume par de fausses doctrines ! Le jour vient ; de ce que j'ai voulu, les temps font une vérité ; la tyrannie reconnaît que la fin de son affreux règne approche. Je vois de sanglants échafauds s'élever les uns après les autres, un peuple en fureur brise ses chaînes ; dans sa rage insensée, il frappe son roi, puis il se frappe lui-même de coups toujours nouveaux. La hache infatigable coupe les têtes comme le faucheur coupe les moissons; tout à coup une main puissante arrête cette fureur et ce carnage. Le bourreau se repose ; mais la main puissante ne vient pas pour bénir ; elle ne porte pas le rameau de la paix. Armée du glaive, elle prodigue le sang des peuples jusqu'à ce que la lutte cesse par épuisement : une mer mugissante vient frapper de ses vagues un tombeau solitaire, et tout rentre dans le repos. Et alors luisent des jours plus sereins ; peuples et rois font une éternelle alliance. Ce temps est nécessaire, il doit venir ; il est aussi certain que la toute-puissante sagesse. Ce n'est que par les rois que les peuples sont puissants, ce n'est que par les peuples que les rois sont grands. »

Après avoir dit ce que nous pensons de l'idée fondamentale, du style et de l'action de la nouvelle tragédie de Beer, il nous reste encore à examiner de plus près les figures que nous y voyons agir.

Nous employons à dessein ce mot *figures* au lieu de *caractères*, désignant par la première de ces expressions l'extérieur, et par l'autre l'être intérieur du personnage. — Que l'auteur nous pardonne cette critique un peu rude, mais Struensée n'est pas une figure. Ce que nous voyons en lui de noyé, de larmoyant, d'ultra-attendri, est peut-être ce qui doit constituer son caractère ; nous voulons même l'admettre comme tel, mais cela lui enlève toute physionomie extérieure. Il en est de même du comte de Rantzau, qui, plus noble de cœur que de caste, s'évanouit comme Struensée à force de sentimentalité, ce vice héréditaire des héros de Beer. Ce n'est qu'en examinant le fond de son âme que nous lui reconnaissons un caractère faiblement tracé, il est vrai, mais enfin un caractère. Sa haine contre la reine Juliane avec laquelle il se ligue pourtant contre Struensée, et plusieurs autres traits encore, lui donnent une physionomie, une individualité, un caractère, en un mot. On peut en dire autant, dans une certaine mesure, du pasteur Struensée qu'un de nos amis regardait, à tort sans doute, comme une copie du *Père* dans *le Paria* de Delavigne. Ce personnage, s'il a une figure extérieure, le doit moins au poëte lui-même qu'à l'acteur qui le représente. La haute taille d'Elsslair, dans ce rôle de pasteur réformé, nous a produit l'effet d'une de ces vieilles et colossales cathédrales gothiques qui ont été disposées pour le culte protestant. Les jolies images qui ornaient les murs sont en partie détruites, en partie recouvertes d'un badigeon frais encore; les piliers sont nus et froids, et la parole qui, elle aussi, tombe si nue et si froide de la chaire nouvellement construite, est cependant la parole de Dieu. Ainsi nous est apparu Esslair, notamment dans la scène où le pasteur Struensée bénit son fils d'un ton liturgique.

Le caractère de la reine Caroline-Mathilde est tout naturellement celui d'une femme charmante, et nous croyons fort que l'auteur, en le traçant, s'est souvenu de l'infortunée Marie-Antoinette, car la scène poignante où les troupes rebelles marchent contre le château royal nous a rappelé l'attaque des Tuileries. Le personnage de cette reine a gagné en physionomie, grâce à l'actrice qui le représentait. Au commencement du deuxième acte, mademoiselle Hagen, assise sur son fauteuil rouge bordé d'or, était aussi gracieuse que la Mathilde du tableau de Stieler que nous avons récemment admiré ici à l'exposition du *Kunstverein*.

Nous n'avons pas le talent de dire des choses dures aux belles dames, à moins que nous ne les aimions; aussi nous abstiendrons-nous de juger la manière dont mademoiselle Hagen a joué le rôle de la reine Caroline-Mathilde, d'autant plus que l'on trouve qu'elle s'y est surpassée, et que notre critique porterait sur toute cette école fausse et maniérée d'où sont sorties tant de nos actrices principales. A l'exception de la Wolf, de la Stich, de la Schroeder, de la Peche, de la Müller, et de quelques autres encore, nos actrices se sont toujours efforcées de prendre ce ton emphatique, chantant, hypocrite et faux, qui ne se retrouve que chez les pasteurs luthériens en chaire, et qui parodie tout sentiment vrai. Les jeunes filles les plus naturelles, les moins gâtées sous ce rapport, croient devoir prendre ce ton dès qu'elles mettent le pied sur les planches, et ce n'est que du moment où elles se sont approprié cette tradition absurde qu'elles se nomment artistes. Nous dirons donc qu'à cet égard notre reine Caroline-Mathilde n'est pas encore une artiste parfaite; c'est le plus grand éloge qu'elle puisse attendre de nous. Comme elle est encore jeune et que probablement elle voudra tenir compte d'un conseil donné à bonne intention, elle s'efforcera quelque jour de se défaire de ce genre détestable, et alors, nous lui promettons d'applaudir sans réserve. Mais aujourd'hui, nous devons décerner la couronne à une reine d'ordre supérieur, et, malgré nos sentiments antiaristocratiques, nous rendons hommage à la reine Juliane-Marie. Voilà une figure, voilà un caractère ; le dessin et la couleur en sont irréprochables ; c'est quelque chose de nouveau, de vraiment original, et le poëte a manifesté là sa plus divine puissance, celle de créer des hommes. M. Beer nous semble révéler dans cette création quelque chose de plus que ce qu'on nomme ordinairement du talent ; nous dirions presque que c'est du génie si nous étions moins avare de ce grand mot.

Cette vieille reine qui se traîne et qui est pourtant si énergique, cette femme si admirablement effrayante, est une vraie création du poëte ; elle ne ressemble à rien de ce que l'on connaît. Madame Friess a joué ce rôle comme il doit être joué ; elle a recueilli à juste titre les bruyants applaudissements du public, et, depuis cette soirée, nous la comptons au petit nombre des actrices supérieures que nous avons ci-dessus désignées. Le mouvement étrange de ses mains inquiètes nous a rappelé mademoiselle Georges dans le rôle de Sémiramis. Son costume, sa voix, sa démarche, tout son être nous a rempli d'un secret effroi ; notamment dans la scène où elle donne aux conjurés ses ordres pour la nuit, elle nous a fait éprouver une de ces terreurs comme nous n'en avions plus connu depuis notre enfance. Nous avons cru entendre encore la vieille servante aveugle qui, le soir, au coin du feu, nous racontait l'épouvantable histoire du château nocturne où la méchante reine des chats, dans ses atours extravagants, se tient assise au milieu du cercle formé par les chats et chattes de sa cour, et, moitié parlant, moitié miaulant, combine ses maléfices.

Nous terminerons cette appréciation en exprimant le regret que l'espace dont nous disposons ne nous ait pas permis de parler plus longuement de la nouvelle tragédie de Beer. Nous sentons nous-même que nous n'en avons mis en lumière qu'un seul côté, le côté politique. Nous pensons que d'autres critiques n'en examineront, selon leur coutume, que l'autre côté, celui du romantisme et de l'amour. En attendant ce complément, nous remercions le poëte de la noble jouissance qu'il nous a procurée. La franchise avec laquelle nous avons jugé son œuvre lui prouvera, nous l'espérons, que nous n'avons pour lui que de l'amitié et nulle envie, et nous serions heureux que nos paroles pussent contribuer à le maintenir longtemps encore dans la bonne voie où il a déjà rencontré de si glorieux succès. Les poëtes sont une race inconstante, il n'y a pas à compter sur eux, et les meilleurs ont souvent abandonné leurs opinions les plus généreuses par un vain amour du changement. Sous ce rapport, les philosophes sont des gens beaucoup plus sûrs ; bien plus que les poëtes, ils aiment les vérités qu'ils ont une fois exprimées, on les voit combattre pour elles avec beaucoup plus de persévérance, car ces vérités, ils les ont tirées péniblement eux-mêmes des profondeurs de leur pensée, tandis que le plus souvent ces paresseux de poëtes n'ont eu que la peine de les recevoir en pur don.

Puissent les futures tragédies de Beer être pénétrées, comme *le Paria* et *Struensée*, du souffle de ce dieu qui est plus grand encore que le grand Apollon et tous les autres dieux médiatisés de l'Olympe ; nous voulons parler du dieu de la liberté !

DE LA
LITTÉRATURE ALLEMANDE[1]

« Sachez que toute œuvre achevée et digne de paraître, ne peut pas trouver un juge dès qu'elle a paru : il faut d'abord qu'elle forme son public et qu'elle se crée un tribunal. Plus d'un siècle s'est écoulé avant qu'on parlât de Spinosa d'une façon pertinente; peut-être ne l'a-t-on pas encore fait pour Leibnitz, et très certainement on ne l'a pas fait pour Kant.

» Si un livre ne trouve pas de juge compétent dès son apparition, c'est une preuve frappante que ce livre aurait tout aussi bien pu ne pas être écrit. »

Ces paroles sont de Johann-Gottlieb Fichte, et nous les plaçons en tête de notre article sur l'ou-

---

1. Par Wolfgang Menzel. Deux parties. Stuttgart, 1828.

vrage de M. Menzel, d'une part pour indiquer que cet article n'est rien moins qu'un compte rendu, d'autre part pour consoler l'auteur de ce qu'au lieu de parler à fond du contenu de son livre, nous ne ferons que l'envisager dans ses rapports avec d'autres livres du même genre, et en relever les passages les plus apparents et les pensées les plus saillantes.

En cherchant tout d'abord à quels livres du même genre l'ouvrage que nous avons sous les yeux peut être comparé, il ne nous en vient presque pas d'autre à la mémoire que les *Leçons sur la littérature*, par Frédéric Schlegel. Ce livre, lui aussi, n'a pas trouvé son juge compétent, et, quelle que soit la véhémence avec laquelle certains écrivains, poussés par de mesquins motifs protestants, se sont élevés dans ces derniers temps contre Frédéric Schlegel, il ne s'en est pourtant pas rencontré un seul qui fût en état de se poser en juge de ce grand critique. Nous devons avouer, il est vrai, que son frère Auguste-Wilhelm et quelques nouveaux critiques, tels que Willibald Alexis, Zimmermann, Varnhagen d'Ense et Immermann, lui sont passablement supérieurs comme pénétration et sagacité; mais ceux-ci n'ont produit jusqu'ici que des monographies, tandis que Frédéric Schlegel embrassant, dans un ensemble grandiose, toutes les branches de la production littéraire, a, pour ainsi dire, donné à chaque œuvre une nouvelle vie en la ramenant à sa source première, de sorte que son livre ressemble à un chant d'esprits créateurs.

Les marottes religieuses qui apparaissent çà et là dans les écrits postérieurs de Schlegel, et en faveur desquelles il s'imaginait écrire exclusivement, ne sont cependant que quelque chose d'accidentel, notamment dans ses *Leçons sur la littérature*, l'idée de l'art est encore, et beaucoup plus qu'il ne le pense lui-même, le point central et dominant qui enveloppe tout le livre de ses rayons d'or.

L'idée de l'art n'est-elle pas en même temps le centre de toute cette période littéraire qui commence à l'apparition de Gœthe, et qui vient de finir? N'est-elle pas le vrai centre dans Gœthe lui-même, le grand représentant de cette période? Et, lorsque Frédéric Schlegel, dans sa critique de Gœthe, lui dénie toute espèce de centre, cette erreur a peut-être sa source dans un dépit pardonnable. Nous disons *pardonnable*, pour ne pas employer le mot *humain*. Les Schlegel, guidés par l'idée de l'art, regardaient l'objectivité comme la plus haute des conditions nécessaires à une œuvre d'art, et, la trouvant au suprême degré chez Gœthe, ils l'élevèrent sur le pavois ; la nouvelle école le reconnut pour son roi. Et, lorsqu'il le fut, il les remercia à la manière des rois, en repoussant les Schlegel d'une façon blessante et en foulant aux pieds leur école.

La *Littérature allemande* de Menzel est un digne pendant à l'œuvre susmentionnée de Frédéric Schlegel. Même grandeur de conception, de tendance, de vigueur et d'erreur. Ces deux ouvrages feront méditer les littérateurs futurs, car non-seulement on y trouve les plus beaux trésors d'intelligence, mais encore chacun d'eux caractérise parfaitement l'époque où il a été écrit. C'est surtout cette dernière circonstance qui en rend la comparaison intéressante. Dans l'œuvre de Schlegel, nous voyons tout à fait les tendances, les besoins, les intérêts, la direction générale de l'esprit allemand il y a quinze ou vingt ans, et l'idée de l'art est le centre de tout. Mais, si les leçons de Schlegel forment en quelque sorte une époque littéraire, l'œuvre de Menzel nous apparaît au contraire comme un drame mouvementé; les intérêts du temps y entrent en scène et débitent leurs monologues; les passions, les désirs, les espérances, la terreur et la pitié y parlent tour à tour; les amis conseillent, les ennemis serrent de près, les partis sont en présence; l'auteur leur rend justice à tous; comme un vrai dramaturge, il ne traite aucun des partis en lutte avec trop de prédilection, et la seule chose qui manque dans son livre, c'est le chœur pour nous dire tranquillement le dernier mot du combat. Mais ce chœur, M. Menzel ne pouvait pas nous le donner par la raison toute simple qu'il n'a pas encore vu la fin de ce siècle.

Par la même raison, dans un livre d'une période antérieure, celui de Schlegel, nous apercevons le vrai centre beaucoup plus facilement que dans un livre tout récent. Tout ce que nous voyons, c'est que le point central du livre de M. Menzel n'est plus l'idée de l'art. Menzel cherche plutôt à saisir dans les livres les conditions de la vie, il cherche à découvrir un organisme dans le monde des écrits, et plus d'une fois il nous a semblé qu'il traitait la littérature comme une végétation. Il en parcourt avec nous le domaine à la façon d'un botaniste, il nomme les arbres par leur nom, fait des plaisanteries sur les plus grands chênes, flaire avec humour chaque carré de tulipes, donne un baiser à toutes les roses, se penche gracieusement vers quelques fleurettes des prés qu'il aime; et tout cela d'un air si fin, qu'on serait tenté de croire qu'il entend l'herbe pousser.

Nous voyons d'autre part que M. Menzel vise à l'érudition, ce qui est également une tendance de notre époque moderne, une de ces tendances par lesquelles elle se distingue de la période antérieure de l'art. Nous avons fait de grandes conquêtes intellectuelles, et c'est la science qui doit nous en assurer la possession. Les gouvernements de quelques États allemands ont même reconnu cette importance de la science, notamment en Prusse où les noms de Humboldt, Hegel, Bopp, A.-W. Schlegel, Schleiermacher, etc., brillent, sous ce rapport, du plus vif éclat. La même tendance, grâce surtout à l'influence de ce genre de savants allemands, s'est introduite en France; là aussi, l'on reconnaît que toute science a une valeur par elle-même; qu'elle ne doit pas être cultivée en vue de l'utilité du moment, mais trouver sa place dans le domaine de la pensée que nous transmettrons, comme le plus précieux des héritages, aux générations futures.

M. Menzel est une tête plutôt encyclopédique que synthétiquement savante. Sa volonté le poussant vers l'érudition, nous trouvons dans son livre un bizarre assemblage de ses dispositions naturelles et de sa tendance préconçue. Les sujets n'y procèdent pas d'un principe essentiel et unique; ils sont plutôt traités séparément d'après un ingénieux schématisme; toutefois, ils se complètent les uns par les autres, de telle sorte que le livre forme un tout parfait.

A ce titre l'œuvre gagne peut-être pour la masse du public qui en saisit plus facilement l'ensemble, et qui trouve à chaque page quelque pensée spirituelle, profonde ou attrayante, ayant par elle-même toute sa valeur, sans qu'il soit besoin de la ramener à un dernier principe. L'esprit, qu'on a le droit d'attendre dans les productions intellectuelles de Menzel, n'y manque pas non plus, et il a d'autant plus de prix qu'il n'est pas cherché, mais qu'il sort du sujet lui-même; on ne peut nier cependant que M. Menzel ne s'en serve souvent pour combler les lacunes de sa science. M. Menzel est sans conteste un des écrivains les plus spirituels de l'Allemagne; il lui est impossible de mentir à sa nature; lors même que, refoulant toutes ses saillies, toute sa verve, il cherche à enseigner d'un ton roide et pédantesque, il est encore surpris par l'esprit des idées, et ce genre d'esprit, cet amalgame intellectuel qui n'a jamais existé dans aucune tête, cet accouplement étrange de la plaisanterie et de la sagesse, est ce qui domine dans l'œuvre de Menzel. Nous insistons sur l'esprit de l'auteur, et nous en faisons d'autant plus l'éloge qu'il y a de par le monde beaucoup de natures arides qui voudraient bien proscrire l'esprit; on les entend chaque jour s'élever, comme Pantalon, contre cette plus basse des facultés de l'âme, et, en bons citoyens, en bons pères de famille, ils demandent à la police de le prohiber. Que l'esprit soit tant qu'on voudra une des plus basses facultés de l'âme, nous croyons pourtant qu'il a du bon. Quant à nous, nous n'aimerions pas à en être privé. Depuis qu'il n'est plus d'usage de porter une épée au côté, il est absolument indispensable d'avoir de l'esprit dans la tête. Et, lors même qu'on aurait le caractère assez mal fait pour s'en servir non-seulement comme d'un moyen de défense nécessaire, mais encore comme d'une arme offensive, ne vous indignez pas trop, ô nobles Pantalons de la patrie allemande ! Cet esprit offensif que vous nommez satire a son utilité dans ce temps de drôles et de méchants. Il n'est plus de religion capable de tenir en bride les convoitises des petits despostes de la terre ; ils vous outragent impunément, leurs chevaux foulent vos moissons ; vos filles poussées par la faim vendent leur fleur à un sale parvenu ; toutes les roses de ce monde sont la proie d'une impudente race de loups-cerviers et de laquais privilégiés, et contre les excès de la richesse et de la violence, rien ne peut vous protéger, rien que la mort et la satire.

« L'universalité est le caractère de notre temps, » dit M. Menzel dans la deuxième partie de son ouvrage, page 63, cet ouvrage portant entièrement, comme nous l'avons fait observer plus haut, le cachet de notre temps, nous y trouverons aussi cette tendance à l'universalité. L'ouvrage semble embrasser, en effet, tout l'ensemble de la vie et de la science dans des chapitres intitulés : *la Masse de la littérature, Nationalité, Influence de l'éducation* classique, *Influence des littératures étrangères, le Libre échange des littératures, Religon, Philosophie, Histoire, État, Nature, Art et Critique.* On peut douter qu'un savant aussi jeune soit suffisamment initié à tant de disciplines différentes, pour nous donner un jugement approfondi sur leur état actuel. Aussi a-t-il appelé à son aide la divination et la construction. Il devine souvent avec un rare bonheur, et il construit toujours avec esprit. Bien que parfois ses hypothèses soient arbitraires et erronées, il est incomparable dans sa manière de grouper les ressemblances et les contrastes. Il procède par combinaison et conciliation.

Nous allons donner, comme échantillon de la manière de M. Menzel, le passage suivant extrait du chapitre intitulé *l'État.*

« Avant d'examiner la littérature de la pratique politique, jetons un coup d'œil sur les théories.

» Toute pratique découle des théories. Nous ne sommes plus au temps où les peuples, par une certaine fougue toute physique, ou par suite de circonstances fortuites et locales, avaient entre eux des querelles passagères. Ils se battent maintenant pour une idée ; aussi leurs luttes ont-elles un caractère général. Non-seulement cela est vrai des dissensions qui éclatent au sein de chaque peuple, mais un peuple ne se bat contre un autre qu'autant qu'une idée est prédominante chez l'un, tandis que, chez l'autre, c'est une idée différente qui l'emporte. La lutte est devenue complètement philosophique, de religieuse qu'elle était auparavant. Ce n'est plus pour une patrie ou pour un grand homme qu'on se bat, c'est pour des *convictions* auxquelles doivent se subordonner les peuples comme les héros. Certains peuples ont vaincu avec des idées : mais, dès qu'ils ont osé mettre leur nom à la place de l'idée, ils ont succombé honteusement ; des héros ont conquis par les idées une sorte de domination universelle : mais, dès qu'ils ont abandonné l'idée, ils ont été brisés, réduits en poudre. Les hommes ont changé, les idées seules sont restées.

» L'histoire n'est que l'école des principes. Le siècle dernier a été plus fécond en spéculations d'avenir ; le nôtre l'est davantage en vues rétrospectives, en principes d'expérience. Dans l'un et dans l'autre, on trouve le levier des événements par lequel s'explique tout ce qui est arrivé.

» Il n'y a, dans le monde politique, que deux principes ou pôles opposés, et aux deux extrémités du grand axe se sont établis les *partis* dont la lutte devient chaque jour plus ardente. Sans doute tous les signes caractérisques d'un parti ne se trouvent pas chez chacun de ses membres ; sans doute il en est un bon nombre qui savent à peine qu'ils appartiennent à tel parti déterminé ; sans doute encore les membres d'un même parti se combattent entre eux lorsqu'ils tirent du même principe des conséquences différentes, mais cela n'empêche pas qu'en thèse générale le critique le plus subtil, aussi bien que le gros public des journaux, ne soit obligé de tracer une ligne de démarcation entre le *libéralisme* et le *servilisme*, le républicanisme et l'autocratie. Quelles que puissent être les nuances, le clair-obscur et ces teintes mêlées jusqu'à l'incolore absolu, par lesquelles les deux couleurs principales se rejoignent, nulle part ces deux couleurs ne disparaissent complétement ; elles forment la grande, l'unique opposition en politique, et, d'ordinaire, on les reconnaît au premier coup d'œil sur les hommes et sur les livres. De quelque côté que nous portions nos regards dans le domaine politique, nous rencontrons ces couleurs, elles le remplissent tout entier, et, derrière elles, il n'y a que le vide.

» Le parti libéral est celui qui détermine le caractère de l'époque moderne, tandis que le parti *servile* porte encore essentiellement dans ses actes le cachet du moyen âge. Le libéralisme avance donc du même pas que le temps, ou bien il est plus ou moins gêné dans sa marche, selon que le passé persiste plus ou moins dans le présent. Le libéralisme correspond au protestantisme en tant qu'il proteste contre le moyen âge; il n'est même qu'un nouveau développement du protestantisme dans le sens temporel, de même que le protestantisme a été un libéralisme spirituel. Le libéralisme se recrute dans les rangs de la classe moyenne éclairée, tandis que le servilisme a ses partisans parmi les hautes classes et les masses ignorantes. Cette classe moyenne, par un travail d'assimilation incessant, fait fondre peu à peu les cristallisations glacées des classes du moyen âge. Toute la civilisation moderne est sortie du libéralisme ou l'a servi; c'est elle qui a affranchi les esprits de la foi autoritaire de l'Église. Toute la littérature est le triomphe du libéralisme, car ses ennemis mêmes sont obligés de combattre avec ses armes. Tous les savants, tous les poètes lui sont venus en aide, il a trouvé son plus grand philosophe dans Fichte, et dans Schiller son plus grand poète. »

Dans le chapitre intitulé *Philosophie*, M. Menzel se range sous le drapeau de Schelling, et dans celui qui a pour titre *Nature*, il a célébré comme il convient la doctrine de son maître. Nous approuvons complétement tout ce qu'il dit ce ce grand penseur, qui appartient à tout le genre humain. Goërres et Steffens, comme penseurs en sous-ordre de l'école de Schelling, sont aussi très bien traités. Le premier est apprécié avec amour; mais nous trouvons un peu trop poétique l'éloge que M. Menzel fait de sa *Mystique chrétienne*. Cependant, nous aimons encore mieux voir ce grand esprit surfait que rapetissé par la passion de parti. M. Menzel pose Steffens en représentant du mysticisme, et la manière dont l'auteur juge le mysticisme et le piétisme est, bien qu'erronée, toujours profonde, originale et grande. Nous n'attendons pas grand'chose de bon du piétisme, quoique M. Menzel s'efforce d'en prédire les meilleurs résultats. Nous partageons à cet égard l'avis d'un homme d'esprit qui dit tout crûment, que « sur cent piétistes, il y a quatre-vingt-dix-neuf fripons et une dupe ». Nous n'avons aucune confiance dans ces hypocrites de piété, et ce n'est pas avec du lait d'ânesse qu'on rendra la vigueur à notre époque affaiblie. Nous attendrions plutôt le salut du mysticisme. Bien que, dans sa forme actuelle, il soit déplaisant et dangereux, il peut produire des résultats salutaires. Par cela même que le mystique se retire dans le monde chimérique de sa contemplation intérieure, et prétend trouver en lui-même la source de toute connaissance, il se soustrait à la suprématie de toute autorité extérieure, et les mystiques les plus orthodoxes ont retrouvé de cette manière, dans les profondeurs de leur âme, ces vérités primordiales qui sont en contradiction avec les prescriptions de la foi positive; ils ont nié l'autorité de l'Église, et ont sacrifié leur vie pour la défense de leur opinion. C'était un mystique de la secte des esséniens, ce rabbin qui reconnut en lui-même la révélation du Père, et qui délivra le monde de l'aveugle autorité de lois inflexibles et de prêtres astucieux c'était un mystique, ce moine allemand qui, dans sa pensée solitaire, entrevit la vérité depuis longtemps disparue de l'Église ; et ce seront des mystiques qui nous délivreront du culte moderne de la lettre, qui fonderont de nouveau une religion naturelle, une religion où l'on reverra des dieux joyeux sortir des forêts et des pierres, et où les hommes s'amuseront comme des dieux. L'Église catholique a toujours eu le sentiment profond de ce danger du mysticisme ; aussi, dans le moyen âge, a-t-elle plus favorisé l'étude d'Aristote que celle de Platon ; aussi, au siècle dernier, a-t-elle combattu le jansénisme. Et si, de nos jours, elle se montre si bienveillante envers des hommes tels que Schlegel, Goërres, Haller, Müller, etc., c'est sans doute parce qu'elle ne les considère que comme des guérillas dont on peut tirer bon parti dans de mauvais temps de guerre où les armées permanentes de la foi sont quelque peu réduites, mais que, plus tard, en temps de paix, on saura bien réprimer comme il convient. Cela nous mènerait trop loin si nous voulions montrer combien, en Orient, le mysticisme sape aussi la foi autoritaire ; comment, par exemple, dans ces derniers temps, les sofis ont produit plusieurs sectes dont les idées religieuses sont de la nature la plus élevée.

Nous ne saurions assez louer la perspicacité dont

M. Menzel a fait preuve en parlant du protestantisme et du catholicisme. Il voit dans celui-ci le principe de la stabilité, dans celui-là le principe de l'évolution. Il dit avec beaucoup de raison dans le chapitre intitulé *Religion* :

« Il faut qu'à l'immobilité s'oppose le mouvement, à la mort la vie, à l'immuable un éternel devenir. C'est cela seul qui a donné au protestantisme sa grande signification dans l'histoire du monde. Avec une force toute juvénile, qui aspire à un développement plus haut encore, il a résisté à la vieille immobilité. Il a pris pour sa loi une loi de la nature, et c'est par cette loi seule qu'il peut vaincre. Ceux d'entre les protestants, comme les orthodoxes, par exemple, qui sont tombés dans un autre genre d'immobilité, ont abandonné le véritable intérêt de la lutte. Ils se sont arrêtés, et ils n'ont plus le droit de se plaindre des catholiques qui se sont arrêtés aussi. On ne peut triompher que par l'éternel progrès; toute autre voie est fatale. Peu importe le point où l'on s'arrête; cela est aussi indifférent que de savoir à quelle heure une horloge s'est arrêtée. Elle est là pour marcher. »

Le thème du protestantisme nous conduit à

son digne champion Johann-Heinrich Voss, à qui
M. Menzel prodigue en toute occasion les termes
les plus durs, les comparaisons les plus blessantes.
Nous ne saurions blâmer trop sévèrement un pareil
procédé. Quand l'auteur appelle notre brave Voss
« un grossier paysan de la basse Saxe, » nous
sommes presque tenté de croire qu'il incline lui-
même vers ce parti des nobles et des prêtres contre
lequel Voss a si vaillamment lutté. Ce parti est
trop puissant pour qu'on puisse le combattre avec
une épée de parade, et nous avions besoin d'un
grossier paysan bas saxon qui retrouvât la vieille
épée de bataille du temps de la guerre des Paysans,
et en frappât d'estoc et de taille. M. Menzel n'a peut-
être jamais senti combien le cœur d'un grossier
paysan de la basse Saxe pouvait être profondément
blessé par le dard amical d'une fine, déliée et très
noble vipère. Les dieux ont sans doute préservé
M. Menzel de cette douleur-là, car autrement il
aurait vu que la grossièreté des écrits de Voss n'é-
tait que dans les faits et non dans les mots. Il se
peut que Voss, dans son zèle protestant, ait poussé
un peu trop loin l'esprit iconoclaste ; mais qu'on
songe que maintenant l'Église est partout l'alliée

de l'aristocratie, et que même en certains endroits elle est à sa solde. L'Église, cette grande et souveraine dame d'autrefois devant laquelle les chevaliers ployaient le genou, et en l'honneur de qui ils allaient rompre des lances contre tout l'Orient, cette Église est devenue faible et vieille ; elle voudrait bien aujourd'hui se mettre au service de ces mêmes chevaliers en qualité de nourrice, et elle leur promet de bercer et d'endormir les peuples par ses chants, afin qu'on puisse mieux les enchaîner et les tondre pendant leur sommeil.

C'est dans le chapitre de *l'Art* que se trouvent le plus grand nombre des sorties dirigées contre Voss. Ce chapitre forme presque toute la seconde partie de l'œuvre de M. Menzel. Nous ne dirons rien des jugements qu'il porte sur nos contemporains les plus proches. L'admiration qu'il éprouve pour Jean-Paul fait honneur à son cœur, ainsi que son enthousiasme pour Schiller. Nous partageons l'une et l'autre ; toutefois nous ne sommes pas de ceux qui cherchent, en comparant Schiller à Gœthe, à amoindrir la valeur de ce dernier.

Ce sont deux poëtes de premier ordre ; ils sont tous deux grands, excellents, extraordinaires, et, si nous avons quelque prédilection pour Gœthe, cela tient à cette toute petite raison que, selon nous, Gœthe eût été capable de créer un Frédéric Schiller complet avec tous ses Brigands, ses Piccolominis, ses Louises, ses Maries et ses Pucelles d'Orléans, s'il eût eu besoin, dans ses œuvres, de faire figurer un poëte avec tous les poëmes qu'il comporte.

Nous ne saurions exprimer trop énergiquement nôtre répulsion pour la façon dure et acrimonieuse dont M. Menzel parle de Gœthe. Il dit beaucoup de choses qui, prises dans un sens général, sont vraies, mais qui ne peuvent pas s'appliquer à Gœthe. En lisant ces pages où il parle de Gœthe, ou plutôt condamne Gœthe, nous éprouvâmes tout à coup le même sentiment d'inquiétude que l'été dernier, à Londres, lorsqu'un banquier nous montra par simple curiosité quelques fausses bank-notes; elles nous brûlaient les mains et nous ne pûmes assez vite nous en débarrasser, de peur qu'on ne vint à nous accuser d'en être l'auteur, et qu'on ne nous fit pendre sans plus de façons devant *Old-Bailey*. Aussitôt après avoir satisfait dans les pages de Menzel sur Gœthe notre inquiète curiosité, nous sentîmes naître en nous l'indignation. Nous n'avons nulle envie de prendre la défense de Gœthe; nous croyons que cette doctrine de Menzel : « Gœthe n'est pas un génie, ce n'est qu'un talent, » trouvera peu de gens disposés à l'admettre, et que même ce peu de gens accorderont encore que çà et là Gœthe a le talent d'être un génie. Mais, lors même que M. Menzel aurait raison, était-il convenable de formuler si durement un jugement si dur ? Il s'agit en définitive de Gœthe, et du roi Gœthe, et le critique qui ose porter le scalpel sur un pareil roi des poëtes devrait avoir au moins la courtoisie de ce bourreau anglais qui décapita Charles Ier, et qui, avant d'accomplir cette fonction critique, s'agenouilla devant le royal coupable et lui demanda pardon.

Mais d'où vient cette sévérité envers Gœthe que nous remarquons çà et là, même chez les esprits les plus distingués ? C'est peut-être parce que Gœthe, qui ne devait être que le *primus inter pares*, est arrivé à la tyrannie dans la république des intelligences, que beaucoup de grands esprits nourrissent contre lui une rancune secrète. Ils le regardent sans doute comme un Louis XI qui opprime la haute noblesse intellectuelle, en même temps qu'il élève le tiers état, la chère médiocrité. Ils voient qu'il flatte les corporations des villes, qu'il envoie de gracieux autographes et des médailles à ses « amés et féaux, » et qu'il crée sur le papier une noblesse de « très-louables »[1] qui se croient déjà au-dessus de ces vrais grands, lesquels, aussi bien que le roi lui-même, tiennent leur noblesse de la grâce de Dieu, ou, pour parler comme les whigs, de l'opinion du peuple.

Mais qu'importe tout cela? N'avons-nous pas vu dernièrement dans les caveaux royaux de Westminster que ces grands qui, de leur vivant, se querellaient avec les rois, étaient cependant, après leur mort, couchés à côté d'eux? De même Gœthe n'empêchera pas que les grands esprits qu'il aimait, de son vivant, à tenir à distance, ne se rencontrent avec lui dans la mort, et ne trouvent à ses côtés leur place éternelle dans le Westminster de la littérature allemande.

La mauvaise humeur des grands est contagieuse, et le temps tourne à l'orage. Le principe de l'époque de Gœthe, l'idée de l'art, s'en va ; un temps nouveau commence avec un principe nouveau, et, chose

---

1. *Hochgelobten.*

étrange, comme le fait remarquer le livre de Menzel, il commence par une insurrection contre Gœthe. Peut-être Gœthe lui-même sent-il que le monde objectif du beau, qu'il a créé par sa parole et son exemple, s'écroule sous la loi de la nécessité, de même que l'idée de l'art perd peu à peu sa puissance; que des esprits frais et nouveaux sont poussés en avant par l'idée nouvelle du temps nouveau, et, semblables aux barbares de Nord se ruant sur le Sud, renversent le *gœthisme*[1] civilisé, et établissent à sa place la règne de la subjectivité la plus sauvage. De là les efforts pour mettre sur pied une milice provinciale au service de Gœthe. Partout des garnisons, et de l'avancement pour encourager ses soldats. Les vieux romantiques, les janissaires, sont organisés en troupes régulières; ils doivent vendre leurs marmites, endosser l'uniforme de Gœthe et faire l'exercice tous les jours. Les recrues chantent, boivent et crient *vivat;* les trompettes sonnent...

L'art et l'antiquité seront-ils en état de refouler la nature et la jeunesse?

---

1. *Gœthentum.*

Nous ne pouvons nous empêcher de faire la remarque expresse que, par le mot de *gœthisme*, nous n'entendons nullement désigner les œuvres de Gœthe, ces créations chéries qui peut-être vivront encore lorsque depuis longtemps la langue allemande sera morte, lorsque l'Allemagne, soumise au régime du knout, gémira en dialecte slave. Nous n'entendons pas non plus par ce mot la manière de penser de Gœthe, cette fleur qui poussera toujours de plus en plus belle sur le fumier de notre temps, quand bien même le cœur brûlant d'un enthousiaste s'offenserait de sa froideur et de son air dédaigneux. Par le mot de *gœthisme*, nous avons voulu désigner les formes de Gœthe, telles que nous les voyons sottement contrefaites par la troupe inepte de ses disciples, nous entendons parler de la manière lourde dont ils répètent les airs que le vieux a chantés. Et nous nous sommes plaint précisément de la joie que faisaient éprouver à l'illustre vieillard ces ridicules contrefaçons. Hélas! combien il s'est apprivoisé, le vieux lion! Comme il est devenu doux, comme il a changé à son avantage, dirait un nicolaïte qui l'aurait connu dans ces années fougueuses de sa jeunesse où il écrivait le brûlant *Werther*, et *Gœtz à la main de fer !* Quelles jolies manières il a prises, comme il a en horreur toutes les crudités, quelle pénible émotion il éprouve lorsqu'on lui rappelle ce temps des *Xénies* où il escaladait le ciel, ou bien lorsqu'il en voit d'autres qui, marchant sur ses anciennes traces, se livrent avec le même orgueil à ces audaces de Titans !

Un spirituel étranger a comparé très-justement à ce point de vue notre Gœthe à un vieux capitaine de brigands qui, retiré du métier, mène une vie honnête et bourgeoise parmi les notables d'une petite ville de province, s'efforce de remplir minutieusement les moindres devoirs d'un vertueux philistin, et se trouve dans le plus pénible embarras lorsque, par hasard, il rencontre un de ses terribles compagnons des forêts de la Calabre, qui voudrait renouveler leur ancienne connaissance.

DON QUIXOTE[1]

« La vie et les actions de l'ingénieux hidalgo don Quixote de la Manche, écrites par Miguel de Cervantes Saavedra ». C'est là le premier livre que j'ai lu, après avoir appris à prononcer assez couramment les lettres. Je me ressouviens encore parfaitement de ce temps où je m'échappais de bon matin de la maison paternelle et où j'allais me réfugier au jardin de la Cour, pour lire, sans être troublé, le *Don Quixote*. C'était par une belle matinée de mai ; le printemps, qui commençait, brillait déjà dans

---

1. Ce morceau fut écrit par Heine en 1837, pour servir d'introduction à une édition illustrée de *Don Quichotte* publiée à Stuttgart.

une paisible aurore, et il se faisait louer par le rossignol, son doux flatteur, et celui-ci chantait ses louanges d'une voix si molle et si caressante, que les roses les plus pudiques ouvraient leurs boutons et que les gazons amoureux et les rayons du soleil se donnaient de tendres et vifs baisers, et que les arbres et les fleurs frémissaient de ravissement. Moi, je m'assis sur un vieux banc de pierre bordé de mousse, dans l'allée qu'on nommait l'allée des Soupirs, non loin du jet d'eau, et mon jeune cœur se réjouit des grandes aventures du hardi chevalier. Dans ma probité enfantine, je prenais tout au plus sérieux. De quelque manière que le pauvre héros fût balloté par le sort, je me disais qu'il devait en être ainsi, que c'était le lot des héros d'être honnis aussi bien que d'être battus, et cela m'affligeait fort. J'étais un enfant, et je ne connaissais pas l'ironie que Dieu a créée dans son univers, et que le grand poëte a imitée dans le sien ; et je pouvais répandre les larmes les plus amères quand le noble chevalier ne recueillait que de l'ingratitude et des horions pour sa grandeur d'âme; et, comme peu exercé dans la lecture, je prononçais chaque mot à haute voix, les oiseaux et les arbres pouvaient m'entendre.

Comme moi, ces innocents êtres de la nature n'entendaient rien à l'ironie; eux aussi prenaient tout au sérieux, et ils pleuraient des douleurs du pauvre chevalier. Je crus du moins voir gémir un vieux chêne, et le grave jet d'eau secouer plus violemment sa barbe ondoyante pour gémir sur la dureté des hommes. Nous trouvâmes que l'héroïsme du chevalier ne méritait pas moins d'admiration quand le lion, peu en train de combattre, lui tourna le dos, et que ses actions étaient d'autant plus glorieuses et méritoires, que son corps était chétif et desséché, que l'armure qui le protégeait était vermoulue, et que la rosse qui le portait était décharnée. Nous méprisâmes la basse populace qui attaquait lâchement le héros à coups de bâton, mais plus encore la haute populace, qui, parée d'habits de soie, de belles phrases distinguées et d'un titre ducal, se moquait d'un homme qui la surpassait tant en noblesse et en esprit. Le chevalier de Dulcinée s'élevait de plus en plus dans mon estime, et il gagnait de plus en plus mon affection à mesure que je lisais dans ce livre merveilleux, ce qui arriva tous les jours dans ce jardin jusqu'à la fin de l'automne, où j'atteignais la fin de l'histoire; mais jamais je n'oublierai le jour où je lus le récit de ce malheureux combat où le chevalier fut si tristement vaincu.

C'était un triste jour : de laids nuages gris couvraient un ciel gris; les feuilles jaunies se détachaient douloureusement des arbres ; de lourdes larmes de pluie étaient suspendues aux dernières fleurs, qui inclinaient mélancoliquement leur tête mourante. Les rossignols avaient depuis longtemps cessé de chanter ; l'image de la décadence de toutes choses m'environnait de toutes parts, et mon cœur faillit se briser lorsque je lus comment le noble chevalier se trouva étendu tout poudreux et tout meurtri sur le sol, et comme, sans lever sa visière, élevant vers son vainqueur une voix creuse et affaiblie qui semblait sortir du fond d'une tombe, il lui dit : « Dulcinée est la plus belle dame de l'univers, et moi le plus malheureux des chevaliers du monde entier; mais il ne convient pas que ma faiblesse me fasse nier cette vérité... Percez-moi de votre lance, chevalier ! »

Hélas ! cet éclatant paladin du croissant d'argent qui vainquit le plus vaillant et le plus noble des chevaliers, c'était un barbier déguisé.

Voilà huit ans déjà que j'écrivais ces lignes[1], où je racontais l'impression que la lecture du *Don Quixote* avait faite sur mon esprit bien plus longtemps auparavant. Juste ciel ! avec quelle rapidité passent les années. Il me semble que c'est hier que je finissais le livre dans l'allée des Soupirs du jardin de la Cour à Dusseldorf, et que mon cœur est encore ému d'admiration pour les hauts faits et les souffrances du grand chevalier. Mon cœur serait-il donc resté immobile pendant tout ce temps, ou bien, par un merveilleux retour, serait-il revenu aux sentiments de l'enfance? Ceci pourrait bien être, car je me souviens qu'à chaque lustre de ma vie, j'ai relu le *Don Quixote* avec des impressions alternativement différentes. Lorsque je m'épanouissais dans l'âge de la jeunesse, portant avidement des mains inexpérimentées sur les buissons de roses de la vie, et gravissant les plus hauts rochers pour être plus près du soleil, et que, la nuit, je ne songeais que d'aigles et de vierges pures, alors le *Don Quixote* était pour moi un livre fort peu récréatif, et, quand je l'apercevais, je le mettais brusque-

---

1. Ce passage se trouve dans le livre *de l'Allemagne*, t. Ier, p. 288 et suiv. (Paris, Michel Lévy fr., édit., 1863.)

ment de côté. Plus tard, devenu homme, je me réconciliai quelque peu avec l'infortuné champion de Dulcinée, et je commençai à en rire. « Le gaillard est fou, » me disais-je. Pourtant, chose singulière, sur tous les chemins de ma vie me poursuivaient les fantômes du maigre chevalier et de son gros écuyer, surtout quand je me trouvais hésitant devant deux routes différentes. Ainsi je me rappelle, quand je vins en France, que, me réveillant un matin dans la voiture, d'un demi-sommeil fiévreux, j'aperçus dans la brume deux figures bien connues chevauchant à mes côtés, et l'une, à ma droite, était don Quixote de la Manche sur son abstraite Rossinante, l'autre à ma gauche, Sancho Pansa sur son positif grison. Nous arrivions précisément à la frontière française. Le noble chevalier inclina respectueusement la tête devant la bannière tricolore flottant devant nous sur le haut poteau qui marquait la frontière, tandis que le bon Sancho saluait plus froidement d'un simple signe de tête les premiers gendarmes français qu'il aperçut ; mais bientôt les deux amis m'eurent dépassé, je les perdis de vue, et n'entendis plus que de loin les hennissements enthousiastes de Rossinante, et le *jah! jah!* de l'âne.

Je pensais alors que le ridicule du don-quichottisme venait de ce que le noble chevalier voulait rappeler à la vie un passé depuis longtemps évanoui et de ce que ses pauvres membres, et son dos surtout, tombaient dans de douloureuses collisions avec les réalités présentes. Hélas! j'ai appris depuis que c'est une tout aussi ingrate folie de vouloir introduire trop tôt l'avenir dans le présent, lorsque, dans un semblable combat contre les rudes intérêts du jour, on ne possède qu'un maigre bidet, une frêle armure et un corps non moins fragile. A propos de ce don-quichottisme comme de l'autre, le sage hoche la tête... Mais Dulcinée du Toboso est pourtant la plus belle dame de l'univers; bien que je gise misérablement à terre, je ne retirerai jamais cette parole... Percez-moi de vos lances, chevaliers de la lune d'argent, et barbiers déguisés!

Quelle fut la pensée essentielle du grand Cervantes quand il écrivit son chef-d'œuvre? Voulait-il seulement donner le coup de mort à ces romans de chevalerie dont la lecture, de son temps, était pour l'Espagne un fléau contre lequel les ordonnances ecclésiastiques et civiles étaient impuissantes? Ou bien prétendait-il tourner en ridicule toutes les manifestations de l'enthousiasme, et tout d'abord l'héroïsme des traîneurs d'épée? Évidemment il n'avait en vue qu'une satire contre les susdits romans, qu'il voulait livrer à la risée universelle, en mettant en pleine lumière leurs absurdités. Et il y réussit de la façon la plus brillante ; car ce que n'avaient pu faire ni les exhortations de la chaire, ni les menaces du bras séculier, un pauvre écrivain le fit avec sa plume : il démolit si bien les romans de chevalerie, que, peu après la publication du *Don Quixote*, le goût de ces livres disparut en Espagne, et l'on n'en imprima plus. Mais la plume du génie est toujours plus grande que le génie lui-même. Elle atteint bien au delà de ses visées actuelles, et, sans qu'il s'en rendît clairement compte, Cervantes écrivit la plus grande des satires contre l'enthousiasme humain. Jamais il ne le pressentit, lui, le héros, qui avait passé la plus grande partie de sa vie dans des combats chevaleresques, et, dans sa vieillesse, se félicitait encore d'avoir combattu à Lépante, bien qu'il eût payé sa gloire de la perte de la main gauche.

Le biographe n'a que peu de chose à dire sur la personne et la vie du poëte qui a écrit *Don Quixote*.

Nous ne perdons guère à ce manque de détails biographiques, recueillis d'ordinaire chez les commères du voisinage. Celles-ci n'aperçoivent que l'enveloppe ; mais nous voyons l'homme même, sa véritable et fidèle figure.

Ce fut un homme beau et vigoureux, don Miguel Cervantes de Saavedra. Son front était haut, et son cœur était grand. Merveilleuse était la force magique de son regard. Comme il y a des gens qui voient à travers la terre, et y discernent les trésors ou les cadavres enfouis, l'œil du grand poëte pénétrait jusqu'au cœur des hommes, et voyait distinctement ce qui s'y cachait. Pour les gens de bien, son regard était comme un rayon de soleil qui éclairait joyeusement leur âme ; pour les méchants, c'était un glaive qui dépeçait sans merci leurs sentiments secrets. Son œil investigateur entrait jusqu'à l'âme d'un homme et parlait avec elle, et, quand elle ne voulait pas répondre, il la mettait à la question, et l'âme était saignante sur le banc de torture, au moment où peut-être son enveloppe corporelle affectait un air de condescendance digne. Quoi d'étonnant qu'il se soit aliéné ainsi beaucoup de gens, et que, dans sa carrière terrestre, il n'ait trouvé que médiocrement d'appui! Il ne parvint jamais au rang et à l'aisance, et, de tous ses laborieux pèlerinages, il ne rapporta au logis que des coquilles vides. On prétend qu'il ne sut pas estimer l'argent à son prix; mais je puis vous assurer qu'il savait fort bien l'apprécier du moment qu'il n'en avait plus. Toutefois, jamais il ne l'estima à l'égal de son honneur. Il avait des dettes, et, dans une charte dressée par lui et qu'Apollon octroie aux poëtes, le premier paragraphe statue que, quand un poëte affirme qu'il n'a point d'argent, il faut le croire sur parole, et ne pas lui intimer le serment. Il aimait la musique, les fleurs et les femmes. Mais parfois son amour pour ces dernières tourna cordialement mal pour lui, surtout lorsqu'il était encore jeune. Le sentiment de sa future grandeur était-il capable de le consoler dans sa jeunesse, quand des roses dédaigneuses le blessaient de leurs épines? — Un jour, il se promenait, jeune adolescent, le long du Tage, par une claire soirée d'été, avec une belle de seize ans qui ne cessait de se railler de sa tendresse. Le soleil n'était pas couché, et brillait encore dans sa splendeur; mais dans le ciel on voyait déjà la lune, mince et pâle comme un petit nuage blanc. « Vois-tu, dit le jeune poëte à sa bien-aimée, vois-tu là-haut ce petit disque blanchâtre ? Le fleuve, devant nous, où il se réfléchit semble ne porter que par pitié sa pauvre petite image sur ses flots orgueilleux, qui parfois la rejettent ironiquement au rivage. Mais laisse le jour disparaître ! Avec l'obscurité croissante, ce disque pâle resplendira d'un éclat toujours plus beau, le fleuve tout entier rayonnera de sa lumière, et les vagues, tout à l'heure si dédaigneuses et si fières, frissonneront à l'aspect de l'astre éclatant, et se gonfleront voluptueusement vers lui. »

C'est dans les œuvres des poëtes qu'il faut chercher leur histoire ; c'est là qu'on trouve leurs confessions les plus secrètes. Partout, plus encore dans ses drames que dans *Don Quixote*, nous voyons, comme je l'ai dit déjà, que Cervantes avait été longtemps soldat. Dans le fait, la parole romaine « Vivre c'est faire la guerre » s'applique doublement à lui. Simple soldat, il combattit dans la plupart de ces terribles jeux guerriers que le roi Philippe II fit représenter en tous pays, à la gloire de Dieu et de ses propres caprices. Cette circonstance que Cervantes a dévoué toute sa jeunesse au grand champion du catholicisme, et qu'il a combattu personnellement pour les intérêts catholiques, fait présumer que ces intérêts lui tenaient chèrement au cœur, et suffit pour réfuter cette opinion fort répandue, que c'est la crainte de l'inquisition qui l'a seule empêché d'aborder dans le *Don Quixote* les idées protestantes du temps. Non, Cervantes était un fils soumis de l'Église romaine, et ce n'est pas seulement son corps qui saigna dans ces combats chevaleresques pour sa bannière bénie, mais il souffrit pour elle avec toute son âme le plus cruel martyre pendant sa longue captivité parmi les infidèles.

Nous devons au hasard plus de détails sur la vie de Cervantes à Alger, et nous reconnaissons ici que le héros en lui était aussi grand que le poëte. L'histoire de sa captivité est la plus éclatante réfutation du mélodieux mensonge de ce beau parleur mondain qui a fait accroire à l'empereur Auguste, et à tous les pédants allemands, qu'il était un poëte et que les poëtes sont lâches. Non, le vrai poëte est aussi un véritable héros, et dans son cœur habite la patience, qui, comme le disent les Espagnols, est un second courage. Il n'y a pas de plus grand spectacle que la vue de ce noble Castillan, esclave du dey Alger, constamment occupé de la délivrance, préparant infatigablement ses plans courageux, regardant en face tous les dangers, et, quand son entreprise échoue, se soumettant plutôt à la mort et à la torture que de trahir par une seule syllabe ses complices. Le maître sanguinaire de son corps est désarmé par tant de grandeur et de vertu ; le tigre épargne le lion enchaîné, et tremble devant le terrible manchot, qu'il pourrait envoyer pourtant d'un mot à la mort. Sous ce nom de « manchot », Cervantes est connu dans tout Alger, et le dey avoue qu'il peut dormir tranquille, assuré du repos de sa ville, de son armée et de ses esclaves, pourvu que le manchot soit en lieu de sûreté.

J'ai rappelé que Cervantes avait toujours été simple soldat ; mais, comme il sut, dans cette humble situation, se distinguer, et surtout se faire remarquer de son grand général, don Juan d'Autriche, quand il voulut retourner d'Italie en Espagne, il reçut pour le roi, auprès duquel son avancement fut vivement sollicité, les plus honorables recommandations. Aussi, quand les corsaires algériens le capturèrent sur la Méditerranée, ils le prirent pour un personnage de la plus haute importance, et exigèrent pour lui une rançon si élevée, que sa famille, malgré tous les sacrifices, ne put le racheter, et que le pauvre poëte fut retenu ainsi d'autant plus longtemps et plus durement en captivité. Son mérite ne fut donc pour lui qu'une cause nouvelle d'infortune, et c'est ainsi que jusqu'à la fin de ses jours, se railla de lui la Fortune, la cruelle déesse, qui ne pardonne jamais au génie de n'avoir pas eu besoin de son patronage pour parvenir à la gloire et à l'honneur.

Mais le malheur du génie est-il toujours l'œuvre d'un hasard aveugle, ou bien résulte-t-il nécessairement de sa nature intime, et de celle de son entourage? est-ce son âme qui se met aux prises avec la réalité, ou bien la dure réalité commence-t-elle avec sa grande âme un combat inégal?

La société est une république. Quand l'individu veut s'élever, la communauté le refoule par le ridicule et la diffamation. Nul ne saurait être plus vertueux et plus spirituel que les autres. Mais celui qui, par l'inflexible puissance du génie, dépasse de la tête la foule banale, celui-là est frappé d'ostracisme par la société ; elle le poursuit de railleries et de calomnies si cruelles, qu'à la fin force lui est bien de se retirer dans la solitude de ses pensées.

Oui, la société dans son essence est républicaine. Toute souveraineté lui est odieuse, qu'elle soit d'ordre spirituel ou matériel. Cette dernière repose plus souvent sur l'autre, qu'on ne le croit d'ordinaire. Nous l'avons bien vu après la révolution de Juillet, lorsque l'esprit du républicanisme se manifesta dans tous les rapports sociaux. Le laurier d'un grand poëte était tout aussi haïssable à nos républicains que la pourpre d'un grand roi. Ils voulaient supprimer aussi les différences intellectuelles entre les hommes, et, comme ils considéraient toutes les pensées écloses sur le terrain de l'État comme un bien commun, il ne leur restait autre chose à faire que de décréter aussi l'égalité du style. Et, en effet, un bon style fut décrié comme quelque chose d'aristocratique, et nous avons entendu souvent affirmer que « le vrai démocrate écrit comme le peuple, cordialement, simplement et mal ». Il était facile à la plupart des hommes du mouvement d'obéir à ce décret; mais il n'est pas donné à chacun de mal écrire, surtout quand on a déjà pris l'habitude d'un bon style, et alors on ne manquait pas de dire : « C'est un aristocrate, un amant de la forme, un ami de l'art, un ennemi du peuple. » Ils y allaient certainement de bonne foi, comme saint Jérôme, qui tenait à péché son bon style, et s'en punissait en se flagellant d'importance.

Pas plus que l'anticatholicisme, il n'y a dans le *Don Quixotte* rien qui sente l'antiabsolutisme. Les critiques qui ont flairé quelque chose de semblable sont évidemment dans l'erreur. Cervantes était le fils d'une école qui avait même idéalisé poétiquement l'obéissance absolue au souverain. Et ce souverain était roi d'Espagne dans un temps où sa majesté rayonnait sur le monde entier. Le dernier soldat se sentait dans le rayonnement de cette majesté, et sacrifiait volontiers sa liberté individuelle à une semblable satisfaction de l'orgueil castillan.

La grandeur politique de l'Espagne ne devait pas alors relever et agrandir médiocrement l'âme de ses écrivains. Comme dans l'empire de Charles-Quint, le soleil ne se couchait pas non plus dans l'esprit d'un poëte espagnol. Les luttes féroces contre les Moresques étaient terminées, et, de même qu'après un orage les fleurs exhalent un parfum plus intense, c'est toujours après une guerre civile que la poésie a sa plus magnifique floraison. Nous voyons la même chose en Angleterre au temps d'Élisabeth ; une école de poëtes, contemporains des poëtes espagnols, apparaît et provoque des rapprochements remarquables : ici Shakspeare, là Cervantes sont la fleur de cette école.

De même que les poëtes espagnols sous les trois Philippe, les poëtes anglais sous Élisabeth ont un certain air de famille, et ni Shakspeare ni Cervantes ne peuvent, à notre sens, prétendre à l'originalité. Ils ne se distinguent nullement de leurs contemporains par une façon particulière de sentir, de penser ou de décrire, mais seulement par une profondeur, une intimité, une tendresse, une force, plus considérables ; leurs compositions sont pénétrées et enveloppées à un plus haut degré de l'éther de la poésie.

Mais ils ne sont pas seulement l'un et l'autre la fleur de leur temps, ils étaient aussi les racines de l'avenir. De même qu'il faut envisager Shakspeare, à cause de l'influence de ses œuvres, particulièrement sur l'Allemagne et la France d'aujourd'hui, comme le fondateur de l'art dramatique qui suivit, il faut honorer aussi dans Cervantes le fondateur du roman moderne. Qu'on me permette ici quelques remarques en passant.

L'ancien roman, le roman de chevalerie, sortit de la poésie du moyen âge; ce fut d'abord une élaboration en prose de ces poëmes épiques, dont les héros appartenaient au cycle légendaire de Charlemagne et du Saint-Graal : le sujet était toujours emprunté aux aventures chevaleresques. Ce fut le roman de la noblesse, et les personnages qui y jouaient un rôle étaient ou bien des créations fabuleuses de la fantaisie, ou des chevaliers éperonnés d'or; nulle part trace du peuple. Ce sont ces romans chevaleresques, qui avaient dégénéré jusqu'à l'absurde, que Cervantes détrôna par son *Don Quixotte*. Mais, en même temps qu'il écrivit une satire qui coula à fond le vieux roman, il donna le modèle d'une invention nouvelle que nous appelons le roman moderne. Ainsi procèdent toujours les grands poëtes; en même temps qu'ils détruisent ce qui est ancien, ils fondent quelque chose de nouveau; ils ne nient jamais, sans affirmer quelque chose. Cervantes fonda le roman moderne en introduisant dans le roman chevaleresque la distribution fidèle des classes inférieures, en y mêlant la vie populaire. Le goût de décrire le genre de vie du plus bas peuple, de la canaille la plus abjecte, n'est point particulier à Cervantes, mais à toute la littérature du temps; et, comme chez les poëtes, il se retrouve chez les peintres espagnols; Murillo, qui déroba au ciel les couleurs les plus saintes dont il peignit ses belles madones, reproduisit avec le même amour les objets les plus repoussants d'ici-bas. C'était peut-être l'enthousiasme pour l'art lui-même qui faisait trouver parfois à ces nobles Espagnols dans la reproduction fidèle d'un jeune mendiant, faisant la chasse aux poux, le même plaisir que dans celle de la Vierge bénie entre toutes les femmes. Ou bien c'était l'attrait du contraste qui poussait les gentilshommes les plus huppés, par exemple, un courtisan comme Quevedo, toujours tiré à quatre épingles, ou un puissant ministre comme Mendoza, à écrire des romans d'escrocs ou de mendiants dépenaillés; ils voulaient peut-être se transporter par la fantaisie, du milieu de leur monotone entourage, dans une sphère tout à fait différente, à peu près comme beaucoup d'écrivains allemands, qui ne remplissent leurs romans que de peintures du monde fashionable, et font de tous leurs héros des comtes ou des barons. Nous ne trouvons pas encore chez Cervantes cette tendance exclusive à ne peindre que l'ignoble ; il mêle seulement l'idéal avec le vulgaire, l'un sert à l'autre de repoussoir ou de lumière, et le monde de qualité y tient autant de place que le populaire. Mais cet élément gentilhommier, chevaleresque, aristocratique, disparaît complètement dans le roman des Anglais, qui, les premiers ont imité Cervantes, et sont demeurés jusqu'aujourd'hui nos modèles. Ce sont des natures prosaïques que ces romanciers anglais, depuis l'avénement de Richardson ; le prude esprit de leur temps répugne à toute peinture énergique de la vie populaire, et c'est de l'autre côté du détroit que sont nés ces romans anglais où se réfléchit la petite existence d'une bourgeoisie honnête et modérée. Cette pitoyable littérature a submergé le public anglais, jusqu'au moment où parut le grand Écossais qui a accompli dans le roman une révolution, ou pour mieux dire une restauration. De même, en effet, que Cervantes introduit dans le roman l'élément démocratique, alors que l'élément chevaleresque y régnait seul, Walter

Scott y a ramené l'élément aristocratique qui en avait disparu, laissant l'espace libre au prosaïsme bourgeois. Par un procédé tout différent, Walter Scott a rendu au roman ce bel équilibre que nous admirons dans le *Don Quixote* de Cervantes.

A ce point de vue, je crois que le mérite du second grand poëte anglais n'a pas encore été justement apprécié. Ses inclinations tories, sa préférence pour le passé ont été bienfaisantes pour la littérature, pour ces chefs-d'œuvre de son génie, qui ont trouvé partout un écho et des imitateurs, et ont relégué dans les recoins les plus obscurs des cabinets de lecture les types incolores du roman bourgeois. C'est une erreur de ne pas vouloir reconnaître Walter Scott comme l'inventeur du roman historique, et de faire dériver celui-ci d'inspirations allemandes. On oublie que ce qui caractérise les romans historiques, c'est précisément l'harmonie des éléments aristocratique et démocratique ; que Walter Scott, en rendant sa place au premier, a rétabli admirablement l'harmonie troublée pendant le règne exclusif du second, tandis que nos romantiques allemands ont complétement renié celui-ci dans leurs ouvages, pour rentrer dans la fausse ornière du roman chevaleresque, qui fleurissait avant Cervantes. Notre La Motte-Fouqué n'est qu'un traînard de ces poètes, qui ont donné au monde l'*Amadis de Gaule* et autres semblables aventures, et je n'admire pas seulement le talent, mais encore le courage qu'il a fallu au noble baron pour écrire ses récits chevaleresques deux siècles après *Don Quixote*. Ce fut une étrange période en Allemagne que celle où ces livres parurent, et où le public y prit goût. Que signifiait dans la littérature cette prédilection pour la chevalerie et les images des vieux temps féodaux ? Je crois que le peuple allemand voulait prendre congé pour toujours du moyen âge ; mais, facilement émus comme nous le sommes, nous prîmes congé par un baiser. Pour la dernière fois, nous pressâmes nos lèvres sur les vieilles pierres sépulcrales. Plus d'un parmi nous, il est vrai, se comporta alors de la façon la plus folle. Louis Tieck, l'enfant terrible de l'école, exhuma de la tombe les aïeux défunts, balança leur cercueil comme un berceau, et, avec un balbutiement niais et enfantin, il chantait : *Dors, petit grand-père, dors!*

J'ai nommé Walter Scott le second grand poète

d'Angleterre, et ses romans des chefs-d'œuvre. Mais c'est seulement à son génie que je voudrais rendre ce grand hommage. Je ne puis aucunement égaler ses ouvrages au roman de Cervantes. Celui-ci le dépasse en esprit épique. Cervantes, je l'ai dit, était un poëte catholique, et c'est à cette circontance qu'il doit peut-être la grande sérénité épique qui, comme un ciel de cristal, couvre le monde bariolé de ses créations. Nulle part le doute ne l'avait entamé. A cela s'ajoute le calme du caractère national espagnol. Mais Walter Scott appartient à une Église qui soumet à une discussion rigoureuse les choses divines mêmes ; écossais et avocat, il est accoutumé à l'action et à la discussion, et comme dans sa vie et son esprit, c'est aussi le drame qui prédomine dans ses romans. C'est pourquoi ses œuvres ne pourront jamais être considérées comme un modèle pur de cette espèce de composition que nous appelons roman. Aux Espagnols appartient la gloire d'avoir produit le meilleur roman, comme celle de s'être élevés le plus haut dans le drame appartient aux Anglais.

Et les Allemands, quelle palme leur reste-il ? N'est-ce pas celle des meilleurs lyriques de cette terre ? Aucun peuple ne possède d'aussi beaux chants que celui-là. Les peuples ont maintenant par trop d'affaires politiques sur les bras ; mais, quand ces affaires seront enfin réglées, tous, Allemands, Bretons, Espagnols, Français, Italiens, nous nous donnerons rendez-vous dans la verte forêt, nous chanterons, et le rossignol sera le souverain juge. Je suis convaincu que, dans ce tournoi lyrique, le *Lied* de Wolfgang Gœthe remportera le prix.

Cervantes, Shakspeare et Gœthe, forment le triumvirat poétique qui, dans les trois formes de la poésie épique, dramatique et lyrique, s'est élevé le plus haut. Peut-être celui qui écrit ces pages est-il particulièrement compétent pour louer notre grand concitoyen comme le plus accompli des poètes lyriques. Gœthe se tient à égale distance, entre les deux écoles qui caractérisent la double dégénérescence de la poésie, cette école que l'on désigne malheureusement sous mon nom, et celle qui porte le nom d'école souabe. Toutes deux, il est vrai, ont leur mérite : elles ont contribué indirectement à la fortune de la poésie allemande. La première opéra une réaction salutaire contre l'idéa-

tisme exclusif de notre poésie, elle ramena l'esprit
à la vigoureuse réalité, et déracina ce pétrarchisme
sentimental qui nous est toujours apparu comme
une donquichotterie lyrique. Quant à l'école souabe,
elle a contribué indirectement aussi au salut de la
poésie allemande. Si, dans le nord de l'Allemagne,
des œuvres saines et vigoureuses purent se produire, on le doit peut-être à l'école souabe, qui
attira à elle toutes les humeurs maladives, chloro-
tiques et pieusement sentimentales de la Muse allemande. Stuttgart a été comme le dérivatif de la
Muse allemande.

Tout en attribuant au triumvirat susnommé la
plus haute place dans le drame, le roman et la poésie lyrique, je suis bien éloigné de diminuer la valeur d'autres grands poëtes. Rien n'est plus extrava-
gant que cette question : « Quel poëte est plus grand
que l'autre ? » La flamme est la flamme, et son poids
ne se calcule point à l'once et à la livre. La plati-
tude de l'esprit épicier pourrait seule vouloir peser
le génie dans sa sordide balance à fromage. Non-
seulement les anciens, mais aussi bien des modernes, ont écrit des poëmes où la flamme de la poésie
flamboie avec autant de magnificence que dans les

chefs-d'œuvre de Shakspeare, de Cervantes et de Gœthe. Toutefois, ces noms demeurent unis comme par un lien mystérieux. De leurs créations rayonne un esprit qui est de même race ; on y respire une douceur éternelle, comme le souffle de Dieu ; comme dans la nature, une réserve discrète y fleurit. De même qu'il rappelle Shakspeare, Gœthe rappelle constamment Cervantes, et il lui ressemble jusque dans les particularités du style, dans cette prose aisée, colorée de l'ironie la plus douce et la plus innocente. Cervantes et Gœthe se ressemblent même dans leurs défauts, dans la prolixité des discours, dans ces longues périodes que nous rencontrons parfois chez eux, comparables à un cortége d'équipages royaux. Il ne se trouve souvent qu'une seule pensée assise dans une semblable période démesurément étendue, qui chemine gravement comme un grand carrosse de cour doré, et traîné par six chevaux panachés. Mais cette unique pensée est toujours quelque chose de considérable, si ce n'est même le souverain.

Je n'ai pu parler que par quelques indications de l'esprit de Cervantes, et de l'influence de son livre. Je puis moins encore m'étendre sur la valeur de son roman au point de vue de l'art, car il en faudrait venir à des discussions qui nous conduiraient trop loin dans le domaine de l'esthétique. Je ne puis ici qu'appeler l'attention en général sur la forme de son roman, et sur les deux figures qui en sont le centre. Cette forme est celle d'une description de voyage, forme qui a toujours été le cadre le plus naturel de cette sorte de composition : je ne rappelle ici que *l'Ane d'or* d'Apulée, le premier roman de l'antiquité. Plus tard, les poëtes ont voulu remédier à l'uniformité de ce genre, par ce que nous appelons aujourd'hui la fable du roman. Mais, par suite de leur pauvreté d'invention, la plupart des romanciers se sont emprunté leurs fables les uns aux autres ; tout au moins ils ont toujours utilisé avec peu de modifications les fables les uns des autres, si bien que le retour des mêmes caractères, des mêmes situations et des mêmes complications, a fini par gâter quelque peu pour le public la lecture des romans. Pour échapper à l'ennui de fables romanesques ressassées, on revint pour quelque temps à la forme antique et originelle de la description de voyage. Mais celle-ci est de nouveau abandonnée du moment qu'apparaît un poëte original avec des fables nouvelles et vivantes. C'est ainsi que dans la littérature, comme dans la politique, tout se meut selon la loi de l'action et de la réaction.

Quant aux deux figures qui s'appellent don Quixote et Sancho Pansa, qui se parodient sans cesse et pourtant se complètent si merveilleusement qu'elles forment à vrai dire le héros du roman, elles témoignent autant de l'art que de la profondeur d'esprit du poëte. Tandis que, dans d'autres romans où le héros court seul à travers le monde, les écrivains ont dû recourir à des monologues, à des lettres, à un journal, pour donner à connaitre les pensées et les impressions du héros, Cervantes peut introduire partout un dialogue naturel ; et, comme l'une des figures parodie toujours les discours de l'autre, l'intention du poëte apparaît d'autant mieux. Depuis lors, on a imité de bien des manières cette double figure qui donne au livre de Cervantes un naturel si ingénieux, et d'où sort, comme d'un germe unique, le roman tout entier avec son feuillage luxuriant, ses fleurs odorantes, ses fruits éclatants, les singes et les oiseaux merveilleux qui se balancent sur ses branches, semblable à quelque arbre gigantesque de l'Inde.

Mais il serait injuste de mettre ici tout sur le compte d'une imitation servile ; elle était si naturelle, l'introduction de deux figures comme celles de don Quixote et de Sancho, dont l'une, la figure poétique, court après les aventures, et l'autre, moitié par attachement, moitié par égoïsme, trottine derrière, sous la pluie et le soleil, — telles que nous les avons nous-mêmes si souvent rencontrées dans la vie! Pour les reconnaître partout, dans l'art comme dans le monde, sous les déguisements les plus divers, il faut, il est vrai, avoir l'œil sur l'essentiel, sur leur signalement interne, et non pas sur les accidents de leur apparence extérieure. Je pourrais citer d'innombrables exemples. Ne retrouvons-nous pas don Quixote et Sancho aussi bien dans les figures de don Juan et de Leporello, que dans la personne de lord Byron et de son domestique Fletcher? Ne reconnaissons-nous pas ces mêmes types et leurs relations réciproques aussi bien dans la figure du chevalier de Waldsee et de son Gaspard Larifari, que dans celle de tel écrivain et de son libraire, ce dernier s'apercevant bien des folies de son auteur, et l'accompagnant toutefois fidèlement dans toutes ses campagnes vagabondes et idéales, pour en tirer un avantage solide? Et M. l'éditeur Sancho, bien que parfois il ne lui revienne que des horions, reste pourtant toujours gras, tandis que le noble chevalier maigrit de plus en plus chaque jour.

Et ce n'est pas seulement chez les hommes, c'est aussi parmi les femmes, que j'ai souvent retrouvé les types de don Quixote et de son écuyer. Je me souviens surtout d'une belle Anglaise, une blondine enthousiaste, qui s'était échappée avec son amie d'une pension de jeunes filles, à Londres, et voulait parcourir le monde entier pour chercher un aussi noble cœur d'homme qu'elle l'avait rêvé dans les douces nuits de clair de lune. Son amie, une petite brune un peu forte, espérait, à cette occasion, sinon conquérir quelque chose de particulièrement idéal, tout au moins un mari de bonne mine. Je la vois encore sur la grève de Brighton, cette figure élancée, avec ses yeux bleus en quête d'amour, jetant des regards languissants sur la mer agitée, du côté des rives de France... Son amie, cependant, cassait des avelines, en trouvait l'amande exellente, et jetait les coques à la mer.

Toutefois, ni dans les chefs-d'œuvre d'autres artistes, ni dans la nature même, nous ne trouvons ces deux types aussi exactement présentés dans leurs relations réciproques que chez Cervantes. Chaque trait du caractère et de la personne de l'un correspond chez l'autre à un trait opposé et cependant similaire. Ici, chaque particularité a sa valeur, parce que c'est en même temps une parodie. Il y a même, entre Rossinante et le grison de Sancho, le même parallélisme ironique qu'entre l'écuyer et son chevalier, et les deux animaux sont en quelque sorte les porteurs symboliques des mêmes idées. Comme dans leur façon de penser, maître et serviteur offrent dans leur langage les plus remarquables contrastes, et je ne puis m'empêcher ici de signaler les difficultés que le traducteur a dû vaincre pour transporter en allemand la diction familière, raboteuse, paysanesque du bon Sancho. Avec sa manière hachée et souvent grossière de parler en proverbes, Sancho fait songer au fou du roi Salomon, Markulf, qui exprime comme lui, dans de courtes sentences, la sagesse expérimentale du commun peuple, en face d'un idéalisme pathétique. Don Quixote, au contraire, parle la langue des classes supérieures et cultivées, et, jusque dans la grandezza de ses périodes bien arrondies il représente le noble hidalgo. Parfois, cette construction des périodes est démesurément étendue, et la langue du chevalier ressemble à une altière dame de cour, en robe de soie bouffante, avec une longue queue traînant bruyamment. Mais les grâces, déguisées en pages, portent en souriant un bout de cette queue ; les longues périodes se terminent par les tournures les plus gracieuses.

Nous résumons ainsi le caractère de la langue de don Quixote et de Sancho Pansa : le premier, quand il parle, semble être toujours sur son grand cheval, l'autre parle comme s'il était assis sur son humble grison.

Il me reste à dire un mot des illustrations qui ornent la traduction nouvelle du *Don Quixote* dont j'écris la préface. Cette édition est le premier ouvrage littéraire qui paraisse en Allemagne, ainsi illustré. En Angleterre, et surtout en France, des illustrations de ce genre sont à l'ordre du jour, et obtiennent un succès presque enthousiaste. En Allemagne, où l'on va toujours consciencieusement au fond des choses, on se demandera sans doute si ces publications sont vraiment favorables à l'art.

Je ne le crois pas. Elles montrent, il est vrai, comment la main spirituelle et facile d'un peintre peut saisir et rendre les créations du poëte ; elles reposent aussi agréablement de la fatigue de la lecture ; mais elles sont surtout un signe de la dégénération de l'art, qui, arraché au piédestal de son indépendance, est descendu à être le serviteur du luxe. Et puis il y a ici pour l'artiste non pas seulement une occasion et une tentation, mais une obligation même de ne toucher son sujet que d'une main rapide, et pour tout au monde de ne pas l'épuiser. Les gravures sur bois dans les anciens livres avaient un autre but, et ne peuvent être comparées à ces illustrations.

Celles de la présente édition ont été faites, d'après des dessins de Tony Johannot, par les premiers graveurs sur bois d'Angleterre et de France. Elles sont conçues et dessinées avec autant d'élégance et de caractère qu'on est en droit de l'attendre de Tony Johannot ; malgré la rapidité du travail, on s'aperçoit que l'artiste a pénétré dans l'esprit du poëte. Les initiales et culs-de-lampe sont imaginés avec beaucoup d'esprit et de fantaisie, et l'artiste, dans une intention vraiment poétique, a choisi presque exclusivement, pour ces enjolivures, des dessins moresques. Ne voyons-nous pas, en effet, resplendir partout dans le *Don Quixote* le souvenir de l'heureux temps des Mores, comme un bel arrière-plan dans le lointain? Tony Johannot, un des plus excellents artistes de Paris, est Allemand de naissance.

Il est étonnant qu'un livre aussi riche en matière pittoresque que le *Don Quixote* n'ait pas encore rencontré un peintre qui en ait tiré les sujets d'une série d'œuvres indépendantes. Peut-être l'esprit du livre est-il trop facile et trop fantastique pour que, sous la main de l'artiste, la poussière diaprée de ses couleurs ne s'évanouisse pas. Je ne puis le penser. Car le *Don Quixote*, quelque léger et fantastique qu'il soit, pose pourtant sur le terrain solide de la réalité, comme il le fallait en effet pour qu'il devînt un livre populaire. Peut-être est-ce que, derrière les figures que le poëte fait passer devant nous, il y a des idées plus profondes que l'artiste plastique ne peut rendre, de telle sorte qu'il ne saurait saisir et reproduire que l'apparence extérieure, quelque saillante qu'elle puisse être, mais non pas son sens le plus profond? Ceci est vraisemblable. — D'ailleurs, bien des artistes se sont engagés à des dessins sur *Don Quixote*. Ce que j'ai vu, en fait de dessins anglais, espagnols, et français, antérieurs, était affreux. Quant aux artistes allemands, il faut que je rappelle ici notre grand Daniel Chodowiecki. Il a dessiné pour le *Don Quixote* une série de planches qui, gravées à l'eau-forte par Berger dans l'esprit de Chodowiecki, accompagnaient la traduction de Bertuch. La fausse idée conventionnelle et théâtrale que se faisait l'artiste, ainsi que ses contemporains, du costume espagnol, lui a beaucoup nui. Mais partout on voit que Chodowiecki a parfaitement compris le *Don Quixote*. J'en ai été réjoui, autant pour l'artiste que pour Cervantes lui-même ; car il m'est toujours agréable de voir deux de mes amis s'aimer, comme je suis toujours charmé quand deux de mes ennemis tombent l'un sur l'autre. Le temps de Chodowiecki, période d'une littérature qui ne faisait que se former, qui avait encore besoin d'enthousiasme et devait repousser la satire, n'était pas précisément favorable à l'intelligence du *Don Quixote*, et cela témoigne en faveur de Cervantes, que ses personnages ont pourtant alors été compris et appréciés, comme cela témoigne en faveur de Chodowiecki, qu'il ait compris des figures comme don Quixote et Sancho Pansa, lui qui, plus peut-être que tout autre artiste, était l'enfant de son temps, et fut compris et apprécié par lui.

Parmi les plus récentes œuvres empruntées au *Don Quixote*, je mentionne ici avec plaisir quelques esquisses de Decamps, le plus original des peintres français vivants. — Mais un Allemand seul peut comprendre complètement le *Don Quixote*, et je l'ai senti ces derniers jours, avec la satisfaction la plus vive, en apercevant aux vitres d'une boutique d'estampes du boulevard Montmartre, une planche qui représente le noble Manchais dans sa chambre d'étude, et qui est dessinée d'après Adolphe Schröter, — un grand maître.

Écrit à Paris, pendant le carnaval de 1837.

LE GRAND OPÉRA

ROSSINI ET MEYERBEER

A A. LEWALD [1]

Qu'est-ce que la musique ? Cette question m'a occupé hier au soir pendant des heures avant de m'endormir. C'est une étrange chose que la musique ; je dirais volontiers qu'elle est un miracle. Elle est entre la pensée et le phénomène : comme une médiatrice crépusculaire, elle plane entre l'esprit et la matière, apparentée à tous deux, et pour-

---

1. Ce morceau, et celui qui suit, faisaient partie de la série de *Lettres confidentielles* adressées par Heine à M. A. Lewald, directeur de la *Revue théâtrale* de Stuttgart, et qui ont été publiées en partie dans le volume intitulé *De la France* (Paris, Michel Lévy). Les deux lettres que nous traduisons complètent cette série.

tant différente de tous deux ; elle est esprit, mais esprit qui a besoin de la mesure du temps ; elle est matière, mais matière qui peut se passer de l'espace.

Nous ne savons pas ce qu'elle est. Mais ce qu'est la bonne musique, nous le savons, et mieux encore nous savons ce qu'est la mauvaise, car, de cette dernière, il nous en est venu davantage aux oreilles. La critique musicale ne peut s'appuyer que sur l'expérience, et non pas sur une synthèse ; elle ne devrait classer les œuvres musicales que par leurs analogies, et prendre pour règle l'impression qu'elle produit sur tout le monde.

Rien n'est plus insuffisant que de vouloir faire des théories musicales ; ici, il y a sans doute des lois, des lois mathématiquement déterminées ; mais ces lois ne sont pas la musique, ce sont ses conditions, de même que l'art du dessin et la théorie des couleurs, ou même la palette et le pinceau, ne sont pas la peinture, mais ses moyens nécessaires. L'essence de la musique est d'être une révélation ; on ne saurait en rendre compte, et la vraie critique musicale est une science expérimentale.

Je ne connais rien de moins récréant que la critique de M. Fétis, ou de son fils M. Fœtus, où l'on démontre *a priori* le mérite ou les défauts d'une œuvre musicale. De semblables critiques, écrites dans un certain argot et lardées d'expressions techniques qui ne sont point connues des gens cultivés, mais seulement des exécutants, donnent aux yeux de la foule une sorte d'autorité à ce verbiage vide. De même que mon ami Detmold a écrit pour la peinture un manuel qui permet de devenir connaisseur en deux heures, quelqu'un devrait en faire autant pour la musique, et, par un vocabulaire ironique des phrases de la critique musicale et du jargon d'orchestre, mettre fin au vide métier d'un Fétis et d'un Fœtus. La meilleure critique musicale, la seule qui prouve quelque chose, je l'ai entendue l'année dernière à Marseille, où deux commis voyageurs disputaient à table d'hôte, sur le thème du jour, lequel est le plus grand maître de Rossini ou de Meyerbeer. Aussitôt que l'un des disputants avait attribué à l'Italien l'absolue prééminence, l'autre faisait opposition, non pas avec de sèches paroles, mais en fredonnant les plus belles mélodies de *Robert le Diable*. Là-dessus, le premier ne trouvait pas de repartie plus victorieuse que de fredonner à son tour quelques passages du *Barbier de Séville*, et ils continuèrent ainsi pendant tout le repas ; au lieu d'un échange assourdissant de phrases insignifiantes, ils nous donnèrent la musique de table la plus exquise, et, à la fin, je dus convenir qu'il fallait ou ne pas disputer du tout sur la musique, ou bien le faire de cette façon toute réaliste.

Vous voyez, cher ami, que je ne vous ennuierai d'aucune tirade conventionnelle au sujet de l'Opéra. Vous n'avez pas non plus à craindre de ma part une discussion comparative, telle qu'on a coutume de s'y livrer, entre Rossini et Meyerbeer. Je me borne à les aimer tous deux, et à ne point aimer l'un aux dépens de l'autre. Bien que je sympathise peut-être davantage avec le premier qu'avec le second, ce n'est là qu'un sentiment particulier, et non point que je lui attribue un mérite supérieur. Peut-être ce sont chez lui des imperfections qui répondent en moi avec tant d'affinité à des imperfections correspondantes. De nature, je penche vers un certain *dolce far niente*, et je m'étends volontiers sur des gazons fleuris et considère les formes paisibles des nuages, et me délecte, en les voyant, des effets de l'ombre et de la lumière ; toutefois, le hasard a voulu que je fusse souvent tiré de cette agréable rêverie par les rudes bourrades du destin, contraint de prendre part aux douleurs et aux luttes de mon temps, et cette part fut loyale, et je me battis à l'égal des plus braves... Mais — je ne sais comment exprimer cela — mes impressions gardèrent pourtant toujours quelque chose d'un peu à part de celles des autres ; je savais ce qu'ils éprouvaient, mais, moi, j'éprouvais tout autre chose ; et, bien que je précipitasse mon cheval de bataille aussi impétueusement que d'autres, et que mon glaive s'abattît sans merci sur les ennemis, jamais la fièvre ou l'ivresse ou l'angoisse du combat ne m'envahit. Plus d'une fois je me pris à m'inquiéter de ma sérénité intérieure; il me semblait que mes pensées étaient ailleurs, pendant que je me démenais au plus fort de la bataille, et je m'apparaissais à moi-même comme Ogier le Danois, qui, cheminant en rêve, se battait contre les Sarrasins. Un tel homme doit préférer Rossini à Meyerbeer, et pourtant, à certaines heures, il rendra un hommage enthousiaste à la musique de ce dernier, sans pourtant s'y abandonner tout entier ; car c'est sur les vagues de la musique de Rossini que se bercent le plus doucement les joies et les souffrances de l'homme individuel : haine et amour, tendresse et désir, jalousie et bouderie, tout ici est le sentiment isolé d'un seul. Aussi, ce qui caractérise la musique de Rossini, c'est la prédominance de la mélodie, qui est toujours l'expression immédiate d'un sentiment isolé. Chez Meyerbeer, au contraire, l'harmonie l'emporte; dans le torrent des masses harmoniques s'éteignent et se noient les mélodies, comme les impressions particulières de l'individu se perdent dans le sentiment collectif de tout un peuple ; et dans ces torrents d'harmonie se précipite volontiers notre âme quand elle est saisie par les souffrances et les joies de l'humanité tout entière, et prend parti pour les grandes questions de la société. La musique de Meyerbeer est plus sociale qu'individuelle; les contemporains reconnaissants, en retrouvant dans cette musique leurs luttes intimes et extérieures, les déchirements de leur âme et de leur volonté, leurs angoisses et leurs espérances, en applaudissant à la musique du grand maestro ne font que célébrer leur propre passion et leur enthousiasme. La musique de Rossini convenait au temps de la Restauration, où, après de grandes luttes et de grands désenchantements, le sens des intérêts collectifs disparaissait à l'arrière-plan dans les âmes blasées, et où les sentiments du moi pouvaient rentrer dans leurs droits légitimes. Jamais, pendant la Révolution et l'Empire, Rossini n'eût atteint sa grande popularité; Robespierre l'aurait accusé peut-être de mélodies antipatriotiques, modérantistes même, et Napoléon ne l'aurait pas fait maître de chapelle de la grande armée, où il avait besoin d'un enthousiasme universel et collectif... Pauvre cygne de Pesaro! le coq gaulois et l'aigle impériale t'auraient peut-être déchiré, et plutôt que les champs de la vertu civique et de la gloire, il te fallait un lac tranquille où les lis pacifiques du rivage t'appelaient doucement, et où tu pouvais voguer çà et là, la beauté et la grâce dans chaque mouvement. La Restauration fut l'époque triomphale de Rossini, et les étoiles du ciel elles-mêmes, qui fêtaient alors un temps de repos et ne se préoccupaient plus du sort des peuples, l'écoutaient avec ravissement. Mais la révolution de Juillet a produit au ciel et sur terre un grand mouvement; étoiles et hommes, anges et rois, oui, le bon Dieu lui-même, ont été arrachés à leur tranquillité, ont de nouveau une foule d'affaires un temps nouveau à ordonner ; le loisir et le repos d'âme indispensable pour prendre plaisir aux mélodies du sentiment privé leur manquent, — et ce n'est que lorsque les grands chœurs de *Robert le Diable* et même des *Huguenots* éclatent en harmonies de colère, de jubilation, de sanglots, que leurs cœurs écoutent et pleurent, et jubilent et grondent dans un accord enthousiaste.

C'est là peut-être la raison essentielle de ce succès inouï, colossal, que les deux grands opéras de Meyerbeer ont obtenu partout. Il est l'homme de son temps, et le temps, qui sait toujours choisir son monde, l'a élevé tumultueusement sur le pavois, et proclame son règne, et célèbre avec lui son avénement triomphal. Ce n'est pas précisément une situation commode que d'être ainsi porté en triomphe : par le malheur ou la maladresse d'un seul des porte-pavois, il peut arriver qu'on soit périlleusement balancé, si ce n'est même fortement endommagé ; les couronnes de fleurs qui vous volent à la tête peuvent quelquefois blesser plus que réjouir : elles peuvent même salir quand elles viennent de mains sales, et la surcharge des lauriers peut certainement procurer une sueur d'angoisse... Rossini, quand il rencontre un semblable cortège, sourit des plus ironiquement de ses fines lèvres italiennes, et puis il se plaint de son estomac, dont l'état empire chaque jour, de sorte qu'il ne peut vraiment rien manger.

C'est dur, car Rossini a toujours été très-gourmand. Meyerbeer est justement le contraire ; de même que dans son apparence extérieure, il est aussi dans ses jouissances la modération même. Ce n'est que lorsqu'il a invité des amis que l'on trouve chez lui bonne table. Un jour que j'allais dîner chez lui, *à la fortune du pot*, je le trouvai devant un pauvre plat de merluche, qui faisait tout son repas ; naturellement, j'assurai avoir déjà dîné.

Beaucoup ont prétendu qu'il était avare. Ce n'est pas le cas. Il n'est avare que pour les dépenses qui regardent sa personne. Pour les autres, il est la générosité même, et des compatriotes malheureux en ont surtout bénéficié jusqu'à l'abus. La bienfaisance est une vertu domestique de la famille Meyerbeer, de sa mère surtout, à laquelle j'adresse tous les nécessiteux, et jamais en vain. Il est vrai que cette femme est aussi la plus heureuse mère qu'il y ait au monde. Partout retentit autour d'elle la renommée de son fils ; où qu'elle aille et qu'elle se trouve voltigent à ses oreilles quelques lambeaux de sa musique ; partout sa gloire rayonne autour d'elle, et à l'Opéra, où tout un public exprime son enthousiasme pour Giacomo, dans les applaudissements presque frénétiques, son cœur maternel palpite de ravissements que nous pouvons à peine comprendre. Je ne connais dans l'histoire du monde qu'une mère qui lui puisse être comparée, la mère de saint Borromée, qui put de son vivant voir son fils canonisé, et, avec des milliers de croyants, s'agenouiller devant lui dans l'église et lui adresser ses prières.

Meyerbeer écrit maintenant un nouvel opéra que j'attends avec une grande curiosité. Le développement de ce génie est pour moi un spectacle des plus remarquables. Je suis avec intérêt les phases de sa vie musicale comme de son existence personnelle, et j'observe l'action réciproque qui a lieu entre lui et son public européen. Voilà dix ans que je l'ai rencontré la première fois à Berlin, entre l'Université et la Grand'Garde, entre la science et le tambour, et il semblait se trouver là très-mal à l'aise. Je me rappelle qu'il avait avec lui le docteur Marx, lequel appartenait à une sorte de régence musicale, qui, pendant la minorité d'un certain jeune génie, que l'on considérait comme le successeur légitime au trône de Mozart, ne cessait de rendre hommage à Sébastien Bach. Or, l'enthousiasme pour Sébastien Bach ne devait pas seulement remplir cet interrègne, mais encore anéantir la réputation de Rossini, que la régence craignait surtout, et, par conséquent, haïssait par-dessus tout. Meyerbeer passait alors pour un imitateur de Rossini, et le docteur Marx le traitait avec une sorte de condescendance, avec un air de supériorité affable, qui, aujourd'hui me fait rire de tout mon cœur. Le rossinisme était en ce temps le grand crime de Meyerbeer ; il était encore bien éloigné de l'honneur d'être attaqué pour lui-même. Il se gardait même prudemment de toute prétention, et quand je lui racontai avec quel enthouisasme j'avais vu récemment représenter en Italie son *Crociato*, il sourit avec une tristesse enjouée, et une dit : « Vous vous compromettez en me louant moi, pauvre Italien, ici, à Berlin, dans la capitale de Sébastien Bach! »

Meyerbeer, en effet, était devenu tout à fait alors

un imitateur des Italiens. L'humeur contre le berlinisme froid, humide, rationnellement spirituel et incolore, avait de bonne heure produit en lui une réaction naturelle ; il s'échappa en Italie, y jouit gaiement de la vie, s'y abandonna tout entier à ses sentiments personnels, et composa là ces opéras exquis où le rossinisme est poussé jusqu'à l'exagération la plus suave ; ici, l'or est encore recouvert de dorure, et la fleur parfumée de senteurs encore plus fortes. Ce fut là le temps le plus heureux de Meyerbeer ; il composa dans cette douce ivresse de l'heureuse sensualité italienne, et, dans la vie comme dans l'art, cueillit les plus charmantes fleurs.

Mais tout cela ne pouvait suffire longtemps à une nature allemande. Une sorte de nostalgie s'éveilla en lui pour le sérieux de la patrie ; tandis qu'il était couché sous les myrtes italiens, le souvenir du mystérieux frémissement des forêts de chênes se glissa en lui ; pendant que les zéphirs du sud se jouaient autour de lui, il songea aux sombres chorals du vent du nord ; — il lui arriva peut-être comme à madame de Sévigné, qui, pendant qu'elle demeurait à côté d'une orangerie, et ne respirait que le parfum des fleurs d'oranger, finit par désirer avidement la mauvaise, mais saine odeur d'un bon char de fumier... Bref, une nouvelle réaction eut lieu, le signor Giacomo redevint tout à coup un Allemand, se rattacha de nouveau à l'Allemagne, non pas à la vieille Allemagne usée et vermoulue, avec son étroit patriotisme de clocher; mais à la jeune, grande et libre Allemagne d'une génération nouvelle, qui a fait siennes toutes les questions humanitaires, et les porte inscrites, ces grandes questions, non pas toujours sur sa bannière, mais d'autant plus ineffaçablement dans son cœur.

Peu après la révolution de Juillet, Meyerbeer parut devant le public avec une œuvre nouvelle qui avait germé dans son esprit, pendant les douleurs de cette révolution, avec *Robert le Diable*, le héros qui ne sait pas exactement ce qu'il veut, qui est constamment en lutte avec lui-même, image fidèle de la fluctuation morale de ce temps, qui s'agitait avec une si pénible inquiétude entre la vertu et le vice, s'usait en tentatives et en échecs, et n'avait pas toujours assez de force pour résister aux attaques de Satan! Je n'aime nullement cet opéra, ce chef-d'œuvre de la poltronnerie, je dis de la poltronnerie, non pas seulement au point de vue du sujet, mais aussi de l'exécution, puisque le compositeur ne se fie point encore à son génie, n'ose pas s'abandonner à tout son élan, et se montre l'esclave tremblant de la foule, au lieu de lui commander en maître. C'est à bon droit qu'on a nommé alors Meyerbeer un génie timoré ; il lui manquait la croyance victorieuse en lui-même, il tremblait devant l'opinion publique, le moindre blâme l'effrayait, il flattait tous les caprices du public, et donnait à droite et à gauche les plus chaleureuses *poignées de main*, comme s'il eût reconnu aussi dans la musique la souveraineté du peuple, et fondât son régime sur la majorité des voix, en opposition à Rossini, qui régnait en roi absolu, par la grâce de Dieu, dans l'empire musical. Cette anxiété ne l'a pas encore quitté dans la vie ; toujours il est inquiet de l'opinion du public ; mais le succès de *Robert le Diable* a eu pour lui ce résultat salutaire, qu'il n'est plus tourmenté par l'inquiétude pendant qu'il travaille, qu'il compose avec infiniment plus de sûreté, qu'il laisse ressortir dans ses créations la forte volonté de son âme. Et c'est avec cette liberté plus grande d'esprit qu'il écrivit *les Huguenots*, où tout doute a disparu, où cesse le combat intérieur, tandis que commence ce duel extérieur, dont la peinture colossale nous frappe d'étonnement. Ce n'est que par cette œuvre que Meyebeer a conquis, pour ne plus le perdre, son droit de bourgeoisie dans la cité éternelle des esprits, dans la Jérusalem céleste de l'art. Dans *les Huguenots*, Meyerbeer se manifeste enfin sans crainte ; il y a dessiné dans des lignes hardies toutes ses pensées, et a osé exprimer avec des accents emportés tout ce qui agitait son cœur.

Ce que distingue tout particulièrement cette œuvre, c'est l'équilibre entre l'enthousiasme et la perfection achevée de l'art, ou, pour mieux m'exprimer, la hauteur égale où s'y élèvent l'art et la passion ; l'homme et l'artiste ont rivalisé ici, et quand celui là agite le tocsin des passions les plus fougueuses celui-ci sait transfigurer ces rudes accents de la nature, et nous fait frissonner en en tirant la plus douce harmonie. Tandis que la foule est saisie par la puissance intérieure, par la passion des huguenots, le connaisseur admire la maîtrise qui se trahit dans les formes. Cette œuvre est un dôme gothique, dont la flèche élancée et les coupoles colossales semblent avoir été dressées par la main hardie d'un géant, tandis que les innombrables festons, les rosaces, les arabesques que leur délicate finesse fait ressembler à une dentelle de pierre partout étendue témoignent de l'infatigable patience d'un nain. Géant dans la conception et le dessin de l'ensemble, nain dans l'exécution fatigante des détails, l'architecte des *Huguenots* est pour nous aussi inconcevable que le compositeur des vieux dômes. Lorsque dernièrement je me trouvais avec un ami devant la cathédrale d'Amiens, et que cet ami considérait avec effroi et compassion ce monument d'une puissance de géant dressant les tours comme des rochers, et cette infatigable patience de nain découpant des figurines de pierres, et qu'il me demanda enfin comment il se faisait qu'au jour d'aujourd'hui nous ne fussions plus capables d'élever de semblables édifices, je lui répondis : « Cher Alphonse, les hommes dans ces vieux temps avaient des convictions; nous autres modernes, nous n'avons que des opinions, et il faut plus que cela pour dresser un dôme gothique. »

C'est cela, Meyerbeer est un homme de conviction. Mais ceci ne se rapporte proprement pas aux questions sociales du jour, bien que dans ce domaine, les idées de Meyerbeer soient aussi plus fortement assises que chez d'autres artistes, Meyerbeer, que les princes de la terre comblent de toutes les marques d'honneur possibles, et qui d'ailleurs ressent si bien ces distinctions, porte pourtant dans sa poitrine un cœur qui brûle pour les intérêts les plus saints de l'humanité, et confesse sans détour son culte pour les héros de la Révolution. C'est un bonheur pour lui que tant de gouvernements du Nord n'entendent rien à la musique; autrement, ils verraient dans *les Huguenots* autre chose qu'une lutte de partis entre protestants et catholiques. Toutefois, ces convictions ne sont pas précisément des convictions politiques et moins encore religieuses; sa reilgion est seulement négative; elle consiste en ceci qu'à l'inverse d'autres artistes, peut-être par orgueil, il ne veut souiller ses lèvres d'aucun mensonge, qu'il refuse certaines bénédictions importunes qu'on ne peut jamais accepter sans commettre une action équivoque et rien moins que magnanime. La religion véritable de Meyerbeer est celle de Mozart, de Gluck, de Beethoven, c'est la musique; il ne croit qu'à celle-là, c'est dans cette foi seule qu'il trouve son bonheur, et il vit avec une conviction qui est égale en profondeur, en passion et en durée, à celle des siècles antérieurs. Oui, je dirais volontiers qu'il est apôtre de cette religion. C'est avec un zèle et une ardeur apostoliques qu'il traite tout ce qui concerne sa musique. Tandis que d'autres artistes sont satisfaits, quand ils ont créé quelque chose de beau, et perdent parfois tout intérêt pour leur œuvre aussitôt qu'elle est achevée, chez Meyerbeer, c'est, au contraire, après l'enfantement que commencent seulement les maux d'enfant; il n'a plus de repos alors jusqu'à ce que la création de son esprit se manifeste avec éclat au reste des hommes, jusqu'à ce que le public tout entier soit édifié par sa musique, que ses opéras aient versé dans tous les cœurs les sentiments qu'il veut prêcher au monde, qu'il ait enfin communié avec toute l'humanité. De même que l'apôtre, pour sauver une seule âme perdue, ne craint ni peines ni douleur, Meyerbeer aussi, s'il apprend que quelqu'un renie sa musique, circonviendra infatigablement ce renégat jusqu'à ce qu'il l'ait converti à lui; et ce seul agneau sauvé, fût-ce même le plus insignifiant insecte de feuilleton, lui deviendra plus cher que tout le troupeau de croyants qui l'ont toujours vénéré avec une fidélité orthodoxe.

La musique est la conviction de Meyerbeer, et c'est là peut-être la cause de toutes ces inquiétudes, de tous ces tourments, que le grand maître laisse si souvent deviner, et qui parfois nous font sourire. Il faut le voir quand il fait étudier un nouvel opéra ; il est alors le fléau de tous les musiciens et chanteurs qu'il accable de répétitions incessantes. Jamais il ne peut se dire satisfait ; un seul faux ton dans l'orchestre est pour lui un coup de poignard dont il pense mourir. Cette inquiétude le poursuit longtemps, quand son opéra a déjà été représenté et accueilli par une tempête d'applaudissements. Il continue alors à se tourmenter, et je crois qu'il ne sera pas tranquille avant que quelques-uns des milliers d'hommes qui ont entendu et admiré son opéra soient morts et enterrés ; de ceux-là du moins il n'a pas d'apostasie à craindre, il peut être sûr de ces âmes. Le jour où l'on donne son opéra, le bon Dieu ne peut rien faire à sa guise ; s'il pleut, s'il fait froid, il craint que mademoiselle Falcon ne s'enrhume ; si la soirée est chaude et sereine, il tremble que le beau temps n'attire les gens au grand air, et que le théâtre ne soit désert. Rien n'est comparable à l'anxiété avec laquelle, quand sa musique est enfin imprimée, il en soigne la correction; cet infatigable besoin d'amélioration pendant la correction des épreuves est devenu proverbial chez les artistes parisiens. Mais qu'on songe que la musique lui est chère par-dessus tout, plus chère assurément que la vie. Quand le choléra commença à sévir dans Paris, je conjurai Meyerbeer de partir aussi vite que possible; mais il avait encore pour quelques jours des affaires qu'il ne pouvait abandonner : il devait arranger avec un Italien le libretto italien de *Robert le Diable.*

Bien plus encore que *Robert le Diable*, *les Huguenots* sont une œuvre de conviction, aussi bien pour le contenu que pour la forme. Comme je l'ai déjà remarqué, tandis que la foule est entraînée par le contenu, l'observateur attentif admire les immenses progrès de l'art, les formes nouvelles qui apparaissent ici. De l'aveu des juges les plus compétents, il faut que désormais tous les musiciens qui veulent écrire pour l'Opéra étudient préalablement *les Huguenots*. C'est dans l'instrumentation que Meyerbeer est allé le plus loin. Il y a quelque chose d'inouï dans la manière dont sont traités les chœurs, qui s'expriment ici comme des individus, et sont affranchis de toutes les traditions d'opéra. Depuis le *Don Juan*, il n'y a certainement pas de plus grand phénomène en musique que ce quatrième acte des *Huguenots*, où la scène effrayamment émouvante de la bénédiction des épées (la consécration du meurtre) est suivie d'un duo qui dépasse encore ce premier effet, — témérité colossale dont on croirait à peine capable ce génie anxieux, mais dont le succès excite autant de ravissement que de surprise. Pour ce qui me concerne, je crois que Meyerbeer a accompli cette tâche non pas par des moyens d'art, mais par des moyens de nature, puisque ce fameux duo exprime une série de sentiments qui peut-être ne se sont jamais produits, ou du moins jamais avec autant de vérité dans un opéra, et auxquels répondent pourtant dans les âmes les sympathies les plus ardentes, les plus fougueuses de notre temps. Pour moi, j'avoue que jamais musique n'a fait battre aussi impétueusement mon cœur que le quatrième acte des *Huguenots*, mais que je me dérobe volontiers à cet acte et à ces émotions, et que j'assiste avec infiniment plus de plaisir au deuxième. Celui-ci est une idylle dont le charme et la grâce rappellent les comédies romantiques de Shakspeare, et plus encore peut-être l'Aminte du Tasse. En effet, sous les roses du plaisir, se cache ici une douce tristesse qui fait songer à l'infortuné poëte de la cour de Ferrare. C'est plutôt le désir de la joie que la joie même ; ce n'est pas un rire cordial, c'est un sourire du cœur, d'un cœur qui est secrètement malade, et ne peut rêver de la santé. Comment se fait-il qu'un artiste à qui, depuis le berceau, ont été épargnés tous les soucis qui dévorent la vie, qui, né dans l'opulence, choyé par toute sa famille, voyant tous ses désirs satisfaits avec empressement, avec enthousiasme même, semblait privilégié pour le bonheur bien plus que ne le fut jamais un artiste mortel, — comment se fait-il qu'il ait ressenti ces immenses douleurs que nous entendons soupirer et sangloter dans sa musique ? Car ce qu'il ne ressent pas lui-même, le musicien ne saurait le rendre avec tant de puissance et d'émotion. Il est étrange que l'artiste dont les besoins matériels sont satisfaits soit visité d'une manière d'autant plus insupportable par les angoisses morales ! Mais c'est un bonheur pour le public, qui est redevable aux douleurs de ses joies les plus idéales. L'artiste est cet enfant dont un conte populaire rapporte que ses larmes n'étaient que des perles. Hélas! la méchante marâtre, c'est-à-dire la vie, frappe le pauvre enfant d'une façon d'autant plus impitoyable afin qu'il pleure autant de perles que possible!

On a voulu accuser *les Huguenots*, plus encore que *Robert le Diable*, de manquer de mélodies. Ce reproche repose sur une erreur. « C'est la forêt qui empêche de voir les arbres. » La mélodie est ici subordonnée à l'harmonie, et déjà, à propos d'une comparaison avec la musique de Rossini dans laquelle l'inverse a lieu, j'ai indiqué que c'est cette prédominance de l'harmonie qui caractérise la musique de Meyerbeer comme la musique émue de l'humanité et de la société modernes. Vraiment, les mélodies ne manquent pas; seulement, il ne leur est pas permis de ressortir brusquement, j'allais dire égoïstement; il faut qu'elles ne fassent que servir à l'ensemble; elles sont disciplinées, tandis que, chez les Italiens, elles apparaissent isolées, je pourrais presque dire hors la loi, et s'imposent à peu près comme leurs illustres bandits. On ne le remarque seulement pas; mais que de simples soldats, dans une grande bataille, se battent aussi bien que le Calabrais, le bandit solitaire, dont la bravoure personnelle nous surprendrait moins s'il combattait à son rang, au milieu de troupes régulières ! Dieu me garde de contester la valeur d'une certaine prédominance de la mélodie, mais je dois remarquer qu'un de ses résultats en Italie est cette indifférence pour l'ensemble de l'opéra, pour l'opéra comme œuvre d'art formant un tout achevé, indifférence qui s'affiche si naïvement, que, dans les loges, pendant qu'on ne chante pas des airs de bravoure, on reçoit, on cause, si même on ne joue pas aux cartes.

La prédominance de l'harmonie dans les créations de Meyerbeer est peut-être une conséquence nécessaire de l'étendue de sa culture, qui embrasse le monde de la pensée et celui des phénomènes. Des trésors ont été prodigués pour son éducation, et il avait un esprit capable de tout apprendre : il fut initié de bonne heure dans toutes les sciences, et se distingue encore par là de la plupart des musiciens dont la brillante ignorance est en quelque façon pardonnable, puisqu'ils ont manqué pour la plupart du temps et des moyens d'acquérir des connaissances en dehors de leur art. Ce qu'il apprit devint nature chez Meyerbeer, et l'école du monde lui donna le plus haut développement ; il appartient à ce petit nombre d'Allemands que la France elle-même a reconnus comme des maîtres d'urbanité. Une culture aussi haute était peut-être nécessaire pour rassembler et façonner d'une main sûre le matériel nécessaire à la création des *Huguenots*. Mais ce qui a été gagné pour l'étendue de la conception et la clarté de l'ensemble n'a-t-il point été perdu à d'autres points de vue ? C'est une question. La culture détruit chez un artiste cette accentuation franche, ces couleurs tranchées, ce quelque chose d'immédiat dans les sentiments, qu'on admire dans les natures rudement circonscrites et demeurées incultes.

Somme toute, la culture se paye toujours chèrement, et la petite Bianca Meyerbeer a raison. Cette enfant de huit ans envie l'oisiveté des petits garçons et des petites filles qu'elle voit jouer dans la rue, et elle disait récemment : « Quel malheur que j'aie des parents cultivés ! Du matin jusqu'au soir, il faut que j'apprenne par cœur toute espèce de choses, et que je reste assise, et que je sois docile, tandis que là-bas les enfants non cultivés courent librement tout le jour, et peuvent au moins s'amuser ! »

LES VIRTUOSES DE CONCERTS

BERLIOZ, LISZT, CHOPIN

A AUGUSTE LEWALD

A part Meyerbeer, l'Académie royale de musique possède peu de compositeurs dont il vaille la peine de parler avec détail. Et pourtant l'Opéra français n'a jamais été plus prospère, ou, pour parler plus exactement, n'a jamais fait de meilleures recettes. Cette ère de prospérité commença il y a six ans sous la direction du célèbre M. Véron, dont les principes ont été appliqués depuis avec le même succès par le nouveau directeur, M. Duponchel. Je dis principes, car, par le fait, M. Véron avait des principes, résultat de ses réflexions sur l'art et la science, et, de même que, comme apothicaire, il a découvert une mixture excellente contre la toux, il a inventé, comme directeur de l'Opéra, un préservatif contre la musique. Il avait, en effet, remarqué sur lui-même qu'un spectacle de Franconi lui faisait plus de plaisir que le meilleur opéra ; il se convainquit que la plus grande partie du public était animée du même sentiment, que la plupart des gens allaient par convenance au grand Opéra, et ne s'y amusaient, d'ailleurs, que quand de belles décorations, les costumes, la danse, absorbaient tellement leur attention, qu'ils n'entendaient absolument rien de la fatale musique. Le grand Véron en vint ainsi à cette pensée géniale de satisfaire à un si haut degré les yeux des spectateurs, que la musique ne pût les gêner en rien, et qu'ils trouvassent à l'Opéra le même plaisir que chez Franconi. Le grand Véron et le grand public se comprirent ; l'un sut rendre la musique innocente, et ne donna, sous le titre d'opéras, que des pièces de parade et à spectacle ; l'autre, le public, put aller au grand Opéra avec ses filles et ses épouses, comme cela convient à des gens bien élevés, mais sans être obligé de périr d'ennui. L'Amérique était découverte, l'œuf se tenait sur la pointe, l'Opéra se remplissait chaque jour,

Franconi était débordé et faisait banqueroute, et M. Véron, depuis lors, est un homme riche. Le nom de Véron vivra éternellement dans les annales de la musique ; il a embelli le temple de la déesse, mais la déesse elle-même a été mise à la porte. Rien n'égale le luxe qui a pris le dessus au grand Opéra, devenu le paradis des gens à l'oreille dure.

Le directeur actuel suit les principes de son devancier, bien qu'il offre l'antithèse la plus tranchée et la plus divertissante avec la personnalité de celui-ci. Avez-vous jamais vu M. Véron? Au café de Paris, ou sur le boulevard de Coblence, il a dû vous arriver parfois de rencontrer cette grasse figure de caricature, le chapeau sur le côté, tout ensevelie dans une énorme cravate blanche dont les cols arrivent jusque par-dessus les oreilles, si bien que le visage rouge et réjoui avec ses petits yeux clignotants, apparaît à peine. Dans le sentiment de sa connaissance des hommes et de son succès, il se balance si complaisamment, avec une aisance si insolente, entouré d'une suite de jeunes dandys de la littérature (quelquefois un peu vieillots) qu'il régale volontiers de vin de Champagne ou de belles figurantes! C'est le dieu du matérialisme, et son regard, qui se raille de l'esprit, m'est souvent entré dans le cœur comme une lame d'acier, quand je le rencontrais.

M. Duponchel est un homme maigre d'un jaune pâle, avec un air sinon noble, du moins distingué, toujours triste, une figure d'enterrement, et quelqu'un l'a très-bien nommé « un deuil perpétuel ». A le voir, on le prendrait plutôt pour l'inspecteur du Père-Lachaise que pour le directeur du grand Opéra. Il me rappelle toujours le mélancolique fou de cour du roi Louis XIII. Ce chevalier de la triste figure est aujourd'hui le « maître de plaisir » des Parisiens et je voudrais parfois l'observer quand, seul dans sa demeure, il songe aux nouvelles bouffonneries par lesquelles il pourrait égayer son souverain, le public français, ou que, secouant tristement la tête dans sa douloureuse folie, il saisit le livre rouge pour voir si la Taglioni...

Vous me regardez avec surprise? Oui, c'est un curieux livre dont il serait très difficile d'expliquer avec bienséance la signification. Je ne puis ici me faire comprendre que par analogie. Savez-vous ce que c'est que le rhume des cantatrices? Je vous entends soupirer, et vous songez au temps de martyre où vous étiez directeur du théâtre : la dernière répétition est passée, l'opéra est déjà annoncé pour le soir, quand arrive tout à coup la prima donna qui déclare qu'elle ne peut chanter, parce qu'elle est enrhumée. Il n'y a rien à faire : un regard vers le ciel, un long regard douloureux, et l'on imprime une nouvelle affiche pour annoncer à l'honorable public que la représentation de *la Vestale* ne peut avoir lieu, à cause d'une indisposition de mademoiselle Schnaps, et qu'on représentera en échange *Rochus Pumpernickel*. Mais il ne servait de rien aux danseuses de prétexter un rhume qui ne les empêchait pas de danser, et, pendant longtemps, elles portèrent envie aux cantatrices pour cette invention rhumatique au moyen de laquelle celles-ci pouvaient en tout temps se donner à elles-mêmes une soirée de vacances, et procurer à leur ennemi, le directeur du théâtre, une journée d'ennuis. Elles demandèrent donc au bon Dieu le même droit de tourmenter leur monde, et celui-ci, ami du ballet comme tous les monarques, les dota d'une indisposition, innocente en elle-même, mais qui pourtant les empêche de pirouetter en public, et que, d'après l'analogie de *thé dansant*, nous pourrions nommer le rhume dansant. De la sorte, quand une danseuse ne veut point paraître en scène, elle a sous la main un prétexte tout aussi irréfutable que la plus grande cantatrice. L'ancien directeur du grand Opéra se donnait souvent à tous les diables quand *la Sylphide* devait être représentée, et que la Taglioni lui faisait savoir qu'elle ne pouvait mettre ce jour-là ni ailes ni maillot, et qu'elle ne se montrerait pas sur les planches parce qu'elle avait le rhume dansant... Le grand Véron, à sa façon profonde, découvrit que le rhume dansant se distinguait du rhume chantant des cantatrices, par une certaine régularité, et qu'on pouvait chaque fois le prévoir longtemps d'avance; car le bon Dieu, amateur de l'ordre comme il l'est, avait donné aux danseuses un malaise qui est en relation avec les lois de l'astronomie, de la physique, de l'hydraulique, bref de l'univers tout entier, et qui, par conséquent, est calculable; le rhume des cantatrices, en revanche, est une invention particulière, une invention de caprice féminin, incalculable par conséquent. La supputation de ce retour périodique du rhume dansant étant ainsi possible, le grand Véron chercha une ressource contre les vexations des danseuses, et, chaque fois que l'une d'elles en était atteinte, la date du fait fut exactement inscrite sur un livre à part, et c'est là le livre rouge que M. Duponchel tenait dans ses mains et dans lequel il pouvait calculer quel jour la Taglioni... Ce livre qui caractérise l'esprit inventif, et, en général, l'esprit de l'ancien directeur de l'Opéra, est assurément d'une utilité pratique.

Les remarques qui précèdent vous auront fait comprendre la valeur actuelle du grand Opéra français. Il s'est réconcilié avec les ennemis de la musique, et, de même qu'aux Tuileries, la bourgeoisie aisée a pénétré aussi à l'Académie de musique, tandis que la société distinguée quitte la place. La belle aristocratie, cette élite qui se distingue par le rang, l'éducation, la naissance, la fashion et le loisir, s'est réfugiée à l'Opéra italien, oasis musicale où les grands rossignols de l'art roulent encore leurs trilles, où ruissellent encore les sources enchantées de la mélodie, où les palmiers de beauté donnent encore, avec leur orgueilleux éventail, le signal des applaudissements, tandis que tout autour s'étend un pâle désert de sable, le Sahara de la musique. Çà et là seulement quelques bons concerts surgissent parfois dans ce désert, et rafraîchissent tout à coup l'amateur de musique. Ainsi cet hiver, les dimanches du Conservatoire, quelques soirées particulières à la rue de Bondy, et surtout les concerts de Berlioz et de Liszt. Ces deux derniers sont bien les phénomènes les plus remarquables du monde musical parisien ; je dis les plus remarquables, et non pas les plus beaux, ni les plus agréables. De Berlioz, nous aurons bientôt un opéra. Le sujet est un épisode de la vie de Benvenuto Cellini, la fonte du *Persée*. On s'attend à quelque chose d'extraordinaire, car ce compositeur a fait déjà de l'extraordinaire. Sa direction d'esprit est le fantastique, uni non pas au sentiment, mais bien à la sentimentalité : il a de grandes analogies avec Callot, Gozzi et Hoffmann. C'est ce qu'indique déjà son apparence extérieure. Quel dommage qu'il ait fait tailler sa chevelure immense, antédiluvienne, ces cheveux hérissés qui se dressaient sur son front comme une forêt sur quelque paroi de rochers escarpés ! c'est ainsi que je le vis, la première fois, il y a six ans, et tel il restera toujours dans mon souvenir. C'était au Conservatoire de musique, et l'on donnait de lui une grande symphonie, bizarre morceau nocturne, illuminé parfois seulement par une robe de femme, sentimentalement blanche, qui flottait çà et là, — ou par un éclair d'ironie, jaune de soufre. Ce qu'il y a de meilleur, c'est un sabbat de sorcières, où le diable dit la messe, où la musique d'église est parodiée avec la bouffonnerie la plus terrible et la plus sanglante. C'est une farce où toutes les vipères cachées, que nous portons dans le cœur, se dressent en sifflant joyeusement. Mon voisin de loge, un jeune homme communicatif, me montra le compositeur qui se tenait à l'extrémité de la salle, dans un coin de l'orchestre, et jouait de la timbale; car la timbale est son instrument. « Voyez-vous à l'avant-scène, me dit mon voisin, cette grosse Anglaise? C'est miss Smithson; voilà trois ans que M. Berlioz est amoureux de cette dame à en mourir, et c'est à cette passion que nous devons la symphonie sauvage que vous entendez aujourd'hui. » Effectivement, dans une loge d'avant-scène, était assise l'actrice célèbre de Covent-Garden; Berlioz ne cessait d'avoir les yeux fixés sur elle, et, chaque fois que son regard rencontrait le sien, il frappait sa timbale comme un furieux. Depuis lors, miss Smithson est devenue madame Berlioz, et c'est depuis lors aussi que son mari s'est fait couper les cheveux. Lorsque cet hiver, au Conservatoire, j'entendis de nouveau sa symphonie, il était toujours assis comme joueur de timbales à l'arrière-plan de l'orchestre ; la grosse Anglaise était encore à l'avant-scène, leurs regards se rencontraient encore... mais il ne frappait plus sa timbale avec autant de fureur.

Liszt est le musicien qui a le plus d'affinités électives avec Berlioz, et c'est aussi lui qui exécute le mieux sa musique. Je n'ai pas besoin de vous parler de son talent ; sa gloire est européenne. C'est incontestablement l'artiste qui possède à Paris les enthousiastes les plus absolus, mais aussi les adversaires les plus ardents. C'est un signe considérable, que personne ne parle de lui avec indifférence. Dans ce monde, sans avoir une valeur positive, on ne peut éveiller ni passions favorables ni passions hostiles. Il faut du feu pour enflammer les hommes, aussi bien pour l'amour que pour la haine. Ce qui témoigne le plus en faveur de Liszt, c'est la pleine estime avec laquelle ses adversaires même reconnaissent sa valeur personnelle. C'est un homme d'un caractère mal fait, mais noble, désintéressé et sans fraude. Ses tendances d'esprit sont des plus remarquables; il a de grandes aptitudes pour la spéculation, et, plus encore que les intérêts de son art, ce qui l'intéresse, ce sont les investigations des écoles diverses qui s'occupent à résoudre la grande question qui embrasse ciel et terre. Longtemps il a été un fervent sectateur de la belle doctrine saint-simonienne; plus tard les pensées spiritualistes ou plutôt vaporeuses de Bellanche l'ont enveloppé de leurs brouillards; aujourd'hui, ce qui l'exalte, ce sont les dogmes républicains-catholiques d'un Lamennais qui a planté sur la croix le bonnet de jacobin... Le ciel sait où se trouve maintenant son futur dada. Mais cette infatigable ardeur après la lumière et la divinité reste toujours digne d'éloge, et témoigne de son sens pour la sainteté, pour la religion. Qu'une tête aussi inquiète, confusément entraînée çà et là par toutes les souffrances et toutes les doctrines du temps, qui sent le devoir de se préoccuper de tous les besoins de l'humanité, et met volontiers le nez dans tous les pots où le bon Dieu cuisine l'avenir; — que Franz Liszt ne soit pas un paisible joueur de piano pour de tranquilles bourgeois et de sensibles bonnets de nuit, cela va de soi. Quand il s'assied au piano, et, après avoir rejeté ses cheveux en arrière, commence à improviser, alors il arrive souvent qu'il se précipite trop follement sur les touches d'ivoire, et l'on entend retentir comme une forêt vierge de pensées hautes comme le ciel, où çà et là les plus douces fleurs répandent leurs parfums ; de sorte qu'on est tout ensemble angoissé et ravi, mais pourtant surtout angoissé.

Je vous l'avoue, quelque vivement que j'aime Liszt, sa musique n'agit pourtant point agréablement sur mon âme, d'autant plus que je suis un enfant du dimanche, et que je vois les spectres que d'autres gens ne font qu'entendre, puisque, comme vous le savez, à chaque son que la main tire du clavier la figure correspondante s'élève aussi dans mon esprit, bref, puisque la musique est visible à mon œil intérieur. Mon cerveau tremble encore au souvenir de la soirée où j'entendis Liszt la dernière fois. C'était au concert pour les Italiens malheureux, dans l'hôtel de cette belle, noble et souffrante princesse qui représente si bien la patrie de son corps et celle de son esprit, l'Italie et le ciel... Je ne sais plus ce que Liszt joua, mais je jurerais qu'il varia quelque thème de l'Apocalypse. D'abord je ne pus pas les voir tout à fait distinctement, les quatre animaux mystiques ; je n'entendais que leurs voix, surtout le rugissement du lion et le cri perçant de l'aigle. Je vis parfaitement le bœuf avec le livre dans la main. Ce qu'il joua le mieux, c'est la vallée de Josaphat. Il y avait des barrières comme dans un tournoi, et, comme spectateurs, se pressaient autour de l'immense enceinte les peuples ressuscités, tremblants, et la pâleur du sépulcre au front. D'abord Satan galopa dans la lice, avec une armure noire, monté sur un cheval blanc comme du lait. Lentement, derrière lui, chevauchait la Mort sur son cheval pâle. Enfin parut Christ en armure d'or sur un cheval noir, et, avec sa sainte lance, il terrassa d'abord Satan, puis ensuite la Mort, et les spectateurs poussèrent des cris de joie... Une tempête d'applaudissements accueillit le jeu du vaillant Liszt, qui, épuisé, quitta le piano, s'inclina devant les dames... Sur les lèvres de la plus belle se montra ce doux sourire mélancolique qui rappelle l'Italie, et fait pressentir le ciel.

Ce même concert eut encore pour le public une autre sorte d'intérêt. Vous savez à satiété par les journaux quelle triste mésintelligence règne entre

Liszt et le pianiste Thalberg de Vienne, quel bruit a fait dans le monde musical un article de Liszt contre Thalberg, et quel rôle les inimitiés cachées ont joué là-dedans, au détriment de l'un comme de l'autre. Dans la plus grande fleur de ces froissements scandaleux, les deux héros du jour résolurent de se faire entendre, l'un après l'autre, dans le même concert. Tous deux mirent de côté, au profit d'une œuvre de bienfaisance, leur sentiment personnel blessé, et le public auquel ils donnaient ainsi moyen de reconnaître et d'apprécier, par une comparaison instantanée, leurs diversités particulières, leur accorda généreusement l'approbation méritée.

Il suffit de comparer une fois leur caractère musical pour se convaincre qu'il y a autant de malice cachée que de petitesse à vouloir élever l'un aux dépens de l'autre. Leur virtuosité technique est égale et, pour ce qui concerne leur caractère spirituel, on ne saurait imaginer de contraste plus heurté que celui de l'Autrichien Thalberg, avec son noble cœur, pacifique et sage, — en face du sauvage Liszt, tout sillonné d'éclairs volcaniques, et prêt à escalader le ciel.

La comparaison entre deux virtuoses repose d'ordinaire sur une erreur qui a fleuri aussi dans la poétique, c'est-à-dire sur le principe de la difficulté vaincue. Mais, depuis qu'on s'est aperçu que la forme métrique a une tout autre importance que de montrer l'habileté du poète à manier la langue, et que nous n'admirons pas un beau vers parce qu'il a coûté beaucoup de peine, on s'apercevra bientôt qu'il suffit qu'un musicien puisse communiquer par son instrument tout ce qu'il sent et pense, ou ce que d'autres ont senti et pensé, et que tous les tours de force des virtuoses, qui ne témoignent que de difficultés vaincues doivent être proscrits comme un bruit inutile, et relégués dans le domaine des joueurs de gobelet, des faiseurs d'estoc, des avaleurs de sabre et des danseurs de corde. C'est assez pour le musicien qu'il soit complètement maître de son instrument, que l'on oublie tout à fait les moyens matériels dont il se sert, et que l'esprit seul se fasse entendre. En général, depuis que Kalkbrenner a poussé l'art du jeu à sa plus haute perfection, les pianistes devraient ne pas s'en faire trop accroire pour leur dextérité technique. Il n'y a que l'infatuation et la méchanceté qui puissent parler pédantesquement d'une révolution que Thalberg aurait accomplie sur son instrument. On a rendu un mauvais service à ce grand et excellent artiste lorsque, au lieu de vanter la beauté junévile, la tendresse et le charme de son jeu, on l'a représenté comme un Colomb qui a découvert l'Amérique sur son piano, tandis que les autres avaient dû se fatiguer jusqu'ici à jouer tout autour du cap de Bonne-Espérance quand ils voulaient régaler le public avec des épiceries musicales. Comme Kalkbrenner a dû rire, quand il a entendu parler de la nouvelle découverte !

Il y aurait injustice de ma part à ne pas mentionner, à cette occasion, un pianiste qui est aujourd'hui, avec Liszt, le plus fêté de tous. C'est Chopin, qui ne brille pas seulement comme virtuose par la perfection technique, mais qui, comme compositeur, atteint aussi les plus hauts sommets. C'est un homme de premier ordre. Chopin est le favori de cette élite qui cherche dans la musique les plus hautes jouissances de l'esprit. Sa gloire est d'espèce aristocratique, parfumée des louanges de la bonne société, distinguée comme sa personne.

Chopin est né en Pologne de parents français et

a reçu une partie de son éducation en Allemagne.
Les influences de ces trois nationalités donnent à sa
personne quelque chose de singulièrement remarquable ; il s'est approprié, en effet, tout ce qui distingue en bien ces trois peuples : la Pologne lui a
donné son sens chevaleresque et sa douleur historique, la France sa grâce légère et son charme,
l'Allemagne sa profondeur romantique... Mais la
nature lui a donné une taille élancée, un peu frêle,
le plus noble cœur, et le génie. Oui, il faut accorder à Chopin le génie dans toute la signification du
mot. Il n'est pas seulement virtuose, il est aussi
poète, il peut nous donner la perception de la
poésie qui vit dans son âme, il est compositeur, et
rien ne ressemble à la jouissance qu'il nous procure,
quand il s'assied à son piano et qu'il improvise. Il
n'est alors ni Polonais, ni Français, ni Allemand ;
il trahit une origine bien plus haute, il descend du
pays de Mozart, de Raphaël, de Gœthe : sa vraie
patrie est le royaume enchanté de la poésie. Quand
il est assis au piano et qu'il improvise, il me semble
qu'un compatriote arrive pour me visiter de notre
pays bien-aimé et me raconte les plus curieuses
choses qui se sont passées là-bas pendant mon

absence... Parfois je voudrais l'interrompre par une question ; « Et comment va la belle ondine qui savait attacher si coquettement son voile d'argent autour de ses boucles vertes? Le vieux dieu de mer à la barbe blanche la poursuit-il toujours de son fol amour suranné? Les roses chez nous sont-elles toujours enflammées d'orgueil? Les arbres chantent-ils toujours d'aussi beaux chants au clair de lune?... »

Hélas! il y a longtemps déjà que je vis à l'étranger, et, avec mon fabuleux mal du pays, je m'apparais parfois à moi-même comme le Hollandais volant et ses compagnons de vaisseau éternellement balancés sur les vagues, et qui soupirent inutilement après les quais paisibles, les tulipes, les myfrowen, les pipes de terre et les tasses de porcelaine de Hollande... « Amsterdam! Amsterdam! quand reviendrons-nous à Amsterdam ? » soupirent-ils dans la tempête, tandis que les vents mugissants les roulent incessamment çà et là sur les vagues maudites de leur enfer aquatique. Je comprends bien la douleur avec laquelle le capitaine du navire maudit s'écria un jour : « Si jamais je reviens à Amsterdam, j'aime mieux y être une pierre, au coin d'une rue, que de quitter encore une fois la ville ! » Pauvre Vanderdecken !

J'espère, très cher ami, que ces lettres vous trouveront dispos et gai, voyant la vie en rose tout autour de vous, et qu'il ne m'adviendra pas comme au Hollandais volant dont les lettres étaient d'ordinaire adressées à des personnes qui, pendant son absence, étaient mortes depuis longtemps au pays. —Hélas ! combien de ceux que j'aimais s'en sont allés, pendant que mon esquif était ballotté de tous côtés par les plus fatales tempêtes ! Le vertige me prend, et je crois que les étoiles ne tiennent plus fermes au ciel et se meuvent en cercles passionnés. Je ferme les yeux, et alors des rêves insensés me saisissent de leurs longs bras et m'entraînent dans des contrées fabuleuses et des angoisses cruelles... Vous n'avez pas d'idée, cher ami, combien sont étranges et merveilleusement invraisemblables les paysages que je vois en rêve, et quelles douleurs horribles me tourmentent jusque dans mon sommeil...

La nuit dernière, je me trouvais dans un dôme immense. Il y régnait un demi-jour crépusculaire... Seulement, dans les espaces les plus élevés, le long des galeries que supportait le premier rang de piliers,

passaient les torches vacillantes d'une procession :
enfants de chœur en vêtements rouges, portant des
cierges et des bannières d'église, puis des moines au
froc sombre et des prêtres en chasuble bigarrée. Et
la procession se mouvait d'une façon étrange et terrible dans ces hauteurs, le long de la coupole, mais
peu à peu descendait, descendait, —tandis que, moi,
dans le fond, l'infortunée femme à mon bras, je me
réfugiais çà et là dans la nef de l'église. Je ne sais
plus ce qui nous épouvantait : nous fuyions tout palpitants d'angoisse, cherchant parfois à nous cacher
derrière un des piliers géants, mais en vain, et nous
fuyions avec toujours plus d'effroi, car la procession, descendant les escaliers en spirale, s'approchait de nous...C'était un chant inexprimablement
douloureux, et ce qu'il y avait de plus mystérieux
encore, en tête marchait une grande femme pâle,
qui n'était plus jeune, mais portait encore sur son
visage les traces d'une grande beauté, et se dirigeait
vers nous à pas mesurés, presque comme une
danseuse d'Opéra. Elle portait dans ses mains un
bouquet de fleurs noires, qu'elle nous présenta avec
un geste théâtral, tandis qu'une douleur vraie,
immense, semblait pleurer dans ses grands yeux

brillants... Puis tout à coup la scène changea, et, au lieu d'un dôme obscur, nous nous trouvâmes dans une contrée sauvage où les montagnes se mouraient, et, comme des hommes, prenaient toutes sortes de poses, et où les arbres, couverts de feuilles rouges comme des flammes, semblaient brûler et brûlaient en réalité... Puis, lorsque les montagnes, après les mouvements les plus insensés, se furent complètement aplanies, les arbres peu à peu cessèrent de brûler et tombèrent en cendre... Et enfin je me trouvai tout à fait seul dans une vaste plaine désolée : sous mes pieds rien qu'un sable jaune, au-dessus de moi rien qu'un ciel morne et pâle. J'étais seul. Ma compagne avait disparu, et, tandis que je la cherchais avec angoisse, je trouvai dans le sable une statue de femme admirablement belle, mais les bras brisés comme ceux de la Vénus de Milo, et le marbre, à mainte place, tristement dégradé. Je le considérais douloureusement quand arriva un cavalier sur sa monture. C'était un grand oiseau, une autruche montée sur un chameau, chose plaisante à voir. Il fit halte aussi devant la statue, et nous nous entretînmes longtemps sur l'art. « Qu'est-ce que l'art ? » demandai-je. Et il me répondit: « Demandez-le au grand sphinx de pierre qui rumine accroupi à l'entrée du musée de Paris. »

Cher ami, ne riez pas de mes visions nocturnes. Ou bien auriez-vous aussi contre les songes le préjugé général?

Demain, je pars pour Paris[1]! Adieu.

1. Cette lettre, comme celle qui la précède, fut écrite à la campagne en 1837.

DES PYRÉNÉES

I

BARÉGES

Le 26 juillet 1846.

De mémoire d'homme, il n'y a eu pareille affluence aux sources bienfaisantes de Baréges. Ce petit village d'une soixantaine de maisons, et de quelques douzaines de baraques provisoires, ne peut plus contenir la foule des malades. Les derniers venus ont pu trouver à peine à s'abriter une nuit, et ont dû repartir souffrants. La plupart des baigneurs sont des militaires français qui ont moissonné en Afrique beaucoup de lauriers, de coups de lance et de rhumatismes. Quelques vieux officiers de l'empire se traînent aussi çà et là, et cherchent à oublier dans la baignoire les glorieux souvenirs qui, à chaque changement de température, leur causent de si pénibles démangeaisons. Il y a aussi à Baréges un poëte allemand qui peut avoir maintes choses à y guérir, mais qui jusqu'ici pourtant n'a nullement perdu la raison, et moins encore a été enfermé dans une maison de fous, comme un correspondant berlinois l'a prétendu dans la très louable *Gazette universelle de Leipzig*. Il est vrai que nous pouvons nous tromper; Henri Heine a peut-être la cervelle plus détraquée qu'il ne le croit lui-même; mais ce que nous pouvons assurer avec certitude, c'est qu'ici, dans la France anarchique, on le laisse libre encore d'aller et de venir; ce qui probablement ne lui serait pas permis à Berlin, où la police sanitaire de l'esprit se fait d'une façon plus rigoureuse. Quoi qu'il en soit, les âmes pieuses des bords de la Sprée peuvent se consoler : le corps du poëte, sinon son esprit, est suffisamment perclus par la maladie dans le voyage de Paris ici, son état de souffrance devint si intolérable, que, non loin de Bagnères de Bigorre, il lui fallut quitter la voiture, et se faire transporter dans un fauteuil à travers la montagne. Pendant cette ascension sublime, il jouit pourtant de quelques échappées de lumière ; jamais l'éclat du soleil et la verdure des forêts ne l'ont plus vivement enchanté, et les grands sommets de rochers, comme des têtes de géants de pierre, le regardaient avec une compassion fabuleuse. Les hautes Pyrénées sont admirablement belles… L'âme est surtout restaurée par la musique des torrents de montagne qui, comme un grand orchestre, se précipitent dans le Gave, le bruyant fleuve de la vallée. Puis l'on entend avec charme la sonnerie des troupeaux de moutons, surtout lorsqu'ils défilent en grand nombre, descendant joyeusement les pentes des collines, en tête les mères brebis à longue laine, les béliers aux cornes doriques qui portent de grandes clochettes au cou, et le jeune homme qui les conduit pour la tonte dans le village de la vallée, et compte bien, à cette occasion, revoir sa bien-aimée. Quelques jours plus tard, la sonnerie est moins gaie, le temps, dans l'intervalle, est devenu orageux, des nuées d'un gris de cendre suspendent leurs brumes aux flancs des vallées, et le jeune berger, avec ses agneaux tondus et frissonnants, remonte mélancolique vers sa solitude alpestre ; il est tout enveloppé de son brun manteau basque richement rapiécé, et peut-être s'est-il séparé d'*elle* avec amertume.

Un semblable coup d'œil me rappelle avec une singulière vivacité le chef-d'œuvre de Decamps que possédait le salon de cette année, et que plusieurs, même parmi les Français celui qui s'entend le mieux à l'art, Théophile Gautier, ont jugé avec une injuste sévérité. Le berger de ce tableau, qui, dans sa majesté guenilleuse, semble un vrai roi mendiant, et cherche à abriter sur sa poitrine, contre les torrents de pluie, une pauvre petite brebis, les tristes nuages orageux avec leurs stupides grimaces, le chien dans sa laideur velue, — tout dans cette toile est si vrai, d'une fidélité si pyrénéenne, tellement loin de toute teinte sentimentale et de toute idéalisation doucereuse, que le talent de Decamps s'y manifeste d'une manière presque effrayante, dans sa plus naïve nudité.

Les Pyrénées sont exploitées maintenant avec un grand succès par beaucoup de peintres français, surtout à cause des costumes populaires qu'on y rencontre, et les travaux de Leleux méritent les éloges que leur décerne avec une finesse si pénétrante notre collègue de la *Gazette d'Augsbourg;* on trouve aussi chez ce peintre la **vérité de la nature**, mais d'une façon presque indiscrète ; elle apparaît trop hardiment, et dégénère en virtuosité. Le vêtement des montagnards, des Béarnais, des Basques et des Espagnols de la frontière est, en effet, aussi original et aussi bien fait pour les tableaux de chevalet que peut le souhaiter un jeune enthousiaste de la confrérie du pinceau, qui a notre frac banal [1] en abomination ; la coiffure des femmes, le capuce écarlate, descendant jusqu'aux hanches par-dessus leur corsage noir, est surtout des plus pittoresques. Il n'y a pas de plus charmant coup d'œil que celui d'une chevrière ainsi vêtue, assise sur un mulet à la haute selle, l'antique quenouille sous le bras, s'a-

---

1. Je discutais récemment là-dessus avec un philosophe de Berlin — une ville de Prusse — qui voulait m'expliquer la signification mystique du frac, et la poésie de sa forme, selon la nature et l'histoire. Il me raconta le mythe suivant : le premier homme n'est point venu au monde dans une messéante nudité, mais tout cousu dans une robe de chambre, et lorsque, plus tard, la femme naquit d'une de ses côtes, il fut taillé, sur le devant de sa robe de chambre, une grande pièce qui devait servir de tablier à sa femme, de sorte que la robe de chambre devint ainsi un frac qui trouva dans le tablier féminin son complément naturel. Malgré cette belle origine du frac et de sa signification politique, je ne saurais pourtant encore me réconcilier avec sa forme ; les peintres partagent cette aversion et se sont mis à la recherche de costumes plus pittoresques.

vançant avec son noir troupeau cornu le long des sommets des montagnes, où la caravane aventureuse se dessine avec les contours les plus purs sur le clair azur du ciel.

Le bâtiment où sont installés les bains, à Baréges, forme le plus désagréable contraste avec les beautés de la nature environnante, et son extérieur peu avenant répond au mieux à son dedans : de sombres cellules sinistres, semblables à des voûtes sépulcrales, avec des baignoires de pierre trop étroites, espèces de cercueils provisoires où, chaque jour, on peut s'exercer pendant une heure à être couché silencieusement, les jambes étendues et les bras croisés; utile préparation pour ceux qui sont en train de déménager de ce monde. Mais l'inconvénient le plus lamentable de Baréges, c'est le manque d'eau : les sources thermales n'y coulent pas en quantité suffisante. C'est une triste ressource, sous ce rapport, que ce qu'on appelle ici les piscines, c'est-à-dire d'étroits réservoirs d'eau, où une douzaine d'hommes, et quelquefois davantage, se baignent ensemble debout. Il y a là des contacts qui sont rarement agréables, et, à cette occasion, on comprend dans toute sa profondeur le mot de ce

Hongrois tolérant qui disait à son camarade en se caressant la moustache : « Pour moi, peu m'importe ce qu'est l'homme, chrétien ou juif, républicain ou kaiserlik, prussien ou turc, — pourvu seulement que l'homme soit sain. »

II

LA VIE DES BAINS ET LES BAIGNEURS

Baréges, le 7 août 1846.

Je ne saurais m'exprimer avec certitude sur la valeur thérapeutique des bains de Baréges. Peut-être qu'en définitive on n'en peut rien dire de certain. Il est impossible d'analyser chimiquement l'eau d'une source et d'indiquer exactement combien il s'y trouve de soufre, de sel ou de beurre; mais personne ne se hasardera à déclarer que cette eau, même dans des cas déterminés, est un moyen de guérison infaillible; car cet effet dépend complètement de la constitution invididuelle du malade, et les bains qui, avec des symptômes identiques de maladie, font du bien à l'un n'en font pas le moins du monde à l'autre, si même ils n'exercent pas la plus fâcheuse influence. De même que le magnétisme, par exemple, les eaux minérales possèdent aussi une vertu qui, pour être suffisamment constatée, n'est nullement déterminée, dont les limites et même la nature la plus intime sont restées jusqu'ici inconnues aux observateurs; de sorte que le médecin n'a coutume de les employer que là où tous les autres moyens échouent. Quand le fils d'Esculape ne sait plus où donner de la tête avec son patient, alors il l'envoie aux bains avec une longue consultation écrite, qui n'est autre chose qu'une lettre de recommandation adressée au hasard.

Les vivres ici sont fort mauvais, mais d'autant plus chers. Des filles de service, assez peu appétissantes, apportent aux baigneurs, dans leur chambre, le déjeuner et le dîner dans de grandes corbeilles, absolument comme à Gœttingue. Que n'avons-nous encore ici le jeune appétit académique avec lequel nous triturions autrefois le veau rôti le plus savamment sec de la Georgia-Augusta! La vie elle-même est aussi ennuyeuse que sur les bords fleuris de la Leine[1]. Je dois dire pourtant que nous avons eu deux très jolis bals, où les danseurs ont tous paru sans béquilles. Il s'y rencontra quelques filles d'Albion qui se distinguaient par leur beauté et leur gaucherie; elles dansaient comme si elles eussent chevauché sur des ânes. Parmi les Françaises brillait la fille du célèbre Cellarius, qui a dansé ici sur ses propres pieds la polka — honneur insigne pour le petit Baréges! Quelques jeunes ondines du grand Opéra de Paris — de celles qu'on appelle des rats, — entre autres la vierge aux pieds d'argent, mademoiselle Lelhomme, ont fait tourbillonner ici leurs entrechats, et, en les voyant, je songeai avec vivacité à mon cher Paris, où à la fin je ne pouvais tenir à cause de la danse et de la musique et où pourtant mon cœur se souhaite aujourd'hui. Étrange et fol enchantement ! A force de plaisirs et de folles jouissances, Paris devient enfin si fatigant, si accablant, tous les plaisirs y sont liés à une tension si pénible, qu'on ne peut pas se tenir de joie

---

[1]. Rivière qui coule à Gœttingue. — On sait que l'Université de cette ville s'appelle *Georgia-Augusta*, du nom de son fondateur, George II, roi d'Angleterre.

quand on échappe une fois à cette galerie du plaisir ; — et à peine en est-on loin depuis quelques mois, qu'il suffit de la mélodie d'une valse, ou de l'ombre de la jambe d'une danseuse, pour réveiller dans notre âme toutes les langueurs du mal du pays parisien. Mais cela n'arrive qu'aux têtes moussues de ce bagne enchanté, et non pas aux nouveaux débarqués du pays d'Allemagne, qui, après un semestre passé à Paris, se plaignent piteusement qu'on n'y est pas aussi doucement tranquille que de l'autre côté du Rhin, où l'on a introduit le système cellulaire de la méditation solitaire; — qu'on ne peut pas s'y recueillir paisiblement, comme par exemple à Magdebourg ou à Spaudau; — que la conscience morale s'y perd dans le bruit des flots du plaisir qui s'y heurtent constamment; — que la dissipation y est trop grande ; — et, en effet, la dissipation est réellement trop grande à Paris, car, tandis que nous nous y dissipons, notre argent s'y dissipe également !

Hélas! à Barèges aussi, l'argent s'en va, quelque ennuyeux que soit le séjour de cette piscine salutaire. On n'a pas d'idée combien il est coûteux, plus du double de celui des autres bains des Pyrénées. Et quelle avidité chez ces montagnards qu'on a coutume de vanter comme une espèce d'enfants de la nature, débris d'une race innocente ! Ils révèrent l'argent avec une ferveur qui touche au fanatisme, et c'est là proprement leur culte national. Mais l'argent n'est-il pas aujourd'hui le dieu du monde entier, un dieu tout-puissant, que l'athée le plus endurci ne saurait renier trois jours durant; car, sans son aide divine, le boulanger ne lui livrerait pas seulement un petit pain?

Ces jours-ci, par cette grande chaleur, nous sont arrivés de véritables essaims d'Anglais, — visages sains et rouges nourris de biftecks, qui contrastent de la façon la plus blessante avec la pâle tribu des baigneurs. Le plus considérable de ces nouveaux venus est un membre du Parlement, énormément riche et passablement connu, qui appartient à la clique torie. Ce gentleman ne semble pas aimer les Français ; mais, en revanche, il a pour nous autres Allemands la plus grande sympathie. Il vante surtout notre droiture et notre fidélité. Aussi, à Paris, où il pense passer l'hiver, il ne veut avoir aucun domestique français, mais des allemands seuls. Je l'ai remercié de la confiance qu'il nous accorde, et lui ai recommandé quelques compatriotes de l'école historique.

Nous comptons aussi, parmi les baigneurs, le duc de Nemours, qui habite avec sa famille à quelques lieues de Baréges, à Luz, mais se fait amener ici chaque jour pour prendre son bain. Lorsqu'il vint la première fois à Baréges, il était en calèche découverte, bien qu'il fît, ce jour-là, le plus misérable temps de brouillard ; j'en conclus qu'il devait être tout à fait bien portant, et, en tout cas, ne craignait pas de s'enrhumer. Sa première visite a été pour l'hôpital militaire, où il s'entretint familièrement avec les soldats malades, s'informant de leurs blessures, de leurs états de service, etc. Une semblable démonstration, bien qu'elle ne soit qu'un vieux petit air de trompette par lequel tant d'illustrissimes personnages ont fait connaître leur virtuosité, ne manque pourtant jamais son effet, et, quand le prince arriva à l'établissement des bains, il était déjà passablement populaire. Comme ce régent désigné a devant lui un grand avenir, et que sa personnalité peut avoir de l'influence sur les destinées de toute l'Europe, je l'ai observé avec une attention particulière, cherchant à surprendre dans ses dehors la marque de son être intérieur. Je fus vite désarmé dans cette occupation un peu défiante par la grâce tranquille qui enveloppe en quelque sorte ce jeune homme à la tournure élancée et élégante, et puis par le beau regard compatissant qu'il arrêtait sur les figures souffrantes réunies en foule autour de lui. Ce regard n'avait absolument rien d'officiel, rien d'étudié ; c'était le rayonnement pur et sincère d'une âme noble et amie des hommes. La compassion qui se trahissait dans ses yeux avait aussi quelque chose de touchant dans sa réserve modeste, car la modestie doit être le trait saillant de son caractère. Nous l'avons remarquée aussi chez son frère, le duc d'Orléans, qui tomba trop prématurément sur le champ de bataille de la vie. Le duc de Nemours n'est point aussi aimé que son défunt frère, dont les qualités se montraient plus ouvertement. Cet homme admirable, ou, pour mieux dire, cet admirable poëme qui s'appelait Ferdinand d'Orléans était écrit en quelque sorte dans un style populaire, généralement intelligible, tandis que son frère de Nemours se retranche dans une forme d'art moins accessible à la foule. Ces deux princes ont toujours présenté un remarquable contraste dans leur extérieur. Celui du duc d'Orléans était nonchalamment chevaleresque; l'autre a plutôt quelque chose de finement patricien. Le premier était tout à fait un jeune officier français, bouillant de la bravoure la plus étourdie, de ceux qui se jettent avec un égal bonheur à l'assaut des forteresses et des cœurs de femme. On dit que Nemours est un bon soldat, du courage le plus stoïque, mais peu belliqueux. S'il arrive à la régence, il ne se laissera pas aussi facilement séduire par la trompette de Bellone que son frère en était capable; ce qui nous fait un très grand plaisir, car nous pressentons bien quel est le cher pays qui deviendrait le champ de bataille, et quel peuple naïf devrait payer à la fin les frais de la guerre. Il n'y a qu'une seule chose que je tiendrais à savoir, je veux dire si le duc de Nemours possède autant de patience que son glorieux père, lequel, par cette qualité qui manque à tous ses adversaires français, a été infatigablement victorieux, et a conservé la paix à la France et au monde.

III

LE DUC DE NEMOURS — LA RICHESSE NATIONALE
DES JUIFS

Baréges, le 20 août 1846.

Le duc de Nemours est patient. Je l'ai remarqué à l'égalité d'âme avec laquelle il supporte les retards, quand on prépare son bain. Il ne rappelle aucunement son grand-oncle, et le *J'ai failli attendre*. Le duc de Nemours sait attendre, et j'ai remarqué en lui une qualité non moins précieuse, c'est qu'il ne fait pas attendre les autres. Je suis son successeur (dans sa baignoire, bien entendu), et je dois lui accorder cet éloge qu'il la quitte aussi ponctuellement qu'un mortel ordinaire, auquel, ici, son heure est mesurée à la minute. Il vient tous les jours à Baréges, d'ordinaire en voiture découverte, conduisant lui-même les chevaux, tandis qu'à côté de lui est assis un cocher oisif à figure maussade, et derrière lui un gros valet de chambre allemand. Très-souvent, quand le temps est beau, le prince fait à pied, à côté de la voiture, tout le trajet de Luz à Baréges; en général, il semble beaucoup aimer les exercices du corps; il impose aux montagnards par la souplesse avec laquelle il gravit les hauteurs les plus escarpées; à la brèche de Roland, dans la vallée de Gavarnie, on montre les parois de rocher où le prince a grimpé au risque de se casser le cou; il est aussi excellent chasseur, et doit avoir mis dernièrement un ours dans le plus grand danger. Il fait aussi, avec sa femme, qui est des plus belles, de très-fréquentes excursions sur les points les plus remarquables des montagnes. C'est ainsi qu'il vient de faire avec elle l'ascension du pic du Midi, et, tandis que l'on portait la princesse et sa dame de compagnie en palanquin, le jeune prince prit les devants pour être un instant seul au sommet, et admirer sans être troublé ces colossales beautés de la nature qui élèvent notre âme à une hauteur idéale au-dessus du monde de tous les jours. Toutefois, lorsque le prince parvint au sommet de la montagne, il y aperçut plantés dans toute leur roideur — trois gendarmes ! Or, il n'y a vraiment rien au monde qui puisse agir d'une façon plus rafraîchissante sur l'imagination que le visage positif d'un gendarme, vraie table de la loi, et le terrible jaune citron de son baudrier. Tous les sentiments enthousiastes sont comme arrêtés, *au nom de la loi*, dans la poitrine; et je comprends très-bien l'expression d'une petite Française qui, l'hiver dernier, était si fort scandalisée de ce qu'on aperçût des gendarmes jusque dans les églises, dans les pieuses maisons de Dieu, où l'on veut se livrer aux sentiments de la dévotion : « Ce coup d'œil, disait-elle, m'ôte toute illusion. »

Je ne pus m'empêcher de sourire tristement quand on me raconta combien le prince parut désagréablement affecté en voyant la *surprise* que lui avait ménagée, tout au sommet du pic du Midi, l'empressement servile du préfet. « Pauvre prince ! pensai-je, tu te trompes bien si tu crois que tu peux encore, librement et sans témoins, te livrer à l'enthousiasme ; tu es aux mains de la gendarmerie, et, toi-même, tu seras un jour le gendarme en chef, chargé de veiller sur la paix du pays. Pauvre prince ! »

Ici, à Baréges, l'ennui gagne chaque jour. Ce n'est pas le manque de distrations sociales qui est insupportable, mais bien plutôt celui des avantages de la solitude : ce sont des cris et un tumulte sans fin qui ne permettent pas de rêver tranquillement, et, à chaque instant, nous réveillent en sursaut de nos pensées. Le claquement strident des coups de fouet — cette musique nationale de Baréges — nous déchire les nerfs depuis le grand matin jusque tard dans la nuit. Et puis, quand le mauvais temps se met de la partie, et que les montagnes, ivres de sommeil, tirent leur bonnet de brouillards sur leurs oreilles, alors les heures s'allongent ici en des éternités d'ennui. La déesse de l'ennui en personne, la tête envelopée d'un capuce de plomb et *la Messiade* de Klopstock à la main, se promène alors par les rues de Baréges, et celui qu'elle rencontre en bâillant sent tarir dans son cœur jusqu'à la dernière goutte le courage de vivre ! Cela va si loin, que, de désespoir, je ne cherche plus à éviter la société de notre patron, le membre du Parlement d'Angleterre. Il rend toujours l'hommage le plus mérité à nos vertus domestiques et à nos qualités morales. Pourtant, il me semble qu'il nous aime avec moins d'enthousiasme depuis que, dans nos entretiens, j'ai laissé tomber cette remarque que les Allemands éprouvaient aujourd'hui un extrême désir de posséder une marine, que nous avions déjà inventé des noms pour tous les navires de notre future flotte, que les patriotes dans les prytanées de force, au lieu de laine comme jusqu'ici, ne veulent plus filer que du lin pour de la toile à voiles, et que les chênes de la forêt de Teutobourg, qui dormaient depuis la défaite de Varus, se sont enfin réveillés et s'offrent comme mâts volontaires de navires. Cette communication a fort déplu au noble Breton, et il pense que nous ferions mieux, nous autres Allemands, de poursuivre, en réunissant nos forces divisées, l'achèvement du dôme de Cologne, la grande œuvre de la foi de nos pères.

Chaque fois que je parle de mon pays avec des Anglais, je remarque avec une humiliation profonde que la haine qu'ils ressentent contre les Français est infiniment plus honorable pour ce peuple que l'impertinent amour qu'ils veulent bien nous accorder, à nous Allemands, et dont nous sommes toujours redevables à quelque lacune de notre puissance dans le monde, ou de notre intelligence; ils nous aiment à cause de notre faiblesse maritime, qui ne leur fait craindre de notre part aucune concurrence commerciale; ils nous aiment pour notre naïveté politique, qu'ils espèrent exploiter d'une autre façon dans le cas d'une guerre avec la France.

Les commérages de la chronique des élections qui ont aussi trouvé dans nos montagnes leur écho de scandale, ont été une diversion à notre ennui. L'opposition a subi une nouvelle défaite dans le département des Hautes-Pyrénées; l'indifférence politique et l'extrême avidité d'argent qui règnent ici, pouvaient la faire prévoir. Le candidat du parti du mouvement qui a échoué à Tarbes doit être un homme honnête et loyal dont on vante les convictions et la fixité de principes, bien que pour lui, comme pour tant d'autres caractères soi-disant héroïques, les convictions ne soient proprement qu'un arrêt dans la pensée, et la persévérance une faiblesse psychique. Ces gens persévèrent dans les principes pour lesquels ils ont fait déjà tant de sacrifices, par le même motif qui fait que tant d'hommes ne peuvent se séparer d'une maîtresse; ils la gardent parce qu'elle leur a déjà beaucoup coûté.

Les journaux ont annoncé à satiété que M. Achille Fould avait été élu à Tarbes, et représenterait de nouveau les Hautes-Pyrénées dans la prochaine Chambre des députés. Le ciel me garde de divulguer ici des particularités sur les personnes ou sur l'élection. M. Fould n'est ni meilleur ni pire que cent autres qui formeront avec lui, sur les bancs verts du palais Bourbon, la majorité. L'élu est d'ailleurs conservateur, non ministériel, et de tout temps il a patronné non M. Guizot, mais M. Molé. Son avénement à la députation me fait un véritable plaisir, par ce motif très-simple que l'égalité civile des israélites est ainsi sanctionnée dans ses dernières conséquences. Depuis longtemps, il est vrai, la loi a, aussi bien que l'opinion publique, en France, reconnu ce principe que tous les emplois de l'État, sans exception, devraient être accessibles aux juifs qui se distinguent par des talents ou des sentiments élevés. Mais, quelque tolérant que cela paraisse, je retrouve pourtant encore ici l'arrière-goût aigrelet du préjugé suranné. Oui, aussi longtemps que les juifs, même sans talent et dépourvus de sentiments élevés, ne seront pas admis à tous les emplois, aussi bien que des milliers de chrétiens qui ne pensent ni ne sentent, mais ne savent que compter, — aussi longtemps le préjugé ne sera pas complètement déraciné, et l'ancienne oppression régnera toujours! Mais l'intolérance du moyen âge disparaît jusqu'à la dernière trace, du moment que les juifs, même sans aucun mérite que ce soit, et simplement par leur argent, peuvent, aussi bien que leurs frères chrétiens, parvenir à la députation, la suprême dignité en France; et, à ce point de vue, l'élection de M. Achille Fould est une victoire définitive du principe de l'égalité civile.

Deux autres confesseurs de la foi mosaïque, qui sont en aussi bon renom d'argent que celui-là, ont été encore élus députés cette année. Jusqu'à quel point ces deux élections sont-elles utiles au principe de l'égalité civile? Ce sont aussi deux banquiers millionnaires dont il s'agit, et, dans mes recherches historiques sur la richesse nationale des juifs depuis Abraham jusqu'aujourd'hui, j'aurai sans doute encore l'occasion de parler de M. Benoît Fould et de M. d'Eichtal. Honni soit qui mal y pense! Je remarque d'avance, pour éviter tout malentendu, que le résultat de mes études sur la richesse nationale des juifs est très-glorieux pour eux, et leur fait le plus grand honneur. Israël, en effet, doit uniquement son opulence à cette foi sublime en Dieu à laquelle, depuis des milliers d'années, il est demeuré fidèle. Les juifs révéraient un Être suprême, qui règne invisible dans le ciel, tandis que les païens, incapables de s'élever à l'Esprit pur, se faisaient toute espèce de dieux d'or et d'argent qu'ils adoraient sur la terre. Si ces aveugles païens avaient converti en numéraire tout l'or et l'argent qu'ils gaspillaient dans le service de leurs viles idoles, et qu'ils l'eussent placé à intérêt, ils seraient tout aussi riches que les juifs, qui surent placer leur or et leur argent d'une manière plus avantageuse, peut-être dans les emprunts d'État d'Assyrie et de Babylone, dans les obligations de Nébukadnetzar, dans les actions des canaux égyptiens, dans le cinq pour cent de Sidon, et autres valeurs classiques que le Seigneur a bénies, comme il a coutume aussi de bénir les valeurs modernes.

LA DÉESSE DIANE

APPENDICE AUX DIEUX EN EXIL

La pantomime qui suit s'est faite de la même manière que mon poëme-ballet de *Faust*. Le directeur du théâtre de la Reine à Londres, Lumley, me demanda, dans une conversation, de lui proposer quelques sujets de ballet qui pussent donner lieu à un grand déploiement de décorations et de costumes splendides, et, comme je lui improvisais différentes choses de ce genre, et, entre autres, la légende de Diane, cette dernière parut répondre aux visées du spirituel impresario, et il me pria d'en tracer tout de suite le *scenario*. C'est ce qui eut lieu dans la rapide esquisse qui suit, laquelle ne fut pas autrement développée, parce qu'on ne put point en faire usage plus tard pour le théâtre. Je la publie ici, non point pour en tirer gloire, mais pour empêcher les geais qui vont partout fourrant leur bec dans mes écrits, de se parer trop orgueilleusement des plumes du paon. La fable de ma pantomime se trouve déjà pour l'essentiel dans la première partie des *Dieux en exil*, dont plus d'un maëstro Barthel a tiré plus d'une pinte de vin nouveau, — et, comme elle se rattache directement à ce cycle légendaire, je puis me dispenser d'une plus ample introduction,

Paris, le 1er mars 1854.

HENRI HEINE.

PREMIER TABLEAU

Un temple antique de Diane, tombant en ruines. Ces ruines sont encore assez bien conservées ; seulement, çà et là on voit une colonne brisée, et un vide dans la toiture, à travers laquelle apparaît le ciel du soir et un croissant de lune. A droite, la vue s'étend sur une forêt. A gauche, l'autel, avec une statue de Diane. Ses nymphes, nonchalamment groupées, sont accroupies çà et là sur le sol. Elles semblent chagrines et ennuyées. De temps à autre, l'une d'elles se lève, fait quelques pas de danse, et semble se perdre dans de gais souvenirs. D'autres se joignent à elle, et exécutent des danses antiques. Enfin elles forment une ronde autour de la statue de la déesse, d'une façon moitié plaisante, moitié solennelle, comme si elles voulaient s'égayer à une fête du temple. Elles allument les lampes, et tressent des guirlandes.

Tout à coup, du côté de la forêt, entre précipitamment Diane, dans son costume de chasseresse, et telle qu'elle est représentée dans sa statue. Elle semble effrayée, comme une biche qui fuit. Elle raconte à ses nymphes inquiètes que quelqu'un la poursuit. Elle est dans l'angoisse la plus vive, mais ce n'est pas seulement de l'angoisse. A travers ses alarmes et son courroux, des sentiments plus tendres se font jour. Elle regarde toujours du côté de la forêt, semble enfin apercevoir celui qui la poursuit, et se cache derrière sa propre statue.

Un jeune chevalier allemand paraît. Les nymphes l'entourent en dansant, pour le tenir éloigné de la statue de leur souveraine. Elles cajolent, elles menacent. Elles luttent avec lui, il se défend en les agaçant. Enfin il s'arrache à elles, aperçoit la statue, élève des bras suppliants, se jette à ses pieds, les embrasse avec désespoir, et offre de se consacrer à elle à la vie et à la mort. Il voit sur l'autel un couteau et une coupe de sacrifice, une pensée horrible s'empare de lui, il se souvient que la déesse aimait autrefois les victimes humaines, et, dans l'ivresse de sa passion, il saisit le couteau et la coupe qu'il va remplir du sang de son cœur pour en faire une libation; déjà il tourne l'acier contre sa poitrine, — alors la Diane s'élance en personne de sa cachette, saisit son bras, arrache le couteau de sa main, et tous deux se regardent pendant une longue pause, avec une admiration mutuelle, frémissants, ravis, tremblants, pleins d'angoisse mortelle, de désir, d'amour. Dans une danse à deux, ils se fuient et se cherchent, mais cette fois pour se retrouver toujours, et toujours retomber dans les bras l'un de l'autre. Enfin on les voit s'asseoir sur le piédestal de la statue, causant comme d'heureux enfants, tandis que les nymphes dansent en chœur autour d'eux, et, par leur pantomime, font le commentaire et la conversation des deux amants.

(Diane raconte à son chevalier que les anciens

dieux ne sont pas morts, mais qu'ils se tiennent cachés dans les cavernes des montagnes et les temples en ruine, où ils se visitent la nuit, et célèbrent joyeusement leurs fêtes.)

Tout à coup on entend une musique suave et charmante, et l'on voit entrer Apollon et les Muses. Apollon joue un hymne devant les amants, et ses compagnes exécutent autour de Diane et du chevalier une danse mesurée et harmonieuse. La musique devient plus bruyante ; du dehors éclatent des mélodies puissantes, des accords de cymbales et de tympanon : c'est Bacchus qui fait joyeusement son entrée triomphale avec ses satyres et ses bacchantes. Il est monté sur un lion dompté ; à sa droite chevauche sur un âne Silène au ventre rebondi. Danses folles et abandonnées des satyres et des bacchantes. Ces dernières, avec des pampres, ou même des serpents dans leurs cheveux flottants, ou bien ornées de couronnes d'or, secouent leurs thyrses, et montrent ces poses extravagantes, incroyables, impossibles même, que nous voyons sur les vases antiques et autres bas-reliefs. Bacchus descend auprès des amants, et les invite à prendre part à son culte joyeux. Ceux-ci se lèvent, et dansent à deux, dans toute son ivresse, la danse du bonheur et de la vie, à laquelle se joignent, avec leur cortège, Apollon et Bacchus, ainsi que les nymphes de Diane.

SECOND TABLEAU

Grande salle dans un château gothique. Des serviteurs en costumes armoriés, aux couleurs bariolées, sont occupés des préparatifs d'un bal. A gauche, une estrade, avec des musiciens qui essayent leurs instruments. A droite, un fauteuil élevé où est assis le chevalier, songeur et mélancolique. Près de lui son épouse en costume de châtelaine, manches collantes, col en pointe, — et son bouffon avec le fouet et le bonnet de fou ; tous deux s'efforcent en vain par leurs danses d'égayer le chevalier. La châtelaine exprime, par un pas respectueux et mesuré, son amour conjugal, et tombe presque dans une sentimentalité que le fou exagère en la parodiant et faisant les sauts les plus baroques. Les musiciens jouent aussi toute sorte de préludes charivariques. Au dehors, coups de trompette, et bientôt paraissent les convives du bal, chevaliers et damoiselles, figures un peu raides et panachées, dans toute la surcharge de la toilette du moyen âge : les hommes rudes et timides, les femmes affectées, précieuses et modestes. A leur entrée se lève le burgrave : révérences et inclinations des plus cérémonieuses. Le chevalier et la châtelaine ouvrent le bal. Valse allemande très-grave. Le chancelier et ses secrétaires paraissent dans le costume noir de leur emploi, la poitrine couverte de chaînes d'or, des cierges allumés dans la main ; ils exécutent la danse des flambeaux ; tandis que le fou, s'élançant à la galerie, dirige l'orchestre et bat dérisoirement la mesure. De nouveau, au dehors, des coups de trompette.

Un serviteur annonce que des masques inconnus demandent à entrer. Le chevalier fait un signe d'adhésion ; la porte du fond s'ouvre, et l'on voit paraître trois cortèges de figures masquées, quelques-unes ayant en main des instruments de musique. Celui qui conduit le premier cortége joue sur une lyre. Ces sons semblent éveiller chez le chevalier de doux souvenirs, et tout le monde écoute avec surprise. — Pendant que le chef du premier groupe joue de la lyre, sa suite l'entoure en dansant avec solennité ; du second cortége sortent quelques joueurs de cymbales et de tympanon : à ce bruit, le chevalier semble frissonner de la plus vive allégresse ; il arrache la tymbale à l'un des masques, et se met à jouer et danser tour à tour les danses les plus follement gaies. Les figures du second cortége, portant des thyrses dans les mains, l'entourent avec une ivresse non moins folle et désordonnée. Un étonnement toujours plus grand s'empare des chevaliers et des dames, et la châtelaine ne peut plus maîtriser sa pudique surprise. Le fou seul, descendant de l'orchestre, témoigne sa satisfaction la plus entière, et fait des cabrioles de plaisir. Tout à coup le masque qui conduit le troisième cortége paraît devant le chevalier, et, d'un geste impérieux, lui ordonne de le suivre. Surprise et indignée, la châtelaine se précipite vers ce masque et semble lui demander qui il est. Mais celui-ci s'avance orgueilleusement devant elle, jette son masque et son manteau, et l'on voit apparaître Diane dans son costume de chasseresse. Les autres figures se démasquent aussi et jettent les manteaux qui les cachaient : ce sont Apollon et les Muses qui forment le premier cortége, tandis que le second est composé de Bacchus et de ses compagnons, le troisième de Diane et de ses nymphes. A la vue de la déesse, le chevalier se jette à ses pieds, et semble la conjurer de ne pas le quitter une seconde fois. Le fou, transporté, se met aussi à ses genoux, et la supplie de le prendre avec lui. Diane ordonne à tous de faire silence, elle exécute la plus noble de ses danses divines, et, par ses gestes, elle fait comprendre au chevalier qu'elle se rend à la montagne de Vénus, où il pourra la retrouver plus tard. Enfin la châtelaine donne libre cours à sa colère et à son emportement dans les bonds les plus insensés, et nous voyons un *pas de deux* où la volupté de la Grèce païenne danse un combat singulier avec la vertu conjugale et domestique de la Germanie spiritualiste.

Diane, fatiguée du combat, jette à toute l'assemblés des regards de mépris, et s'éloigne enfin avec sa suite par la porte du milieu. Le chevalier au désespoir veut les suivre, mais est retenu par son épouse avec ses suivantes et toute sa valetaille ; — au dehors, musique jubilante de la bacchanale, tandis que, dans la salle, la danse empesée des flambeaux reprend son cours interrompu.

TROISIÈME TABLEAU

Sauvage contrée de montagnes. A droite, groupe d'arbres fantastiques et un coin de lac. A gauche, une abrupte paroi de rochers où se voit un grand portail. — Le chevalier erre çà et là comme un insensé. Il semble conjurer ciel et terre, toute la nature, de lui rendre sa bien-aimée. Du lac montent des ondines qui dansent autour de lui d'une façon solennelle et provocante. Elles portent de longs voiles blancs et sont parées de perles et de coraux. Elles veulent entraîner le chevalier dans leur humide empire; mais du feuillage des arbres s'élancent les esprits de l'air, les sylphes qui viennent le retenir avec une joie douce et adandonnée. Les ondines s'échapent et se replongent dans le lac.

Les sylphes sont vêtus de couleurs claires, et portent sur la tête des guirlandes vertes. Légers et joyeux, ils entourent le chevalier. Ils l'agacent, le consolent et veulent l'entraîner dans leur monde aérien; alors, le sol s'ouvre à ses pieds, et l'on en voit sortir impétueusement les esprits de la terre, les gnomes avec leur longue barbe blanche, et leur courte épée dans leur petite main. Ils tombent sur les sylphes, qui s'envolent comme des oiseaux effarouchés. Quelques-uns d'entre eux se réfugient sur les arbres, se balancent sur les branches, et, avant de s'évanouir dans l'air, se raillent des gnomes, qui, en bas, gesticulent comme des furieux.

Les gnomes entourent de leurs danses le chevalier, et semblent l'encourager, et vouloir lui inspirer la témérité qui les anime. Ils lui montrent comment on doit faire des armes ; ils exécutent une danse guerrière, et se fendent comme des conquérants, — quand tout à coup les esprits de feu, les salamandres paraissent, et, à leur seul aspect, les gnomes rentrent sous terre comme des poltrons.

Les salamandres sont des hommes et des femmes, longs et maigres, avec des vêtements collants, couleur de feu. Toutes portent de grosses couronnes d'or sur la tête, des sceptres et autres joyaux impériaux dans les mains. Elles dansent autour du chevalier avec une passion brûlante, lui offrant en même temps une couronne et un sceptre, et il est involontairement entraîné avec elles dans les flammes ardentes de la volupté ; ces flammes l'auraient consumé, si tout à coup les sons du cor n'avaient retenti, et si la chasse infernale ne s'était montrée dans les airs à l'arrière-plan. Le chevalier s'arrache aux esprits de feu qui jaillissent en étincelles comme des raquettes, et s'évanouissent ; délivré, il étend passionnément les bras vers celle qui conduit la chasse aérienne.

C'est Diane. Elle est assise sur un cheval blanc de neige, et salue le chevalier en souriant. Derrière elle chevauchent, également sur des chevaux blancs, les nymphes de la déesse, ainsi que les cortèges divins que nous avons déjà rencontrés dans le vieux temple, Apollon et les Muses, et Bacchus avec ses compagnons. Quelques grands poëtes de l'antiquité et du moyen âge et de belles femmes des temps plus modernes, forment l'arrière-garde, montés sur des chevaux ailés. Contournant les sommets des montagnes, le cortége arrive enfin au premier plan, et fait son entrée par le grand portail qui s'ouvre à gauche de la scène. Diane seule descend de son coursier, et s'arrête auprès du chevalier enivré de joie. Les deux âmes célèbrent leur rencontre par des danses qui expriment le ravissement. Diane montre au chevalier la porte ouverte dans le rocher, et lui indique que c'est là la célèbre montagne de Vénus, le siège de tout plaisir et de toute volupté. Elle veut l'y conduire en triomphe; mais un vieux guerrier à la barbe blanche s'avance au-devant d'eux; il est armé de pied en cap, et retient le chevalier en l'avertissant du danger que courrait son âme dans la montagne païenne de Vénus. Mais, comme le chevalier ne veut point entendre ces avis bien intentionnés, le vieux guerrier (c'est le fidèle Eckart) saisit son épée et le provoque en combat singulier. Le chevalier accepte le défi, ordonne à la déesse inquiète de ne pas s'immiscer dans le combat; mais, après les premières passes, il est renversé d'un coup d'épée. Le fidèle Eckart s'éloigne en chancelant, se réjouissant d'avoir au moins sauvé l'âme du chevalier. Sur le cadavre de celui-ci, la déesse se jette désespérée et inconsolable.

QUATRIÈME TABLEAU

La montagne de Vénus : un palais souterrain, bâti et orné dans le goût de la Renaissance, mais avec infiniment plus de fantaisie, et rappelant les féeries arabes. Des colonnes corinthiennes, dont les chapiteaux se changent en arbres et forment des allées de feuillage. Des fleurs exotiques dans de grands vases de marbre, ornés de bas-reliefs antiques. Sur les parois, des tableaux représentant les amours de Vénus. Des candélabres d'or et des lampadaires répandent une lumière magique, et tout porte ici le caractère d'un voluptueux enchantement. Çà et là des groupes d'hommes nonchalamment étendus sur le sol ou assis devant des échiquiers. D'autres jouent à la paume ou bien font des armes et se battent pour rire. Dames et chevaliers se livrent par couples à de galants entretiens. Leurs costumes sont des époques les plus diverses, et ils sont eux-mêmes les plus illustres personnages de l'antiquité et du moyen âge, que la croyance populaire a transportés dans la montagne de Vénus, à cause de leur réputation de sensualité ou de leur renom fabuleux. Par exemple, nous voyons parmi les femmes la belle Hélène de Sparte, la reine de Saba, Cléopâtre, Hérodiade, et, chose inconcevable, Judith, la meurtrière du brave Holopherne, puis différentes héroïnes des légendes chevaleresques de la Bretagne. Parmi les hommes, on distingue Alexandre de Macédoine, le poëte Ovide, Jules César, Dietrich de Berne, le roi Artus, Ogier le Danois, Amadis de Gaule, Frédéric II de Hohenstaufen, Klingsohr de Hongrie, Godefroy de Strasbourg et Wolfgang Gœthe. Tous portent le costume de leur temps et de leur état, et il ne manque pas ici d'ornements ecclésiastiques qui trahissent les plus hauts dignitaires de l'Église.

La musique exprime le plus suave *dolce far niente*, puis passe tout à coup aux plus voluptueux accords de joie. Alors paraît dame Vénus avec le Tannhœuser. Tous deux fort peu vêtus et des couronnes de roses sur la tête, dansent un *pas de deux* très sensuel et qui rappelle presque les danses les plus prohibées de nos temps. Ils semblent se quereller en dansant, s'agacer l'un l'autre, se tourner railleusement le dos, puis insensiblement se trouver réunis par un indestructible amour, qui ne repose pourtant en aucune manière sur une mutuelle estime. Quelques autres personnes se joignent à leur danse, de la même façon dissolue, et l'on voit se former les plus extravagants quadrilles.

Mais cette folle joie est tout à coup interrompue. Une perçante musique de deuil retentit. Les cheyeux épars, et avec les marques de la douleur la plus farouche, entre soudainement la déesse Diane. et derrière elle ses nymphes portant le cadavre du chevalier. On le dépose au milieu de la scène, et la déesse, avec une tendre sollicitude, met sous sa tête des coussins de soie. Diane exécute alors une danse horriblement désespérée, avec tous les signes émouvants d'une passion vraiment tragique, sans mélange de galanterie ou de caprice. Elle conjure son amie Vénus de ressusciter le chevalier. Mais Vénus lève les épaules, elle est impuissante contre la mort. Diane, comme folle, se jette sur le mort, et couvre de larmes et de baisers ses mains et ses pieds raidis.

De nouveau la musique change et, annonce le retour de la paix et du bonheur. En tête des Muses, à la gauche de la scène, paraît Apollon. La musique change encore, — et, sur la droite de la scène, se montre Bacchus, avec son cortège de bacchantes. Apollon accorde sa lyre, et, tout en jouant, danse avec les Muses autour du cadavre du chevalier. A ces accords, celui-ci semble se réveiller comme d'un profond sommeil, il se frotte les yeux, regarde surpris autour de lui, mais retombe bientôt dans l'immobilité de la mort. Alors Bacchus saisit des timbales, et, avec ses bacchantes les plus folles, il danse autour du chevalier. Un puissant enthousiame saisit le dieu de la joie, — peu s'en faut qu'il ne brise le tambourin. Ces mélodies réveillent une seconde fois le chevalier du sommeil de la mort, et il se lève à demi, lentement, la bouche ouverte par une soif ardente. Bacchus se fait emplir par Silène une coupe de vin, et la verse dans la bouche du chevalier. A peine celui-ci a-t-il goûté ce breuvage, que, comme né de nouveau, il se lève du sol, secoue ses membres, et commence à danser les danses les plus téméraires et les plus enivrées. La déesse aussi est redevenue gaie et heureuse, elle arrache le thyrse des mains d'une bacchante, et s'associe à la joie et à l'ivresse du chevalier. L'assemblée tout entière prend part au bonheur des amants, et célèbre dans de nouveaux quadrilles la fête de la résurrection. L'un et l'autre, le chevalier et Diane, s'agenouillent à la fin aux pieds de la déesse Vénus qui met sa propre guirlande de roses sur la tête de Diane, et celle du Tannhæuser sur la tête du chevalier. Gloire et apothéose.

LE THÉ

C'est encore aux bains de Lucques que se passe l'histoire que je veux raconter.

Ne crains rien, lecteur allemand : il ne s'agit point ici de politique, mais de philosophie, ou plutôt de la morale philosophique, c'est-à-dire de ce que tu aimes. C'est réellement très politique de ta part, de ne vouloir pas entendre parler de politique, — car tu n'apprendrais que des choses désagréables ou humiliantes. Mes amis avaient bien raison d'être dépités contre moi de ce que, ces dernières années, je ne me suis presque occupé que de politique, et j'ai même publié des écrits politiques. « Il est vrai que nous ne les lisons pas, — disent-ils; — mais que de semblables choses soient imprimées en Allemagne, dans le pays de la philosophie et de la poésie, cela suffit déjà pour nous rendre inquiets. Puisque tu ne veux plus rêver avec nous, au moins ne nous éveille pas de notre doux sommeil. Laisse là la politique, pour laquelle tu gaspilles le plus beau temps de ta vie ; ne néglige pas ton talent naturel pour les chants d'amour, la tragédie, les nouvelles, et donne-nous à cette occasion tes vues sur l'art, ou tout au moins une bonne morale philosophique. »

Eh bien, je veux comme d'autres m'étendre tranquillement sur les coussins de la rêverie, et raconter mon histoire. La morale philosophique qui doit s'y trouver se résume en ceci, c'est que nous pouvons être parfois ridicules, sans qu'il y ait la moindre faute de notre part. A vrai dire, je devrais, en exprimant cette proposition, parler à la première personne du singulier ; eh bien, oui, j'y consens, cher lecteur, pourvu que, toi aussi, tu ne te joignes pas à un éclat de rire dont je suis innocent. Car, est-ce ma faute, à moi, si j'ai le goût bon, et que le bon thé me fasse plaisir? Or je suis un homme reconnaissant, et, quand je me trouvais aux bains de Lucques, je rendais volontiers à mon hôte ce témoignage qu'il me donnait le meilleur thé que j'eusse bu de ma vie.

J'avais très souvent répété ce refrain louangeur chez lady Woolen, qui demeurait dans la même maison, et cette dame s'en étonnait d'autant plus que, disait-elle, malgré toutes ses prières, elle ne pouvait obtenir de bon thé du maître de la maison, et avait été obligée d'en faire venir de Livourne par estafette.

« Mais il est céleste ! » ajoutait-elle.

Et elle riait divinement.

« Milady, répliquais-je, je parie que le mien est encore bien meilleur. »

Les dames qui se trouvaient là par hasard furent invitées par moi à ce thé judiciaire, et l'on convint de se réunir le lendemain vers six heures sur cette gaie colline où il fait si bon être assis ensemble, et reposer ses regards sur la vallée.

L'heure venue, les petites tables étaient dressées, les beurrées prêtes, et ces dames tout occupées à babiller, — mais point de thé.

Il était six heures, bientôt six heures et demie ; les ombres du soir s'enroulaient comme de noires couleuvres autour des montagnes, les forêts exhalaient des parfums plus languissants, les oiseaux gazouillaient avec toujours plus d'ardeur, — mais le thé n'arrivait pas. Les rayons du soleil n'éclairaient plus que les sommets des montagnes, et je fis remarquer à ces dames qu'il s'éloignait à regret, et ne se séparait évidemment qu'avec peine de la société d'autres soleils...

C'était bien dit, — mais le thé ne venait pas.

Enfin, enfin, arriva mon hôte, avec un visage soupirant, et il demanda si nous ne prendrions pas des sorbets au lieu de thé.

« Du thé ! du thé ! criâmes-nous tous en chœur.

— Du même, Excellences ? Impossible ?

— Et pourquoi impossible ? » m'écriai-je avec mauvaise humeur.

Mon hôte parraissait de plus en plus embarrassé, il hésitait, il bégayait ; enfin, après de longues hésitations, il en vint à la confession, et la redoutable énigme s'expliqua.

Monsieur mon maître de maison s'entendait à l'art connu qui consiste à remplir de nouveau d'une excellente eau chaude la théière qui a déjà été vidée à table, et le thé que je trouvais si bon et dont j'avais dit tant de merveilles, n'était autre chose, chaque fois, que l'infusion quotidienne de ce même thé que ma voisine, lady Woolen, faisait venir de Livourne.

Les montagnes qui entourent les forêts de Lucques ont un écho tout à fait extraordinaire, et savent répéter maintes fois les éclats de rire d'une société de dames.

LA PREMIÈRE REPRÉSENTATION

DES « HUGUENOTS »

Paris, le 1ᵉʳ mars 1836.

Ce fut hier un jour remarquable pour le beau monde de Paris : on donnait à l'Opéra, pour la première fois, ces *Huguenots* si longtemps désirés, et Rothschild donnait son premier grand bal dans son nouvel hôtel. Je voulais jouir dans la même soirée de ces deux magnificences, et je suis si fort surmené, et comme enivré, que pensées et images tournoient dans ma tête, et que la fatigue et l'étourdissement ne me permettent presque pas d'écrire. Quant à un jugement, il ne peut en être question. Il fallait entendre *Robert le Diable* une douzaine de fois avant de pouvoir pénétrer toute la beauté de ce chefd'œuvre; et, d'après ce que les connaisseurs nous assurent, Meyerbeer doit avoir atteint dans *les Huguenots* une perfection de forme plus grande encore, une exécution plus spirituelle des détails. Il est bien le premier des contra-puntistes vivants, le plus grand artiste de la musique; il apparaît cette fois avec des créations toutes nouvelles, il crée de nouvelles formes dans le royaume des sons, et il donne aussi de nouvelles mélodies, tout à fait extraordinaires, non point dans une multitude anarchique mais là où il veut, et comme il veut, à la place où elles sont nécessaires. Par là précisément, il se distingue des autres musiciens de génie dont la richesse mélodique trahit promptement le manque d'art, puisqu'ils se laissent entraîner eux-mêmes par le torrent de leurs mélodies, et obéissent plutôt qu'ils ne commandent à la musique. C'est très justement que l'on comparait hier, au foyer de l'Opéra, l'art de Meyerbeer avec celui de Gœthe. Seulement, en opposition avec Gœthe, l'amour de son art a pris chez notre grand maëstro un caractère si passionné, que ses admirateurs s'inquiètent souvent de sa santé. C'est à cet homme que s'applique véritablement cette image orientale de la bougie qui, tandis qu'elle éclaire les autres, se consume elle-même. Aussi est-il l'ennemi déclaré de tout ce qui est antimusical, de tous les faux sons, de tout grognement, de tout miaulement, et l'on raconte les choses les plus comiques de son antipathie pour les chats et leur musique enragée. Le voisinage d'un chat suffit à le chasser de la chambre, et même à le faire tomber en faiblesse. Je suis convaincu que Meyerbeer, s'il le fallait, mourrait pour un article de musique comme d'autres pour un article de foi. Je pense même que, si au dernier jour un ange soufflait mal dans sa trompette, Meyerbeer serait capable de rester tranquillement étendu dans sa tombe, et de ne prendre aucune part à la résurrection universelle. Son enthousiasme pour l'art et sa modestie personnelle, sa bonne et noble nature, vaincront certainement toutes ces petites oppositions provoquées par le succès colossal de *Robert le Diable*, et qui, depuis lors, ont eu tout le temps de se grouper, et ne manqueront pas cette fois, pendant le nouveau triomphe, de faire entendre leurs couplets grossiers. Ne soyez donc pas surpris si quelques faux tons aigus se mêlent aux applaudissements universels. Un marchand de musique qui n'est pas l'éditeur du nouvel opéra, pourrait bien former le très petit point central de cette opposition, et c'est sur lui que s'appuient quelques renommées musicales, qui depuis longtemps sont éteintes ou n'ont pas brillé encore.

C'était hier au soir un coup d'œil admirable de voir rassemblé, dans la salle du grand Opéra, le public le plus élégant de Paris, en parure de fête, dans une attente inquiète, un respect sérieux, presque avec dévotion. Tous les cœurs semblaient émus. C'était de la musique!

Et, là-dessus, le bal de Rothschild.

Comme je ne l'ai quitté que vers les quatre heures, ce matin, et que je n'ai pas dormi encore, je suis trop fatigué pour vous parler du théâtre de cette fête, le nouveau palais bâti dans le goût de la Renaissance, et du public qui s'y promenait avec surprise. Comme dans toutes les soirées de Rothschild, ce public se composait d'une élite d'illustrations aristocratiques faites pour imposer par un grand nom ou une haute position, les femmes par la beauté et le luxe. Quant au palais et à ses décorations, tout ce qu'a pu inventer l'esprit du xvi° siècle, et payer l'argent du xix°, s'y trouve réuni : ici, le génie des arts plastiques a rivalisé avec le génie de Rothschild. Depuis deux ans, on a constamment travaillé à décorer ce palais, et les sommes qu'on y a dépensées doivent être énormes. M. de Rothschild sourit quand on le questionne là-dessus. C'est le Versailles de l'absolutisme financier. Toutefois, on est contraint d'admirer tout autant le goût que le haut prix de l'exécution.

C'est M. Duponchel qui avait dirigé les décorations, et tout témoigne de son bon goût. Dans l'ensemble comme dans les détails, on reconnaît aussi le délicat sentiment de l'art que possède la maîtresse de la maison, qui n'est pas seulement une des plus jolies femmes de Paris, distinguée par l'esprit et les connaissances, mais qui s'occupe elle-même de peinture.

La Renaissance est aujourd'hui de mode à Paris ; les meubles et les costumes sont dans ce goût du temps de François Ier, que beaucoup poussent jusqu'à la folie.

Que veut dire la passion qui éclate tout à coup pour cette époque du réveil des joies de la vie, et du goût pour le beau dans sa forme la plus spirituelle ? Quelques-unes des tendances de notre temps ne se trahissent-elles point dans cette sympathie ?

L'INCENDIE DE HAMBOURG

Paris, le 20 mai 1842.

Au jour où nous sommes, la plupart des peuples doivent encore avoir pour première visée de fortifier leur sentiment national, ou plutôt de l'exploiter, afin de parvenir à l'unité intérieure, à la centralisation de leurs forces, et par conséquent aussi à se fortifier au dehors, en face de leurs menaçants voisins. Mais le sentiment national n'est qu'un moyen pour atteindre un but; il s'éteindra de nouveau du moment que ce but sera atteint, il n'a point un avenir comparable à celui de ce cosmopolitisme qui fut proclamé par les plus nobles esprits du xviiie siècle, et qui tôt ou tard, finira par triompher pour toujours. On a pu voir, à l'occasion de l'incendie de Hambourg, quelles profondes racines ce cosmopolitisme a jeté dans le cœur des Français. Le parti de l'humanité a célébré là un grand triomphe. On ne peut se faire d'idée de la puissance avec laquelle un sentiment sympathique s'est emparé de toutes les classes du peuple en apprenant le désastre qui a frappé cette lointaine ville allemande, dont la situation géographique n'était peut-être connue que d'un très petit nombre. Dans de semblables moments, on peut se convaincre que les peuples de cette terre sont plus étroitement unis qu'on ne le pense ou ne le désire çà et là, et que, en dépit de la diversité des intérêts, un brûlant amour fraternel s'allumera en Europe quand le moment sera venu. Mais, si la nouvelle de cet effroyable incendie a provoqué la sympathie la plus touchante chez les Français, qui venaient d'être atteints eux-mêmes par une douloureuse catastrophe [1], cet intérêt devrait être plus considérable encore chez ceux des Allemands établis ici, qui ont à Hambourg des parents ou des amis. Parmi les compatriotes qui se sont distingués à cette occasion par leur zèle

---

[1]. La catastrophe du chemin de fer de Versailles.

bienfaisant, il faut nommer tout d'abord M. James de Rothschild, un nom qu'on est sûr de rencontrer là où il y a une œuvre d'humanité à accomplir. Et mon pauvre Hambourg est en ruine, et les lieux où se rattachent si étroitement tous mes souvenirs de jeunesse, ne sont plus que décombres fumants ! Je déplore surtout la disparition de la tour de Saint-Pierre ; — elle était si élevée au-dessus de la petitesse de son entourage ! La ville sera bientôt rebâtie avec des maisons rectilignes et des rues tirées au cordeau, mais ce ne sera pourtant plus mon vieux Hambourg, ma vieille ville toute de guingois avec ses recoins bavards. Le Breitengiebel, où demeurait mon cordonnier, et où j'allais manger des huîtres, — la proie des flammes ! Le *Correspondant de Hambourg* annonce, il est vrai, que le Dreckwall ressortira bientôt de ses cendres comme un phénix, — mais, hélas ! ce ne sera plus le vieux Dreckwall ! Et l'hôtel de ville ! que de fois je m'amusai des statues d'empereurs qui ornaient sa façade, et semblaient sculptées dans de la viande fumée de Hambourg ! Les hautes perruques bien poudrées qui donnaient un air si majestueux aux pères de la République, ont-elles été épargnées par le feu ? Le ciel me garde, dans un moment comme celui-ci, de tirer un tant soit peu ces vieilles perruques! Au contraire, je rendrais volontiers témoignage, aujourd'hui, que les gouvernants de Hambourg ont toujours devancé les gouvernés en bon vouloir pour le progrès social. Le peuple, ici, a toujours été bien au-dessous de ses représentants, parmi lesquels on compte des hommes de la culture et de l'esprit le plus étendus. Mais il est à espérer que le grand incendie aura aussi illuminé quelque peu les intelligences inférieures, et que toute la population de Hambourg reconnaîtra aujourd'hui que l'esprit du temps qui, dans cette infortune, lui fait sentir ses bienfaits, ne doit plus être offensé à l'avenir par les petitesses du mercantilisme. Il ne sera surtout plus possible maintenant d'ajourner davantage à Hambourg le moment où l'égalité civile des différentes confessions sera reconnue. — Nous voulons espérer de l'avenir les meilleures choses, puisque ce n'est pas en vain que le ciel envoie ses plus grandes épreuves.

ESQUISSE AUTOBIOGRAPHIQUE [1]

Paris, le 15 janvier 1835.

Je viens de recevoir la lettre que vous m'avez fait l'honneur de m'écrire, et je me hâte de vous donner les renseignements que vous me demandez.

Je suis né l'an 1800, à Dusseldorf, ville sur le Rhin, occupée depuis 1806 jusqu'en 1814 par les Français, de sorte que, dans mon enfance, j'ai res-

---

1. Lettre écrite à M. Philarète Chasles, et publiée dans *Revue de Paris* (mars 1835).

piré l'air de la France. J'ai reçu ma première éducation dans le couvent des Franciscains à Dusseldorf. Plus tard, j'entrai dans le gymnase de cette ville, qui fut alors nommé lycée. J'y passai par toutes les classes où l'on enseignait les *humaniora*, et je me suis distingué dans la classe supérieure, où le recteur Schallmayer enseignait la philosophie, le professeur Kramer les poètes classiques, le professeur Brewer les mathématiques, et l'abbé Daulnoie la rhétorique et la poétique françaises. Ces hommes vivent encore, à l'exception du premier, prêtre catholique, qui prit un soin particulier de moi, je crois à cause du frère de ma mère, le conseiller aulique de Geldern, fameux médecin qui lui avait sauvé la vie. — Mon père était négociant et assez riche : il est mort. Ma mère, femme distinguée, vit encore, retirée du grand monde. J'ai une sœur, madame Charlotte de Embden, et deux frères, dont l'un, Gustave de Geldern (il a pris le nom de ma mère), est officier de dragons au service de Sa Majesté l'empereur d'Autriche; l'autre, le docteur Maximilien Heine, est médecin dans l'armée russe, avec laquelle il a passé le Balkan. — Mes études, interrompues par des caprices romanesques, par des essais d'établissement, par l'amour et d'autres maladies, furent continuées, l'an 1819, à Bonn, à Gœttingue, à Berlin. J'ai résidé pendant trois ans et demi à Berlin, où j'ai vécu dans l'intimité des hommes les plus distingués dans les sciences, et où j'ai souffert de toute sorte de maladies, entre autres, d'un coup d'épée dans les reins, qui me fut administré par un certain Scheller, de Dantzig, dont je n'oublierai jamais le nom, parce qu'il est le seul homme qui ait su me blesser de la manière la plus sensible. — J'ai étudié pendant sept ans dans les universités que je viens de nommer, et ce fut à Gœttingue, où je retournai, que je reçus le grade de docteur en droit, après un examen privé et une thèse publique, où le célèbre Hugo, alors doyen de la faculté de jurisprudence, ne me fit pas grâce de la moindre formalité scolastique. Quoique ce dernier fait vous paraisse assez futile, je vous prie d'en prendre note, parce que, dans un livre qu'on vient de publier contre moi, on a soutenu que j'ai seulement acheté mon diplôme académique. De tous les mensonges qu'on a imprimés sur ma vie privée, c'est le seul que je voudrais voir démenti. Voyez l'orgueil du savant! Qu'on dise de moi que je suis bâtard, fils de bourreau, voleur de grand chemin, athée, mauvais poète : j'en ris ; mais ça me déchire le cœur, de voir contester ma dignité doctorale (entre nous, quoique docteur en droit, la jurisprudence est précisément celle de toutes les sciences que je sais le moins). Dès l'âge de seize ans, j'ai fait des vers. Mes premières poésies furent publiées à Berlin, l'an 1821. Deux ans plus tard parurent de nouvelles poésies avec deux tragédies. L'une de ces dernières fut jouée et sifflée à Brunswick, capitale du duché de Brunswick. L'an 1825, parut le premier volume des *Reisebilder;* les trois autres volumes furent publiés, quelques années après, chez MM. Hoffmann et Campe, qui sont toujours mes éditeurs. De 1826 à 1831, j'ai résidé tour à tour à Lunebourg, à Hambourg et à Munich, où j'ai publié les *Annales politiques*, avec mon ami Lindner. Pendant les intervalles, j'ai fait des voyages dans des pays étrangers. Depuis douze ans, j'ai toujours passé les mois d'automne au bord de la mer, ordinairement dans une des petites îles de la mer du Nord. J'aime la mer comme une maîtresse, et j'ai chanté sa beauté et ses caprices. Ces poésies sont contenues dans l'édition allemande des *Reisebilder*. Je les ai retranchées dans l'édition française, où j'ai aussi retranché la partie polémique, qui se rapporte à la noblesse de naissance, aux teutomanes et à la propagande catholique. Quant à la noblesse, je l'ai encore discutée dans la préface des *Lettres de Kahldorf*, que je n'ai pas écrites moi-même, comme le croit le public allemand. Pour les teutomanes, ces *vieilles Allemagnes*, dont le patriotisme ne consistait que dans une haine aveugle contre la France, je les ai poursuivis avec acharnement dans tous mes livres. C'est une animosité qui date encore de la *Burschenschaft*, dont je faisais partie. J'ai combattu en même temps contre la propagande catholique, les jésuites de l'Allemagne, tant pour châtier des calomniateurs qui m'ont attaqué les premiers, que pour satisfaire à des penchants protestants. Ces penchants, il est vrai, ont pu quelquefois m'entraîner trop loin ; car le protestantisme n'était pas pour moi seulement une religion libérale, c'était aussi le point de départ de la révolution allemande, et j'appartenais à la confession luthérienne, non seulement par acte de baptême, mais aussi par un enthousiasme batailleur qui me fit prendre part aux luttes de cette Église militante. Tout en défendant les intérêts sociaux du protestantisme, je n'ai jamais caché mes sympathies panthéistiques. Cela m'a fait accuser d'athéisme. Des compatriotes mal instruits ou malveillants ont depuis longtemps répandu la nouvelle que j'ai endossé la casaque saint-simonienne ; d'autres me gratifient de judaïsme. Je regrette de n'être pas toujours en état de récompenser de tels services. Je n'ai jamais fumé ; je n'aime pas non plus la bière, et ce n'est qu'en France que j'ai mangé la première choucroute. En littérature, j'ai tenté de tout : j'ai fait des poëmes lyriques, épiques et dramatiques ; j'ai écrit sur les arts, sur la philosophie, sur la théologie, sur la politique... Que Dieu me le pardonne ! Depuis douze ans, je suis discuté en Allemagne ; on me loue et on me blâme, mais toujours avec passion et sans cesse. Là, on m'aime, on me déteste, on m'apothéose, on m'injurie. Depuis presque quatre ans, je n'ai pas entendu un rossignol allemand.

C'est assez. Je deviens triste. Si vous demandez encore d'autres renseignements, je vous les donnerai très volontiers. Je préfère toujours que vous les demandiez à moi-même. Parlez bien de moi, parlez bien de votre prochain, comme le recommande l'Évangile, et recevez l'assurance de l'estime et de la considération distinguée avec laquelle je suis, etc.

HENRI HEINE.

FIN

TABLE

Avertissement..   i

LETTRES DE BERLIN

Lettre première...   1
Lettre deuxième................ ......•............ 30
Lettre troisième................................... 80

MORCEAUX DE CRITIQUE

La mort du Tasse........................ 123
L'Almanach des Muses........•..................... 161
Poésies de J.-B. Rousseau......................... 167
Struensée 175
La littérature allemande.......................... 203
Don Quixote...................................... 229

MÉLANGES

Le grand Opéra. — Rossini et Meyerbeer............ 2:1
Les virtuoses de concert. — Berlioz, Liszt, Chopin.... 291

DES PYRÉNÉES

I. — Baréges.. 313
II. — La vie des bains et des baigneurs............... 320
III. — Le duc de Nemours. — La richesse nationale des juifs.. 328

La Déesse Diane 337
Le Thé... 355
La Première représentation des « Huguenots »...... 361
L'Incendie de Hambourg..................................... 367
Esquisse autobiographique................................. 371

FIN DE LA TABLE

8739-89. — Corbeil. Imprimerie Crété.

www.ingramcontent.com/pod-product-compliance
Lightning Source LLC
Chambersburg PA
CBHW060559170426
43201CB00009B/834